北京市哲学社会科学规划办公室
北京市教育委员会　资助出版

北京产业发展与安全研究报告
2018

北京产业安全与发展研究基地　编

社会科学文献出版社
SOCIAL SCIENCES ACADEMIC PRESS (CHINA)

《北京产业发展与安全研究报告2018》编委会

主　编　李孟刚　贾晓俊

编　委　张　娜　陈芬菲　李文锐　肖　丽　佟　东

摘 要

本报告共分为四章：第一章分别从保险产品、保险投资、保险受益及保险监管几个方面研究新常态下我国保险产业发展的相关问题；第二章主要针对"营改增"及新的税收分享机制实施后，以北京为代表的地方财政收入总体减少，第三产业占比越大的省份因税收分享改革导致的两税收入减少程度越高的问题，探讨如何通过调整产业结构促进地方财力增强；第三章主要研究基于商品属性和意识形态属性，即基于双重属性，我国文化产业安全问题；第四章基于金融产业融合和产业安全理论，分析产业融合对金融产业安全的主要影响及基于产业融合视角的北京金融产业安全问题。

前　言

　　北京产业安全与发展研究基地成立于 2010 年 12 月，是经北京市哲学社会科学规划办公室和北京市教育委员会批准建立的第三批北京市哲学社会科学研究基地之一，依托北京交通大学经济管理学院、国家经济安全研究院、中国产业安全研究中心、北京交通大学中国产业安全研究中心博士后科研工作站，由一支高水平、跨学科的研究团队组成。研究基地首席专家为李文兴教授，负责人为李孟刚教授。基地成立以来，以《北京市国民经济和社会发展第十三个五年规划纲要》为指导，面向首都经济建设，以"产业安全和产业发展"为研究特色，把科研与学科建设和国家的利益、首都的发展以及对国家的贡献紧密地结合起来，培养和造就一流学术带头人和中青年优秀人才，为北京产业安全与发展提供智力支持和咨询服务。基地在新的建设期内将以"北京产业安全与发展"为核心，创新基地管理机制，改善基地研究环境，通过跨学科交流与跨部门行业协作，实现政、产、学、研、用相结合，建成集科研、教学、交流等于一体的国内一流的理论研究、成果转化与社会服务基地，使之成为北京建设世界城市与产业转型升级的智囊团和思想库。

北京产业安全与发展研究基地经过八年的发展，本着"开放、流动、联合、竞争"的原则，在上级领导的亲切关怀和研究团队的不懈努力下，在人才培养、科学研究、学术交流、辅助政府决策和为企业服务等方面取得了丰硕的成果。基地在2014年的一期建设（2012~2014年度）检查评估中被评为优秀研究基地；在二期建设（2014~2016年度）检查评估中成绩突出，第二次被评为优秀研究基地。

在未来的发展中，北京产业安全与发展研究基地将改进研究方法，提高研究水平，针对北京产业安全与发展的重大理论和现实问题，加强跨学科的综合研究，提高研究效率；密切关注与实际工作部门的合作与交流，开展广泛的社会调查，收集有价值的资料，持续开展前沿性、专业性、基础性及交叉性研究，力争取得有突破性、有影响力的研究成果，积极推动北京市产业安全与发展信息数据平台建设，将基地打造成产业安全与发展研究创新的重镇，切实提升北京市产业安全与发展领域的整体研究实力。

《北京产业发展与安全研究报告（2018）》主要收录了基地专家近年来承担的北京市哲学社会科学项目及教育部人文社会科学项目的主要研究成果。本研究报告由北京产业安全与发展研究基地主任李孟刚教授和基地副主任贾晓俊副教授担任主编，由研究基地专家共同完成。本研究报告凝聚了基地研究专家和项目负责人的辛勤劳动和集体智慧。研究报告各章节内容安排如下：第一章为2015年立项的李孟刚教授主持的北京市哲学社会科学基地重点项目——新常态下保险产业发展问题研究的成果，李文锐讲师和北京交通大学中国产业安全研究中心博士后科研工作站肖丽博士后参与了本章内容的撰写；第二章为2016年立项的贾晓俊副教授主持的北京市哲学社会科学基地一般项目——新的税收分享机制下北京产业结构与地方财力关系研究的成果；第三章为2016年立项的张娜副教授主持的教育部人文社会科学研究一般项目——基于双重属性的文化产业安全问题研究的成果，北京印刷学院佟东讲师和北京交通大学经济管理学院硕士研究生鞠昕昱及本科生严清、李璐璐、徐嘉琪参与了本章内容的撰写；第四章为2015年立项的陈芬菲副教授主持的北京市哲学社会科学基地一般项目——产业融合视角下北京金融产业安全问题研究的成果。

  本报告得到了北京市哲学社会科学规划办公室和北京市教育委员会的资助，以及北京交通大学人文社科处、经济管理学院和国家经济安全研究院的指导、支持和资助，在此表示衷心感谢！

  由于编者水平有限，书中如有错误和疏漏之处，恳请专家和读者批评指正。

编委会
2018年10月

目 录

第一章　新常态下保险产业发展问题研究 …………………… 001
  1　绪论 ………………………………………………………… 001
  2　保险产品 …………………………………………………… 007
  3　保费投资 …………………………………………………… 021
  4　保险产业监管 ……………………………………………… 032
  5　促进保险产业发展的对策建议 …………………………… 057

第二章　新的税收分享机制下北京产业结构与地方财力
       关系研究 ……………………………………………………… 064
  1　导论 ………………………………………………………… 064
  2　"营改增"对行业税负的影响 …………………………… 073
  3　新的税收分享机制对地方财力影响分析 ………………… 079
  4　北京市产业结构与税收收入相关关系 …………………… 091
  5　新分享机制下，促进地方财力稳定增长的政策建议 …… 112
  6　北京加快构建"高精尖"经济结构的财税政策建议 …… 130

7　新分享机制下促进北京地方财力增长的建议 …………… 135

第三章　基于双重属性的文化产业安全问题研究 ………… 143
1　绪论 …………………………………………………… 143
2　文化产业安全的界定 ………………………………… 151
3　我国文化产业发展现状 ……………………………… 171
4　我国文化产业安全存在的问题 ……………………… 208
5　保障文化产业安全发展的战略选择 ………………… 219

第四章　产业融合视角下北京金融产业安全问题研究 ……… 229
1　引言 …………………………………………………… 229
2　金融产业融合和产业安全理论分析 ………………… 231
3　北京金融产业融合趋势分析 ………………………… 251
4　产业融合对金融产业安全的主要影响 ……………… 267
5　北京金融产业安全评价 ……………………………… 283
6　政策建议 ……………………………………………… 291

参考文献 ……………………………………………………… 298

第一章
新常态下保险产业发展问题研究

1 绪论

1.1 研究背景及意义

1.1.1 研究背景

近年来,我国经济结束了持续高速增长,进入换挡期,经济增长速度由高速转向中高速,发展由过去一味追求规模、注重数量转向质量与效益并重的集约型方式,发展动力也将更多地依靠创新实现。经济新常态给保险产业发展带来更多的机遇,同时,保险产业也面临更多新的挑战。

随着经济发展水平的提高与保险市场规模的不断扩大,居民可支配收入增多,保险意识不断提高,对保险产业业务的需求也在不断增多,保险产业的发展迎来机遇期。同时,保险业务逐渐多样化,保险产品、保险服务和保险模式不断创新,健康保险、商业养老保险等事关百姓健康的产品越来越多,巨灾保险等体现社会责任的险种也已出现。

从国家政策来看,近年来保险产业政策红利不断释放,《国务院关于加快发展现代保险服务业的若干意见》（简称"新国十条"）从构筑民生保障网、参与社会治理、完善保险经济补偿机制、创新支农惠农方式、促进经济提质增效升级、推进行业改革开放、加强监管、优化环境、完善支持政策等方面对保险业的发展做出全面战略部署。国务院办公厅《关于加快发展商业健康保险的若干意见》重要文件的出台，再一次印证了国家层面对保险产业的重视，进一步满足了人民群众多样化的健康保障需求，有利于促进健康服务业发展，为保险产业的发展指明努力方向，完善保险产业制度建设。2016年，在"十三五"的开局之年，中国保监会出台了《中国保险业发展"十三五"规划纲要》，明确了五年内的发展目标、任务和举措，是保险产业的发展纲领，为之后一段时期内保险产业的发展指明了发展方向，提供了具体措施。

从技术手段来看，当今时代信息技术飞速发展，云计算与大数据的迅速兴起与快速发展给保险产业提供了新的技术和手段，大数据在金融创新方面的作用已经充分显现，在保险产业领域，大数据能够在数据搜集、客户需求、产品设计、保险理赔等方面提供有力的工具和方法，有利于充实保险产业数据信息资源库，为客户提供更好的服务。

鉴于当前经济增速放缓，具体保险业务可能会遇到一定的障碍，由于保险业务的特殊性，资产负债的错配现象可能会出现，保险投资收益亦会出现不稳定的情况。新常态下保险产业不可避免地会出现一些新情况，"偿二代"正式进入实施期，对保险产业主体防控风险的能力提出了更高的要求。新的时代特点给保险产业带来了新的挑战。明者因时而变，智者随事而制，产业发展必须与时俱进，积极适应新常态，开拓保险产业发展的新局面，为保险产业安全保驾护航。

第一章聚焦新常态下保险产业发展中存在的四个突出问题，即保险产品、保费投资、保险受益、保险产业监管问题展开研究。关于保险产品问题，随着国民经济的高速发展，新兴产业的腾飞；世界经济一体化进程的加快，中国保险业的整体经营环境已经发生了十分显著的变化，但是与国外成熟的保险市场相比，国内保险业仍然存在较大差距，尤其是产品开发体系不健全，保险产品结构相对单一，市场有效供给不足，已经不能满足人们日益多样化的保险需求，人们需求的变化也对保险服务提出了更高的要求，可以说，保险产品和服务的创新能力已经成为保险公司在当前激烈市场竞争中生存和发展的重中之重。关于保费投资问题，我国保险投资情况并不理想，主要问题是保险投资结构不合理、总体收益率不高、保险资产运用期限与保险业资产分布不匹配等。在这种情况下，为了改善保险投资情况，提高保险投资收益，需要进一步探讨保费投资问题。关于保险受益问题，目前在我国，保险已经深入人们社会生活的各个方面，受益人是保险利益的直接享受者，受益权的实现也是被保险人和投保人利益和意志的体现，但目前，保险受益没有使被保险人真正获得利益。关于保险监管问题，保险业作为金融业三大支柱之一，在国家经济发展中扮演重要角色，为确保保险行业持续健康发展，需要保险监管部门有效行使监管职责，通过改变资源配置达到"帕累托改进"。因此，有必要从现有保险产品被保险人的受益方式、各国被保险人受益模式的经验借鉴、新常态下保险产品受益方式的改进等角度探讨保险受益问题。基于以上背景与初衷，第一章对保险产业发展问题展开相关研究。

1.1.2 研究意义

保险产业是国家金融领域的重要组成部分，保险产业复业至今已近四十年，见证了我国改革开放的历史时刻，也通过改革取得了快速的发展。近年来，我国经济结束了持续高速增长，进入换挡期，经济增长速度由高速转向中高速，发展由过去一味追求规模、注重数量转向质量与效益并重的集约型方式，发展动力也将更多地依靠创新实现。经济新常态给保险产业发展带来更多的机遇，同时，保险产业也面临更多新的挑战。第一章在梳理与借鉴国内外相关研究成果的基础上，以产业经济学理论和保险学相关理论为基础，结合新常态下保险产业面临的内外部发展环境，由微观到宏观，分析新常态下保险产业发展需要聚焦的保险产品、保费投资、保险受益、保险产业监管等问题，提出促进保险产业发展的对策建议，对于促进保险产业适应新形势、获得新发展具有重要的实践意义。采用规范和实证方法、比较和综合分析方法，将微观市场结构与产业监管相结合，丰富和深化了产业经济学的研究内容，对我国保险产业发展问题进行全面梳理，以期为保险产业发展保驾护航。

1.2 研究内容及思路

第一章以经济新常态为研究背景，主要解决新常态下保险产业发展中存在的四个突出问题。

在分析现有保险产品种类及行业现状基础上，提出亟待推进的保险产品，将着眼点和聚焦点集中在社会保障、医疗、养老、食品安全、生态环境、巨灾等事关国计民生的重要领域，加快重点领域重要险种的开发速度，在此基础之上，可以推进差异化发展，针对不同区域的特点，设计开发不同的保险产品，以满足区域化的需求。以巨灾保险为例，提出巨灾风险管理的创新模式，由于新型保险产品具有复杂性、多样性，作为管理者要了解保险交易过程的复杂性，必须将外部金融市场视为一个整体加以考虑，同时保险产品又需要按照基本构成风险分解。

保费投资是保险公司重要的业务内容和收益增长点，现阶段我国保险资金运用收益率普遍偏低，这既有资金运用结构层面的原因，也有保险业资产管理层面的问题。保险资金运用结构失衡，投资种类、投资方向相对保守，保险资金投资渠道有限，投资工具作用不明显。保险资金管理机构缺乏市场竞争力，不能较好满足专业化和多元化的管理需求。基于保费投资存在的问题，提出要逐渐向委托管理或多模式并立的监管方式转变，持续发展保险主业，在监管机构的监督下，开展保费投资市场化改革，释放保费投资红利，在风险可控的前提下实现保费投资产品创新，并进行风险评估，在保费投资比例、投资合规性、风险控制方面加强监管。

通过梳理并分析国内学者的相关研究发现，保险受益问题集中在保险受益人制度、保险受益人变更、保险受益人制定、保险受益权等方面，但针对一些问题学者们仁者见仁，智者见智。基于受益人资格的确定，对受益人范围的确定、受益人权属的确定、受益人变更的确定进行了分析。

对保险产业实施监管有利于确保保险产业整体的稳定发展，发挥保险产业对社会经济发展的推动和保障作用。保险产业政府监管伴随保险产业发展历程演进，从无到有、从不规范到逐渐规范。保险产业监管服务理念有待提高，部分保险业务理念有悖对消费者权益的保护，以巨灾保险为代表的重要领域保险业务发展推进缓慢，需要跟进对保险新业态规范发展的监管。保险资金运用监管"管住后端"水平乏力等，是我国保险监管存在的问题。借鉴发达国家保险产业监管的经验，结合我国保险产业监管的实际情况，提出政府监管模式的分析框架，即由约束条件、监管主体、监管方式、监管客体和监管目的组成。监管模式的核心是"资源的配置方式"。配置方式的执行者是"监管主体"，是对监管体系具体贯彻的组织和个人。根据运筹学的思想，在做科学决策时，必须考虑目标和约束条件。因此，"环境约束"和"系统目标"直接作用体系的核心——"监管资源的配置方式"，并基于反馈的投入产出循环系统构建政府监管的优化运作模型。

第一章按照理论到实证，由微观到宏观的逻辑顺序展开研究。新常态下保险产业发展问题研究是一项针对保险产业突出问题的系统研究，保险产品问题、保费投资问题、保险受益问题、保险产业监管问题均是新常态下，保险产业亟待解决的关键性问题。也是关系保险产业未来发展以及社会经济发展的重要问题。技术路线图如图1-1所示。

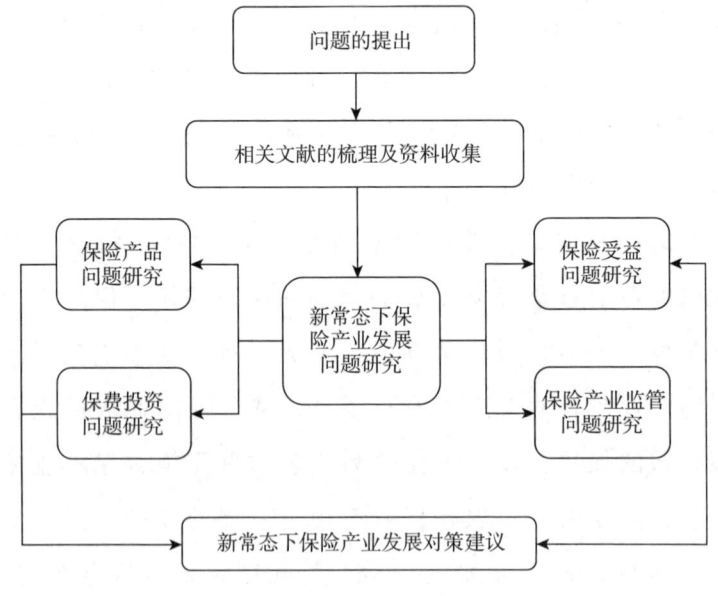

图1-1 技术路线图

2 保险产品

2.1 现有保险产品种类及行业现状

2.1.1 现有保险产品种类及市场结构

近十年来，中国保险业迅速发展，主要体现在保险业务和保险中介服务均迅猛增长。

（1）保险市场业务的发展

根据《保险市场年报（2015）》，2015年保费收入已经高达24282.52亿元，和上一年相比，保费增长了两成。保险深度已经达到3.18%的较高水平，保险密度为1479.3元。赔款给付金额达7194.4亿元。保险公司总资产达10.2万亿元。2015年保险业经营情况如表1-1所示。

表 1-1　2015年保险业经营情况

单位：万元

原保险保费收入	242825194.63
1. 财产险	79949687.36
2. 人身险	162875507.27
（1）寿险	132415207.17
（2）健康险	24104715.15
（3）人身意外伤害险	6355584.95
人身保险公司保户投资款新增交费	76465639.86
人身保险公司投连险独立账户新增交费	6778832.75
养老保险公司企业年金缴费	8742036.99

续表

原保险保费收入	242825194.63
原保险赔付支出	86741397.49
1. 财产险	41941665.57
2. 人身险	44799731.92
（1）寿险	35651680.05
（2）健康险	7629656.85
（3）人身意外伤害险	1518395.01
业务及管理费	33367214.98
银行存款	243496744.97
投资	874458120.40
资产总额	1235977649.28
养老保险公司企业年金受托管理资产	41687972.86
养老保险公司企业年金投资管理资产	35255111.75

资料来源：中国保监会。

产险公司已经收取的原保费高达8423.26亿元，相较2014年涨幅超过了11%；寿险公司收取的原保费接近1600亿元，相较2014年涨幅近25%。对比产险、寿险、健康险以及意外险业务的原保费收入不难看出，同比增长幅度最高的是健康险，超过50%，而增幅最低的产险也已经超过了10%，寿险和意外险同样增幅明显，分别为21.46%和17.14%。在产险的业务线中，来自交强险以及农业保险的原保险保费的增长幅度分别为10.74%和15.08%。另外，寿险公司未计入保险合同核算的保户投资款和独立账户2015年新增交费为8324.45亿元，同比增长97.91%。

2015年，赔款和给付支出8674.14亿元，同比增长20.20%；

产险业务赔款4194.17亿元,同比增长10.72%;寿险赔款额略少,为3565.17亿元,尽管如此,其涨幅也已经远远超过了30%;健康险和意外险在赔付和支出方面的数额分别是762.97亿元和151.84亿元,其各自的增长幅度分别为33.58%和18.24%。

2015年,资金运用余额为111795.49亿元,较2015年初增长19.81%。银行存款为24349.67亿元,占比为21.78%;债券为38446.42亿元,占比为34.39%;股票和证券投资基金为16968.99亿元,占比为15.18%;其他投资为32030.41亿元,占比为28.65%。

截至2015年,总资产为123597.76亿元,较2015年初增长21.66%。产险公司总资产为18481.13亿元,较2015年初增长31.43%;寿险公司总资产为99324.83亿元,较2015年初增长20.41%;再保险公司总资产为5187.38亿元,较2015年初增长47.64%;资产管理公司总资产为352.39亿元,较2015年初增长46.44%。

(2)保险市场结构

财产保险市场保费收入平稳增长。在调查保费收入结构的过程中很容易发现,保费收入最高的就是车险,其次为企业险、农业险,还有责任险以及信用险。来自这五个部分的保费收入占所有保费收入的近九成。2006~2014年财产保险公司保费收入及增长率如图1-2所示。

财产保险行业资本实力大幅增强。2015年,财产保险公司总资产合计为1.6万亿元,净资产合计为4120.6亿元。市场集中度有所上升。就我国目前的情况而言,现已经存在的财产保险公司有67家,其中外资的公司超过了20家。保费收入排名前五的保险

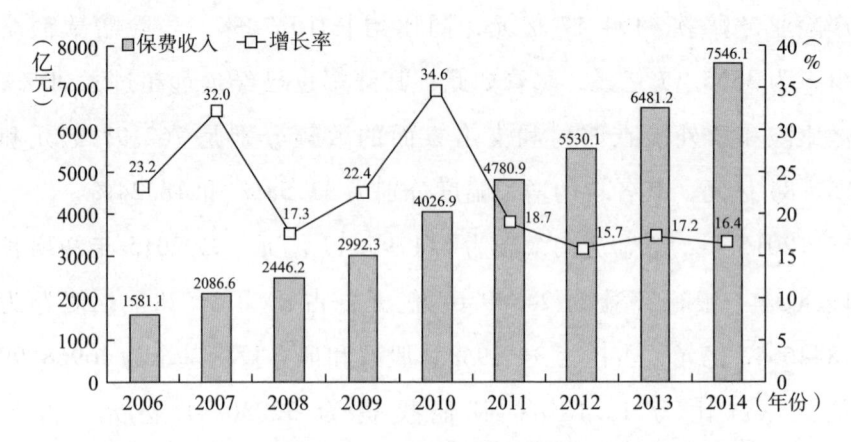

图 1-2 2006~2014 年财产保险公司保费收入及增长率

公司在市场中占据的份额已经高达74.7%，和上年同期相比略有上浮。保费收入在2015年排名前十位的保险公司如表1-2所示。

表 1-2 保费收入在 2015 年排名前十位的保险公司

单位：亿元，%

排名	公司名称	资本结构	保费	市场份额
1	中国人民财产保险股份有限公司	中资	2524.2	33.4
2	中国平安财产保险股份有限公司	中资	1428.6	18.9
3	中国太平洋财产保险股份有限公司	中资	928.4	12.3
4	中国人寿财产保险股份有限公司	中资	404.0	5.4
5	中华联合财产保险股份有限公司	中资	348.7	4.6
6	中国大地财产保险股份有限公司	中资	223.6	3.0
7	阳光财产保险股份有限公司	中资	211.7	2.8
8	中国出口信用保险公司	中资	181.2	2.4
9	太平财产保险有限公司	中资	132.7	1.8
10	天安财产保险股份有限公司	中资	111.5	1.5
合计			6494.6	86.1

资料来源：中国保监会。

人身保险市场呈现保费收入快速增长、产品结构优化明显、各渠道业务平稳发展的特征。受益于人身保险费率市场化改革，人身保险产品结构显著改善。2015年人身保险公司保费收入前十名如表1-3所示。2015年，普通寿险保费收入为4296.5亿元，保费占比为33.9%。分红保险保费收入为6508.8亿元，保费占比为51.3%。投连险保费收入为4.4亿元，保费占比为0.03%。万能险保费收入为91.9亿元，保费占比为0.7%。各渠道业务平稳发展。2015年，个人代理渠道保费收入为6174.5亿元，同比增长12.4%，保费占比为48.6%。银保渠道保费收入为4946.9亿元，和2014年相比增长幅度超过了25%，保费在这其中的占比为39%。公司直销渠道保费收入为1264.7亿元，保费占比为10%。专业代理渠道保费收入为74.9亿元，同比下降1.6%。其他兼业代理渠道保费收入为163.4亿元。保险经纪渠道保费收入为62.8亿元，同比增长38.9%。

表1-3 2015年人身保险公司保费收入前十名

单位：亿元，%

排名	公司名称	资本结构	保费	市场份额
1	中国人寿保险股份有限公司	中资	3310.0	26.1
2	中国平安人寿保险股份有限公司	中资	1739.9	13.7
3	新华人寿保险股份有限公司	中资	1098.7	8.7
4	中国太平洋人寿保险股份有限公司	中资	986.9	7.8
5	中国人民人寿保险股份有限公司	中资	786.3	6.2
6	泰康人寿保险股份有限公司	中资	679.0	5.3
7	太平人寿保险有限公司	中资	651.3	5.1
8	安邦人寿保险股份有限公司	中资	528.9	4.2

续表

排名	公司名称	资本结构	保费	市场份额
9	生命人寿保险股份有限公司	中资	367.1	2.9
10	中邮人寿保险股份有限公司	中资	219.5	1.7
合计			10367.6	81.7

资料来源：中国保监会。

(3) 保险中介市场

根据保监会数据，在我国范围内专业的保险中介机构已经有2546家，和2014年相比略有增长；注册总资本已经超过261亿元，同比涨幅为16.8%。其中，专业的保险代理机构、保险经纪以及公估机构的占比分别为69.3%、17.5%和13.2%。

根据《保险市场报告（2015）》，我国现有兼职做保险代理的机构已经超过了21万家，其中八成以上的机构都属于金融类别。而在专业领域，根据可靠数据，以专业保险中介公司为渠道获取的保费收入已经逼近1500亿元，同比增长幅度为27%。

2015年通过保险代理机构而获取的保费收入逼近1000亿元，在同年保费总收入中占有的份额为4.8%，其中九成以上的保费来自财产险。佣金收入为184.8亿元，其中来自财产险的佣金收入占比为85%左右，其余部分为人身险佣金。

以保险经纪机构为渠道而直接获取的保费收入已经超过了500亿元，在2015年全国保费总收入中的占比为2.5%，其中财产险和人身险的占比分别为88%和12%。保险业务收入为1.8亿元，咨询业务收入为8.9亿元。保险公估机构实现业务收入22.6亿元。

通过兼职保险代理渠道和个人代理渠道而获取的保费收入分

别都已经远远超过7000亿元，在2015年全国总保费收入中占有的份额分别都在三成左右，前者财产险和人身险保费收入的占比分别为27%和73%，而后者财产险和人身险保费收入的占比分别为19.4%和80.6%。

2.2 亟待推进的保险产品

改革开放以来，我国保险业取得较快发展，保费收入呈逐年上升之趋势，保险产品也在不断推陈出新。随着社会经济的发展及人民生活水平的提高，人民对险种的需求也逐渐多样化，但总体上看，保险产品的比例不够均衡，保障型险种还不能满足消费者的需求，产品设计与开发创新的机制还不够完善等在一定程度上阻碍了保险产品问世，也影响了消费者对整个保险业的认同度和满意度。当前通过对现有研究的梳理总结，借鉴国外发达国家保险业发展的经验，结合当前我国保险业的实际情况，本章认为保险产品的设计与开发，首先应立足我国国情，只有立足国情，切实从保险业实际、社会需求、人民群众需要出发，将着眼点和聚焦点落在社会保障、医疗、养老、食品安全、生态环境、巨灾等关系国计民生的重要领域，有所为有所不为，抓主要矛盾，加快重点领域重要险种的开发速度，在此基础之上，可以推进差异化发展，针对不同区域的特点，设计开发不同的保险产品，以满足区域化的需求。以下几方面为需要重点开发的保险产品领域。

第一，努力推动提高医疗保障水平，积极努力拓展大病医保在城乡中的覆盖面；着力完善全民医保体系，极大地化解了城乡居民没钱看病的问题。国家高度重视城乡居民大病保险问题，国家相关部委曾经联合出台过多个文件提及建立大病保险制度，

2017年10月18日，习近平总书记在党的十九大报告中也指出，要完善统一的城乡居民基本大病保险制度，以确保关系人民群众切身利益的基本保障问题。2018年，在国家医保局的大力推进下，有18种抗癌药进入医保准入专项谈判的药品范围，这一举动得到人民群众的热烈欢迎。随着人民生活水平的提高，人民越来越关注身体健康，除去基本医疗保障，许多人民群众有更高层次的健康保障需求，这就要求保险机构不断增加商业健康保险产品的供给，为群众在医保范围之外提供额外保障，帮助群众构建完善的健康风险屏障。在拓展健康业务的过程中，要不断宣传保险理念，增强群众的保险意识，同时，保险业自身也必须努力寻求相对完善的管理方式，将管理重点向病前及病中转移，探索高效且有效的管理模式，做好保险服务工作，进一步扭转保险业在人民群众心目中的形象，提高人民群众对健康管理的认知。

第二，为企业年金提供全程管理服务。近年来，我国企业年金的规模不断扩大，需要一方在方案咨询、设计、客户服务、投资等众多方面提供管理及服务，保险业在退休金经营管理能力、长期寿险业务方面积累了经验，恰恰在企业年金计划方面具有独特的优势地位，能够有效为企业在宣传推广、计划设计、事前事中事后各不同环节提供服务，能够提供相对成熟的营销模式，销售能力和精算能力较强，同时承担诸如受托管理人、账户管理人、投资管理人等多重角色。通过推动商业年金保险发展，商业保险向社会提供多样化的养老年金保险产品和服务，能够有效弥补社会在社会养老保障方面的不足。

第三，健全与推广产品质量安全责任保险，加强产品质量安全管理。健全与推广产品质量安全责任保险，既惠及国计民生，也是社会经济问题的要求，同时能够在一定程度上辅助政府对产品质量安全的管理，减少产品质量安全责任事故，减低人身伤害或者财产伤害损失，增强企业的社会责任，维护企业信用。为防控风险，保险公司又会通过风险检查或相关条款敦促企业注重责任并加强管理，实现企业、保险业、群众及社会的多赢，进而有效减少产品质量责任事故的发生。

第四，推广环境污染责任保险，完善生态环境保护管理体制。绿水青山就是金山银山，当今及未来代际赖以生存的生态环境，必须强制加以保护；同时，对环境污染者，也必须强制其承担责任。一直以来，学术界及业界呼吁建立环境污染责任保险，2018年5月7日，这一方案终于落地，生态环境部部长李干杰在北京主持召开生态环境部部务会议，审议并原则通过《环境污染强制责任保险管理办法（草案）》，在环境高风险领域建立"环境污染强制责任保险制度"，如果企业发生污染事故，对第三者造成的损害依法应承担赔偿责任。通过这种方式，一是能够发挥保险产业和保险公司的社会管理职能；二是有利于受害人得到补偿和保护；三是分散了环境高风险企业的风险。接下来有望推行强制的环境污染责任保险，逐步健全环境污染责任保险技术规范体系，为企业提供保障服务。

第五，探索地震巨灾保险制度试行方案，推动地震保险落地实施。保险业可以通过开发示范产品、搭建制度、完善风险分散机制，积极推动地震保险落地。开发全国住宅地震保险示范产品，该产品以城乡居民住房为保障对象，按城乡确定不同保险金额，实现"广覆盖、保基本"。组建地震保险共保体，制订共保体筹备工作方案、拟定共保体章程，推进共保体成立相关事宜。择机建立地震巨灾保险基金，按照地震巨灾保险保费收入或超额承保利润的一定比例计提地震巨灾保险基金，在专门管理机构成立前选择代管机构，对地震巨灾保险基金实行专户管理、独立核算，同时还要实现全国统筹。

2.3 保险产品创新——以巨灾保险产品为例

保险行业的传统理论基础是大数定律，为此建立了科学、完善的数据统计体系。保险经营的一个重要基础是利用保险精算技术实现对承保风险的预测，并据此进行保险产品的定价，设计相应的保险产品。新型保险产品的另外一种定价技术是蒙特卡洛方法。蒙特卡洛方法是一种统计模拟方法，是以概率和统计原理为基础的计算方法。其基本思想是将所求解问题与某一概率模型相联系，用计算机进行模拟和抽样，进而获得问题的近似解。蒙特卡洛方法有比较强的适应性，它的一个显著优点是问题维度的复杂不会过多地影响算法及计算量。近年来，随着计算机技术的高速发展，蒙特卡洛方法在金融工程以及金融产品定价领域的运用中尤其常见，它的思想是模拟金融产品的价格路径预测其最终的数值。这里结合巨灾债券定价进行简要讨论。

保险产业不断提升保护措施、防范措施、响应措施，并提供金融资产的保护方法，以降低风险，防止公司破产。巨灾给保险理论提出了新的挑战。其中最重要的就是处理灾难债权归属问题的能力。比如，与气候相关的自然灾害。可以预期的是，未来当越来越大的并且更加频繁的损失出现时，这样的风险足可以压垮保险产业。

我国幅员辽阔，地理条件复杂，气候多变，导致我国重大自然灾害风险分布具有地域广、种类多、发生频率高的特点。《中华人民共和国跨世纪减灾规划》中指出，我国是世界上自然灾害频发且损失严重的国家之一。据有关资料统计，1970~2010年，我国平均每年出现较大的自然灾害达25次，灾害发生频率约为美国的4倍，为日本的2倍。

举例来说，21世纪以来，我国发生了2008年汶川地震、2008年南方多省雪灾、2009年西南五省干旱、2010年甘肃舟曲泥石流等自然灾害。尽管这些巨灾事件引起的损失巨大，但与一场大风暴或大地震对一个相对发达地区的袭击所造成的潜在损失相比还不算特别大。例如，如果一场强度达到8.0级别的地震发生在我国经济发达地区，根据模型估计的保险损失及非保险损失之和可能超过5000亿元。此外，我们还注意到，除了自然灾害，近年来我国还出现了一些与人为事故等有关的巨灾事件。

在中国历次巨灾事件中，保险赔付灾害损失的1%~4%，政府补贴和社会捐赠占比分别为2%和1%。其他90%以上的风险是由个人和企业自行承担的，这是由于我国尚缺乏完善的风险转移机制和巨灾管理经验。以洪水为例，自20世纪90年代以来，在中国由洪灾引发的直接损失已超过1000亿元人民币。但同时，洪灾保险是中国仅有的一种附加险，其损失补偿主要由政府提供，这给国家财政造成很大的压力。而洪灾风险所具有的高随机性对于应用保险来说也并不恰当。

无论是国际还是国内经验都反映出普通的商业保险与再保险对巨灾风险管理的软弱无力，这促使我国需要加大探索巨灾风险管理的创新模式。

巨灾保险及其衍生品是目前中国亟待开发的保险新品种。巨灾风险通常指具有突发性、不可预测性且给人类造成巨大经济损失和人员伤亡的风险。主要包括洪水、地震、飓风、恐怖袭击等自然及人为灾害。美国保险服务所（ISO）将巨灾定义为损失金额超过2500万美元的灾害事件。巨灾的基本特征是：一系列能导致损失金额相当巨大的灾害事件；与一般灾害事件相比，巨灾事件具有低概率、高损失的显著特点。

巨灾事件所具有的低概率、高损失的特征，与普通商业保险和再保险标的发生频率高、损失低的特性存在本质不同。因此，大数定律不适用于巨灾风险管理，即传统的商业保险与再保险风险管理模式不适用于巨灾风险管理。此外，国际保险市场提供的巨灾保险产品有效供给不足。再有，巨灾风险往往会给国际保险市场带来巨大的财务压力，使国际再保险市场受到严重冲击，财产保险公司资本不足、承保能力大幅下降，并进而导致公司经营困难以及再保险价格普遍上涨。并且，我们注意到这些巨灾事件导致再保险公司的资本金被严重削弱，其通常意义上的恢复能力，即发行新股、增加资本等公司使用的惯常方法并不足以让市场恢复到以前的水平。可见，传统的商业保险与再保险机制已经不能满足巨灾风险管理的要求，也不能缓和巨灾事件带来的损失。

巨灾保险产品的一个有价值的创新是巨灾损失证券化，比如飓风和地震。频发且严重的巨灾损失刺激这类金融工具的发展。保险联结证券（Insurance-Linked Securities，ILS）是一类金融工具的总称，这类金融工具将寿险风险和非寿险风险在不同的金融市场中转移。从严格意义上说，ILS的范围包括巨灾债券、巨灾互换、巨灾期权、侧挂车和行业损失担保。有些观察家也把专业对冲基金及某些衍生工具，比如天气或气候的衍生工具纳入ILS中。

目前，我国保险公司与再保险公司对巨灾风险的管理水平、认识相对不够。一方面，对巨灾保险的承保能力较低、保险供给不足，不能为我国的经济增长提供充分、有效的经济安全保障。另一方面，一旦巨灾事件发生，我国保险与再保险公司容易受到巨灾事件的冲击，公司的风险资本和正常经营都会受到严重影响。此外，我国面临着包括自然灾害等在内的巨灾风险，且在巨灾损失随经济发展日益增大的情景下，有必要研究我国建立完善的重大灾害风险分散及转移机制；并且，开发巨灾债券在内的保险挂钩证券的产品，研究其在资本市场中的分散化意义对中国保险业也具有重要意义。

巨灾债券建立在资产支持证券交易的基础上，资产支持债券被广泛地应用于包括按揭贷款、汽车贷款、飞机租赁、学生贷款等金融资产的资产抵押证券业务中。巨灾债券是一类更广泛的被称为与事件挂钩（联结）的债券，其收益建立在某特定事件发生的基础上。一般来说，巨灾债券的运行机制和运作参与者包括以下几类：债券发起人、特殊目的载体、信托账户、投资人以及其他机构，如投资银行、信用评级机构、互换交易对手等。

发行巨灾债券通常是为了承保再保险的高阶分保层，例如，防止发生概率为0.01或以下（至少100年才会发生一次）的事件。分出公司通常不对高阶分保层进行再保险的原因主要有两个：一是对于这种规模的事件，分出保险公司更关心的是再保险公司的信用风险；二是高阶分保层的保费往往大幅超过预期损失。由于巨灾债券被完全抵押，消除了他们对信用风险的担忧，并且由于巨灾事件与投资回报具有低相关性，巨灾债券可以提供比高阶分保层再保险更低的价差，因为它们对投资者分散化来说是有吸引力的。

与传统的再保险的保障期通常是一年期不同，巨灾债券也可以在数年间锁定保险保障，并避免发起人面对再保险市场的周期性价格波动。大部分巨灾债券的期限不止一年，这就使得发行成本可以在多年期进行分担，实际上降低了发起成本。

国际上的巨灾衍生品主要有巨灾期货和巨灾期权。巨灾期货是在未来特定时间以现金进行交割的远期合约。与传统意义上的商品期货相比，巨灾期货的标的物是一种指数，该指数的大小取决于巨灾事件的损失额和当期的保费收入等。巨灾期权是一种以巨灾损失指数为标的的期权合约。保险公司通过购买巨灾期权，获得在未来一段时间内以某种价格进行买卖的选择权。进入国际市场交易的巨灾期权主要有PCS巨灾期权合约、ISO巨灾期权合约、GCCI巨灾期权合约以及CME飓风指数二元期权等。

我国保险业应该完善灾害事故防范救助体系，完成制度顶层设计，在发生重大灾难后能够为巨灾保险的理赔工作提供必要的法律支持和保护。2014年，中国保监会联合财政部制定《完善保险经济补偿机制——建立巨灾保险制度工作方案》，并成立巨灾保险制度研究课题组，形成了《建立巨灾保险制度课题研究报告》及其子报告《建立我国地震巨灾保险制度试运行方案》，完成巨灾保险制度的顶层设计。在充分考虑我国实际情况和巨灾保险现实需求的基础上，中国保监会选取地震保险作为巨灾保险的立法突破点，制定《地震巨灾保险条例》。《地震巨灾保险条例》从法律层面明确政府与市场合作的巨灾保险运行模式、参与地震巨灾保险制度各主体间的权利义务、地震巨灾保险制度的组织形式、核心机构的组建方式及巨灾保险经营规则和经营风险防范，这些都将成为推动巨灾保险顺利开展以及实施的重要支持以及法律依据。

3 保费投资

保险产业保费投资是指保险公司在经营过程中,将积聚的保险资金部分用于投资,使保险资金得到增值的业务活动。保费投资主要通过保险资金的投资扩大金融资产,从而实现资金的增值,其形式多种多样。

目前保险产业内保险资金运用占据着举足轻重的地位,并且逐渐成长为保险公司重要的业务内容和收益增长点。近年来,我国保险产业的保费投资和监管尽管取得了一定的成绩,但存在的问题也不容忽视。

3.1 保费投资存在的问题

3.1.1 保险资金运用收益率较低

现阶段,我国保险资金运用收益率普遍偏低,整体收益率仅为 3.6%,与西方发达国家具有一定的差距。相对来说,西方发达国家的收益率高于 GDP 增长率,而我国收益率远远低于 GDP 增长率,其主要原因是我国保险行业的资金运用水平普遍偏低,专业化程度偏低等,导致资金运用效率偏低。

首先,保险资金运用结构层面上存在问题。目前,我国保险资金运用包括投资企业、政府、金融债券以及银行存款等。由于银行存款利率的逐渐下调,基金的投资价格出现明显下降,投资回报率逐渐下滑,保险公司的投资收益受到很大的影响。其次,由于我国市场经济仍在不断发展和完善中,资本市场仍然存在尚未完善的地方,其中法律法规制度的不健全使得保险公司投资收益难以维持稳定的状态。

此外，保险行业的资产管理存在一系列的问题，导致盈利能力普遍较低。垄断资金运用模式使保险行业市场化程度偏低，人才较为缺乏。以上种种因素使保费投资收益率高低不一，也进一步表明我国保险资金具有较大的上升空间。

3.1.2 保险资金运用结构失衡

当前，我国保险资金运用存在较多问题，尽管运用的渠道有所创新和拓展，投资的种类有所增多，但是始终存在不平衡的问题，具体表现在以下几点。

（1）投资种类失衡

一方面，高度重视银行存款和债券投资，并且过度依赖，受货币政策的影响较大，因此对其收益情况产生影响。从西方发达国家的经验中可以看出，股票和基金是主要的投资方向。例如，在美国，保险资金投资股票和基金的比重达到了80%，而我国约为20%，投资种类失衡。

另一方面，保险资金运用的渠道有限，需要进一步拓展和创新。虽然最近几年我国保险资金的投资渠道有所拓展，但是实际上仍然较为狭窄，投资面临挑战。

（2）投资周期失衡

我国保险资金中寿险资金占80%左右，而寿险中长期资金占70%以上。然而，投资种类匮乏使保险资金和负债失衡，进而造成较大的投资风险，影响了保险资金的循环和使用。

3.1.3 保险资产管理机构缺乏市场竞争力

从国际的角度对保险资金运用现状进行分析，能够看出其中包含三种模式：分别为公司内设投资部门、专业化保险资产管理机构以及外部委托投资。国内保险资产管理公司的发展对于促进我国保险产业资金的合理运用具有重要意义。特别是在扩大受托资金范围与提高准入门槛等背景下，对于大幅度提升保险资产管理公司的投资能力具有重要作用。

目前，国内主要的保险资产管理公司有中国人保资产管理股份有限公司、泰康资产管理有限责任公司、中国人寿资产管理有限公司、太平洋资产管理有限责任公司、华泰资产管理有限公司、太平资产管理有限公司、平安资产管理有限责任公司、新华资产管理股份有限公司、中再资产管理股份有限公司、安邦资产管理有限责任公司、生命保险资产管理有限公司等。

保险资产投资管理公司的有效运营有助于实现保险公司的投资，对资产进行管理和监督，成为保险资金运用的关键环节；但一些保险资产投资管理公司仍缺乏市场竞争力，进而很难满足专业化和多元化的管理需求，不能直接实现资金的统一管理，因此，很难提升保险资金的运用率以及实现防范风险的目的。

3.2 保费投资的风险管理

我国自2010年8月31日开始实施的《保险资金运用暂行管理办法》中提到，保费投资需恪守安全和稳健的原则，能够满足偿付能力提出的监管要求，并在资产负债管理和风险管理方面实现法治化、市场化、信息化和规范化。

3.2.1 逐渐转变管理方式

保费投资管理方式逐渐从投资和保险资金管理模式向委托管理的方向演变。保险公司往往可以灵活多样地选择其资产的管理方式。这些灵活多样的管理方式既有利于保险公司的管理和资金运用的规范化，也会对外部资金管理人员形成压力,从而有利于提高资金运转效率,为投保人和保险公司谋得更大的收益。保险资金管理应该成为保险资产管理机构的主要任务。现阶段,金融市场中已经存在保险产业的身影,并且将在未来形成趋势。因此,发挥自身专业优势及股东优势,是保险资产管理公司的当务之急。一方面,保险资产管理公司要加大理财重点产品的开发力度;另一方面,需要开展更多的业务,使资产管理机构高度市场化。需要注意的是,保险资产管理公司管理体系不完善、不健全,没有较强的竞争实力,所以目前的主要工作,仍然是重点建设和提高投资能力,做好和完善对保险主业的服务。

3.2.2 持续发展保险主业

保险业发展的基础是投保人的保险费。没有保险费,保险业的发展也就无从谈起。保费投资促使保险行业持续发展和壮大。保费投资的安全性尤为重要,保费投资的前提是保障资金与资产的安全性。从整体来说,保险收入的不断增加对保费投资具有积极作用,使其在高度发展与激烈竞争的投资市场中占据有利的地位,为保费投资奠定基础。这主要包括以下两点。其一,继续保持保险业的根据地和大本营——保费的稳定发展,不断推出新产品,提高保费收入。其二,加大对保险资产管理机构的监管力度。通过对比国内与国外的保费投资能够看出很多问题。就保费投资现状而言,保险行业还没有形成与其他金融行业相比的投资优势。保险行业在很长的时间内,需要继续发展自身的投资优势,提高投资的创新能力,同时提高保费投资的风险预警和风险控制能力,形成保险行业的核心竞争能力。

3.2.3 释放保费投资红利

长期以来,保费投资还是政府主导下的投资运用。应使保费投资进一步走向市场化、专业化，充分利用市场机制的特点，真正发挥市场在保费投资中的主导作用。同时需要继续发挥保险监督管理委员会的监督作用，统筹监督与放权的关系，做好以下三点。一是定位要明确。明确保险监督管理委员会在保费投资中的监管工作目标。维护保费投资的安全性，维护保费投资的市场秩序，保障保险人的投资利益。为保险业的保险资金运用保驾护航，从政策制定与监管角度承担应尽的责任。二是在监管的具体工作中有所侧重。所谓监管工作不是说所有的工作都要监管。该放给企业的要放权，该监管的必须监管。在监管和规范做好的前提下，不断改进监管的方式方法，不断提升保费投资的活力，使保险业在明确而有效的监管下不断发展。三是引导行业组织的建立。在监管的同时，引导保险业建立行业自律组织。深层推动保险业的业内沟通和交流，促进保险行业的市场化改革和保费投资的创新。

3.2.4 创新增强发展的推动力

与国内其他金融行业相比，保险业的创新能力较弱，保险业需要加快创新步伐。同时，保险行业的监督管理委员会要进一步放权。监管部门要为保险行业创造一个良好的运营环境。其一是推动保费投资的产品创新。只有不断创新才能为保费投资提供发展的空间和竞争优势，同时为保险业的持续发展提供推动力。但是投资产品创新的风险与机遇并存。在鼓励创新的同时也要有所防控，毕竟保险行业是关系国计民生的基础性行业，其波动关系全国人民的福祉。而保障保费投资的安全性就成为重中之重。简而言之，就是需要创新，但是其风险必须可控。同时在民生与国家新型战略行业方面要有所侧重。其二是做好监管的具体工作，完善流通机制。在保费投资产品的运用与设计中要加强监管，做好注册信息化、登记结算集中化等工作。其三是发展多元化市场。满足人民对养老、医疗、就业、教育等细分市场的多元化需求，建立有效的新的保险投资渠道。

3.3 保费投资的监管

政府对市场的干预基于三个基本的经济学理论，即公共利益论、私人利益论和经济管制论。几乎所有的国家都对保险业进行监管。未来，保险资金在市场资源配置中的作用日益重要，保费投资监管也将日益重要。其中面临的风险规避和风险管理的难度无疑会加大。这就要求保险监督管理部门能够切实加强监管，将保费投资的系统性和区域性风险降到最低。保费投资监管可以从以下几个方面进行。

3.3.1 集中登记交易系统

一是中国保险监督管理委员会能够对资产管理产品实现集中登记交易。二是能够建立对应的有利于市场的交易流通机制。

3.3.2 投资品种合规性监管

2014年，我国对保险金投资品种的合规性要求仍执行原有规定，具体如表1-4所示。

表1-4　2014年保险资金投资规定

类别	规定
存款	在银行存款方面，保险公司应该加大管理力度。并且总资产在20亿元以上的产险公司、总资产在100亿元以上的寿险公司在银行存款方面需要满足以下两点要求： 1. 其中一家非全国性商业银行的存款不能超过银行总存款的20% 2. 在非全国性商业银行的存款不能超过公司银行存款总额的60%

续表

类别	规定	
股票	公司间接或直接持有保险机构投资者10%及以上股份的,不得投资该公司以及相关股票	
债券	投资具有关联关系企业（公司）发行债券的余额	≤机构上季末净资产×20%
	投资保险公司控股股东公开发行债券的余额（单期）	≤该次发行债券总额×10%

资料来源：作者整理。

3.3.3 保费投资比例监管

调整保费投资监管比例，较之前相比，主要有如下变化。

（1）多层次的比例监管框架。第一，监管比例（分为大类资产监管比例和集中度风险监管比例）。此为投资上限，不能突破。违反监管比例的由保监会责令限期改正；被动超标时不得新增投资，且应于发生后五个工作日内向保监会报告。第二，监测比例。监测比例可突破，但建议突破监测比例应履行相应的内部决策和流程要求，并且在突破后五个工作内需要将报告提交到保监会。只有保监会认定应披露的，才可披露。第三，内控比例。需要构建投资内部风险控制比例。需要经过董事会或者相关授权机构的审定，然后在五个工作日内将报告提交到保监会。此外，每年3月31日前向保监会报告比例实际执行情况。

（2）除境内外衍生品交易仍执行现行规定外，其他保费投资监管比例取消。第一，取消单一品种投资监管比例。如无担保企业（公司）同期单品种不超过该期单品种发行额的20%；投资无担保的非金融公司债券余额应该低于该公司上季末总资产的50%。投资单一理财产品、信贷资产支持证券、集合资金信托计划、专项资产管理计划和项目资产支持计划的账面余额,不高于该产品发行规模的20%等。第二,取消单一交易对手监管比例。如投资同一发行人所发行的公司债券的余额,不超过该发行人上会计年度净资产的20%;单个交易对手融出资金余额不得超过交易对手上年末净资产的20%。第三,根据新规取消保费投资监管比例列表。

(3) 明确大类资产分类口径,监管比例与之前相比有所调整,同时部分投资比例保留。第一,新规中权益类资产合计不超过上季末总资产的30%;非上市股权和股权投资基金合计不超过10%。第二,新规中不动产类资产合计不超过上季末总资产的30%;原先非自用不动产、基础设施债权计划、不动产相关金融产品合计不超过20%。"自用性不动产不超过上季末净资产的50%"的规定没有变化。第三,新规中其他金融产品合计不超过上季末总资产的25%;原先此类金融产品合计不超过上季末总资产的30%。第四,"境外投资余额不超过上季末总资产的15%"以及"投资单一法人主体的余额,不高本公司上季末总资产的20%"的规定没有变化。第五,除流动性资产之外,其他各大类资产项下单品种持仓不高于上季末总资产的5%,此为新增要求。

3.3.4 调整风险控制规则

(1) 交易系统风险控制规则的调整

风险评价与预警系统是为了防止保险公司因经营的波动性而严重影响公司的正常经营,甚至使公司丧失偿付能力进而威胁生存而建立的控制系统。构建风险评价与预警系统必须遵循四个基本原则。一是全面性原则,对各类风险按照统一标准进行测量和汇总,充分考虑各种风险因素。增设风险监测比例新规,如需突破监测比例的内部决策和流程要求,需要及时上报。二是预警性原则,及时发现微小风险,防微杜渐,减少损失。三是可操作性规则,增强系统的可操作性,并以不影响预警原则为前提。四是动态性原则,对风险信号的采集、测评、预警准确检测,并做出动态调整。

(2) 内部风险控制比例的确定

第一,根据资产负债管理和配置的相关要求,制定合理有效的投资管理制度,对投资风险加以防范,对其进行严格的控制和管理,其中包括大类资产投资比例、行业以及单一品种的投资比例等。第二,针对流动性风险、信用风险以及市场风险等进行合理的预警和监测,以保证投资比例符合风险监测比例。密切监控投资风险,以保证对投资风险进行合理的防范,将资本覆盖控制在合理的范围内。第三,制定合理可行的流动性风险管理方案,例如,建立流动性风险管理体系,涉及重大决策、管理策略、检测风险的方式、流动风险状况评价指标、应急预案等方面,确保对流动性风险的合理防范。投资银行业金融机构信贷资产支持证券、商业银行理财产品、证券公司专项资产管理计划、信托公司集合资金信托计划,此外,还有不动产投资计划、基础设施投资计划、项目资产支持计划等金融产品,投资款项应该在五个工作日内完成,并向保监会指定的平台登记信息内容。

随着保险资金运用的不断创新和发展,其投资渠道不断增加与拓展,有利于保险业夯实基础,从而获得进一步发展壮大的能力。但同时保险公司的部门设置变化不大,实践和管理上存在一定的矛盾,这个矛盾会对保险行业的资金利用率带来影响。那么,如何让保险业快速转变,解放思想,投身市场的大潮中?

3.4 保费投资监管建议

西方发达国家保费投资的经验为我们提供了重要的参考。我国的保费投资需求，可以通过保险行业有机整合投资功能和保障功能来满足。从发达国家的经验中可以看出，保险企业加强保险资金的投资，进一步扩展投资渠道，保险行业的保障功能与投资水平并不矛盾。可见，对保险资金进行合理有效的管理，可以从根本上防范投资风险，保障保险行业的持续发展，为保险行业保障功能的实现提供良好条件。

3.4.1 保障功能与保费投资功能的结合

一直以来，我国的保险资金投资都存在投资渠道窄、投资种类少的问题，其主要原因与我国资本市场的发展具有一定的关系，与金融市场的发展也有直接的关系。保险资金投资渠道和使用渠道比较狭窄，使资金利用率偏低，影响保险行业的持续经营与发展，导致社会资本的闲置。因此，进一步拓展保险资金的投资渠道，提升资金使用率，不但成为我国保险行业发展中的重要环节，而且成为其未来发展的强大基础和动力。因此，怎样使保险资金成为重要的投资资本，成为当前亟待解决和完善的问题之一。在此过程中，并不仅仅从生产和经济的角度进行分析，更多的是从投资渠道和风险上着手研讨，分析二者是否能达成统一。

3.4.2 保费投资渠道的拓宽和风险监管

保费投资得到社会各界的广泛关注，进入资本市场实现持续发展。应对保险资金进行合理的管理，使其缓慢进入资本市场。当保险资金进入资本市场之后，并不只是利用其解决资金不足的问题，也不只是对投资风险加以防范和控制，需要管理资金在投资市场上的运行，进而找到一条符合资本市场运行的最佳方式，使保险资金的管理发挥成效，实现管理的体系化、结构化、多样化，同时也要充分利用投资组合的合理化、多样化等对投资风险加以防范。从发达国家先进的发展经验分析，保险资金的投资渠道需要进一步拓宽，而对于发展中国家来说，首先应该进行严格的管理，然后对风险进行防范，进而将投资渠道的拓宽和风险的监管进行有机的结合，实现共同发展的最终目的。

3.4.3 专业化、规范化的资金管理模式

2008年世界金融危机过后，全球资本管理行业的发展呈现一些新趋势：一是人口老龄化程度加深，资本管理从以往重视资本收益逐渐转变为对资本的定期管理，尤其是对资本的风险管理和维护；二是投资收益不再是衡量的唯一指标，市场营销和服务受到了高度重视；三是传统的资本管理方式已经不再单一，逐渐融入多样化的投资方式，其中包括对冲期货等工具；四是管理资产的增加，使传统的资金渠道实现了相应的转变。保险资产管理公司是当前世界上最大的投资者之一，对世界经济的稳定发展发挥了重要的作用。国际保险资产管理一般以长期投资为主，并针对资产进行了深入的管理。

3.4.4 与时俱进的监管模式

市场特点决定了各国之间保险行业监管制度、监管目标、法律法规等方面的不同。但是，共同之处包括三个方面：首先，针对保险人的权益加强维护力度；其次，针对保险市场的公平性加以维护和保障；最后，对保险体系的稳定和安全进行进一步的维护，以实现保险行业的持续经营与发展。例如，美国保险法明确规定保险行业的监督和管理目标，并制定合理可行的保险策略，

其监管目标主要就是从根本上保障保险公司的合法权益，保障保险者的利益，促进保险行业的公平竞争；德国保险监督和管理的核心就是维护保险人的利益；日本则是建立保险体系，对保险人的偿付能力加以监督和管理；英国主要是以传统监管模式维护保险行业的持续发展，监管部门主要是借鉴学习美国的监督模式，将其应用到本国保险行业的监管中。我国应积极开拓保险行业的投资渠道，坚持制度为投资原则，减少个案审批原则；针对投资高风险资产加以合理的配置和规划，根据保险行业的动态进行及时调整，吸取先进经验，实施改革创新，使保险行业适应当前的发展趋势，适应经济发展趋势，实现长期战略发展目标。

4　保险产业监管

保险业作为金融业三大支柱之一，在国家经济发展中扮演着重要角色，为确保保险行业持续健康发展，需要保险监管部门有效行使监管职责，通过改变资源配置达到"帕累托改进"。在我国，对保险产业实施监管的主要是政府部门，因此政府对保险产业的监管也称为政府监管，或称政府规制、政府管制，即政府运用公共权力，通过制定一定的规则，或者通过某些具体的行动对个人和组织的行为进行限制与调控。在产业监管中，政府监管是以政府为主体，为实现某些社会经济目标，采用各种直接的具有法律约束力的限制、约束、规范手段，而对市场经济中的经济主体实施的监管行动和措施。其主要目的在于维持正常的保险市场经济秩序，提高市场资源配置效率，保护社会公众的利益等。本部分拟从保险业监管现状、保险业监管的不足、世界各国保险业监管的经验借鉴、政府监管模式的分析框架及优化运作模型等方面探讨保险产业监管问题。

4.1 中国保险产业政府监管现状

保险产业的发展与我国经济发展水平密不可分，同样，保险产业政府监管伴随保险产业的发展从无到有、从不规范到逐渐规范。梳理保险产业政府监管的发展历程，可将其分为以下四个阶段。

（1）重审批轻规制阶段（1949~1995年）

新中国成立后，受历史因素的影响，保险业一度停办，直到改革开放前，随着经济发展与人民群众对保险需求的增加，保险业停办的状况才得到扭转，即便如此，在当时计划经济体制的背景下，对于保险需求的满足主要通过行政手段来实现，无论是个人还是企业的保险需求，都可以无偿获得，商业保险没有市场，缺乏存在的根本动力。

1978年十一届三中全会后，我国实行对内改革、对外开放的政策。很多人投入改革开放的浪潮中，催生了对商业保险的需求。

这一时期的特征是市场主体增多，行为不规范问题频现，规制问题没有得到足够的重视。随着保险分支机构的增多，相关部门把工作重点放在了对保险公司准入的审批上，而忽视了准入后的规制问题，导致市场主体行为不规范的问题频频发生。究其原因：一是，相关的法律法规已经不能满足当时保险业发展的需求；二是，中国人民银行作为保险产业规制机构力不从心。归根结底，保险产业规制体系的缺位是这一时期保险产业规制不足的主要原因。

(2) 重市场行为规制的阶段（1995~1998年）

1995年，《中华人民共和国保险法》（以下简称《保险法》）正式颁布，结束了我国保险产业过去无法可依的局面，标志着我国在保险产业规制立法方面迈上了一个新台阶。《保险法》的实施，既有效遏制了风险在保险、银行、证券之间的跨行业传播，也有效遏制了风险在保险产业内部不同险种、业务之间的传播，保险经营主体的抗风险能力大大增强。这一时期，各级保险产业政府监管机构逐渐建立，中国人民银行设立保险司，同时在非银行金融机构设立保险科，并开始培养专业的保险产业监管人员，保险市场发展趋势良好，但不排除一些违法违规行为的出现。总体而言，该时期保险产业规制的法律法规逐步完善，规制主体清晰明了，规制内容开始细化，规制手段不断增多，保险产业市场行为规制体系总体上搭建起来，保险企业准入经过严格审批，市场行为规制得到重视。

(3) 市场行为与偿付能力规制"两手抓"的阶段（1998~2003年）

1998年11月18日，中国保险监督管理委员会成立，它是全国商业保险的主管部门，经国务院授权行使规制职能。保监会的成立，带领我国保险产业规制走向规范性和专业化，有利于保障保险产业安全与健康发展。这一时期，市场行为规制并未放松，偿付能力规制开始加强。关于市场行为规制，由于存在大量违规违法的行为，所以对市场行为规制不能放松；偿付能力是关乎保险企业生存和发展的关键指标，加上当时受利率变动影响，保险公司的偿付能力出现问题，因此将偿付能力纳入规制范围内，至今未放松。这个时期，保险产业规制体系逐步完善，保险产业市场环境趋于公平，规制手段不断丰富，规制的规范性和专业化不断提升。

（4）以偿付能力为核心的规制阶段（2003年至今）

偿付能力是保险公司的灵魂，也是保险规制的另一个最为重要的方面。从国际保险业规制的发展趋势看，越来越多的国家都已经或者正在向以偿付能力监管为核心的模式发展。2003年，我国对保险产业的规制逐步向以偿付能力为核心转变。2003年保监会出台了《保险公司偿付能力额度及规制指标管理规定》，对保险公司偿付能力的额度、规制的指标、信息披露等内容做出了明确的说明。2006年《国务院关于保险业改革发展的若干意见》指出，保险业监管必须加强偿付能力监管，建立动态偿付能力监管指标体系，健全精算制度，统一财务统计口径和绩效评估标准；参照国际惯例，研究制定符合保险业特点的财务会计制度，保证财务数据真实、及时、透明，提高偿付能力监管的科学性和约束力。

4.1.1 中国保险产业政府监管的主要内容

（1）保险机构准入与退出规制

我国保险产业存在严格的准入与退出机制，这是国家相关机构对保险产业把控的最初方式，通过对进入与退出方式的规定，合理地规划进入保险产业的机构，优化产业内机构的构成。保险企业想要进入保险产业，应该按照相关的法规加以执行。我国法律规定，承担保险业务的公司必须为国有独资公司、股份有限公司和其他形式，不难看出保险产业的进入要求比其他产业的要高，这是由该产业的特性决定的。想要实现保险产业的良好有序运行，对进入企业的形式加以限制是第一道防线，保险产业的准入门槛高不是我国的特色，而是世界保险产业的普遍共性。

相对应的，保险产业的退出机制也有一定的限制，这也是对保险消费者的一种保障，更是对保险产业发展的一种保障。试想，如果保险企业可以随时地削减规模、可以随时地倒闭，那么保险企业也就不保险，保险消费者的切身利益将得不到基本的保障，由此可能带来保险产业停滞不前，甚至可能发生市场萎缩等情况。所以要保障保险产业的发展，对保险公司的退出机制实施限制是很有必要的。保险公司想要变更相应的资产形式，首先，要经过相应的管理部门和决策机构的共同决策；其次，还要经过产业监管部门的同意，如果资金存在削减一定要通知相应的债权人。例如经营人寿保险的保险企业不能解散，当保险企业不能支付到期的债务时，要经过保监会的同意，由人民法院宣布破产，而相应的保险财产则应该连同寿险的保险关系一同移交给其他的保险公司，接受的保险公司可由破产的保险公司自行决定，也可由保监会决定。

（2）偿付能力规制

偿付能力是衡量一家保险公司运营情况最主要因素，也是保险公司经营状况最直观的一种表现，我国相关监管部门对该产业采用的偿付能力衡量标准主要为最低偿付标准。通过保险机构提供的财务数据和财务指标实现对该公司偿付能力的测定，各项财务指标包含保险公司的资本额、保证金、保险保障基金、准备金、保险投资以及其他的相关指标等数据。全国性质的保险公司开业时最低注册资本金为 5 亿元人民币，区域性的公司为 2 亿元人民币，这是公司偿付能力的基础。保险公司成立之后，保监会会将企业注册资本的五分之一作为保障金存入指定的银行，该项资金是保险公司进入和退出保险产业严格标准的执行依据。

保险公司多为负债型经营的公司，保险公司准备金的安全性直接影响保险公司的偿付能力。我国相关的法规对保险公司准备金的保障方法为一定比例的抽提以保障相关机构的准备金的充足。对于寿险，提取有效人寿保单的全部净值作为未到期责任准备金；对于财险，提取当年自留保费的50%作为未到期责任准备金。这种准备金的提取方式也同样存在一定的弊端，提取的资金增多会给保险公司带来更大的经营压力。所以要不断地完善相应的管理，实现更加准确的准备金提取，降低保险公司的运营压力，促进保险产业更加规范地发展。

保险公司的投资情况也影响保险公司偿付能力，想要实现对保险公司偿付能力的保障就要对保险公司的投资进行一定的规制，限制保险公司的投资规模，降低保险公司的风险。现阶段我国的保险公司承担风险的能力相对较弱，一旦发生大规模的投资失败，将会直接转化为保险公司的财务危机，为保险公司的运营情况带来直接的冲击。通过对保险公司投资规模和投资种类的限制，分散保险公司的投资风险，降低保险公司的风险程度，保障保险公司的正常运营，这实质上是对保险消费者利益的保护。

（3）市场行为规制

对保险公司的监管不仅要进行现场的监管，还要完善非现场的监管，对保险公司的违法行为坚决实施零容忍。从监管的角度衡量保险公司的各项能力以及其是否存在不规范的市场行为等。

保监会是对保险产业实施监管的主要机构，其实质是对保险消费者权益的一种保障。这种监管针对保险公司实施的是全方位监管。监管保险公司的设置是否符合相关的法律依据，是否具有进入保险产业的相关资质，是否具备相应的资金保障；在准备金等资金数据上是否存在真实、准确的保障，是否具备该项资金以及该项资金是否满足要求；保险公司是否建立了行之有效的保障体系，是否建立了相应的内部管理体系、成本核算体系以及经济预算体系等操作体系。这些体系的构建决定着保险公司的运营情况和资金安全程度，是衡量保险公司的核心决定性因素。保险公司在市场上的业务占有情况和市场竞争的情况、盈利能力的高低等都直接反映保险公司的运行状况，在实际的市场监控中，对这些数据都应该重点关注，并且可以针对保险公司的实际运行状况提出相应的改进建议。

（4）公司治理规制

在保险公司进入保险产业的时候，不仅要对保险公司的资金等状况展开核查，还要对保险公司的规章制度加以调查分析。各个公司之间商业保险的竞争实质上是一种服务的竞争，通过费率调整占据竞争优势是在商业保险领域实行市场竞争的主要方式。我国相关的法规不允许保险公司制定主要的险种和相应的基本条框，各个保险公司的主要险种都是由监管机构制定的，各个商业保险公司在具体实施过程中，只能对部分的条框进行微调，这就导致各个保险公司之间的竞争主要表现为费率的微调和实际提供服务质量的比拼。

对险种和相应保险条例的统一规定并非我国特有的形式，各个国家均具有相关的规定，这实质上也是对保险消费者权益的一种保障，有利于保险产业的规范化发展。此外，完备的公司治理机构（股东大会、监事会、董事会和经理层）也是保障保险公司正常正规运营的基础。同时，应在董事会下设各专业委员会，引入独立董事制度，加强科学的决策程序，完善公司的治理机构。

当下是"十三五"建设的重要阶段，我国保险产业规制面临新的、更加复杂的国际和国内环境，厘清保险产业监管在经济转型关键阶段面临的机遇与挑战，深刻认识保险产业规制存在的问题并明确进一步努力的方向，无论对学术界还是业界都具有非常重要的意义。

4.2 中国保险产业监管存在的问题

4.2.1 保险产业监管服务理念有待提高

自 2013 年开始，国务院陆续颁布了关于养老产业和健康服务业等相关文件，"新国十条"问世标志着国家战略层面对于发展现代保险服务业的重视，明确了保险产业监管的方向。保险产业的基本职能是保障民生、管理风险、管理社会等，涉及人民生活的多个方面，涉及国家经济的多个领域，国家对于"保险服务业"的定位更加明确了保险产业监管机构和监管者为行业、为人民提供服务的本质。关于保险产业监管的服务理念，很多人对这一问题的认识还存在误区，认为只要保险公司强化服务意识即可，与监管者无关；对行业监管的基本职能和应该发挥的作用认识不清晰，对损害保险消费者权益无动于衷，造成当今保险产业诚信危机；部分监管机构工作人员责任心欠缺，"不愿、不敢、不会"的思想仍然存在；墨守成规，不关心新时期行业出现的新特点、新问题；缺乏创新意识，对保险产业监管的创新认识不足。这些问题可以归结为监管机构和人员对保险产业服务理念的本质理解不到位，现代服务理念淡薄，监管水平亟待提高。

4.2.2 部分保险业务有悖对消费者权益的保护

与有形产品不同，保险产品是无形产品，保险消费者通过购买保险产品转移未来的不确定性,在风险发生时能够获得损失补偿。鉴于保险产品的特殊性,消费者在购买保险产品时无法像其他商品一样验证其品质,这使消费者处于弱势地位。2016年第一季度,保监会及各保监局共接收各类涉及保险消费者权益的有效投诉总量为5855件,比2015年同期增长了7.65%,反映有效投诉事项5982个,比2015年同期增长了6.8%。投诉总量和有效投诉事项数字的攀升,正是保险消费者权益无法受到有效保护的鲜活印证。签订保险合同前,虚假夸大产品功能、诱导消费者购买保险产品、保险合同隐含霸王条款、刻意回避免责条款等行为严重损害了保险消费者的知情权、公平交易权等合法权利,风险发生后,理赔难、理赔慢成为行业形象的代名词,从根本上损害了消费者的切身利益。

究其原因,行业自律是一方面,监管机构制度缺失、监管不严格、效率不高是导致保险行业受到诟病的另一重要原因。首先,一直以来,我国《保险法》并未单独提出保护消费者利益,直到2014年保监会出台《关于加强保险消费者权益保护工作的意见》,消费者权益保护有了法律支撑。虽然《关于加强保险消费者权益保护工作的意见》的出台意味着监管机构更加重视对损害消费者权益行为的事前监管,但长期形成的行业乱象在短期内无法得到明显改观。其次,监管机构重业务监管、轻信用监管的导向致使对保险市场的违法违规行为监管不严格,未对违反法律法规的侵害保险消费者行为进行严厉打击,对保险消费者权益保护的力度不够。最后,地方监管机构管理水平不高、高素质人才缺乏,队伍建设不能满足行业发展的需要,严重影响了监管效率。

4.2.3 以巨灾保险为代表的重要领域保险业务发展推进缓慢

新常态下供给侧改革要求保险监管机构尽快发展重点、难点保险业务,以巨灾保险为代表的重点领域保险业务发展亟待推进。我国是世界上自然灾害频发的国家之一,尤其是近些年,干旱、洪涝、台风、地震等自然灾害时常发生,给国家经济和人民生命财产造成大范围损害或局部性的毁灭打击,亟待出台关于巨灾保险正式的制度体系和法律法规。虽然我国在 20 世纪 50 年代就启动了地震保险,但经过"初步尝试—建设停止—列入免责条款—受到重视"的发展历程,目前无论是理论还是实践,都处在探索和试点阶段,与国际上巨灾保险制度完善的国家相比,差距比较悬殊。首先,巨灾保险与其他商业保险相比,有其特殊性和极大的不确定性,准公共物品的特性使得巨灾保险存在两难境地:定价低,保险公司无意愿涉及险种;定价高,消费者无意愿消费。其次,需要专业人士采集巨灾保险数据,需要利用先进的信息技术对数据进行加工、整理,需要建设巨灾保险数据库,以便存储和管理数据,开发巨灾保险模型,对具体业务进行精算。最后,消费者的保险意识需要提高,面对巨灾保险的低概率与高保费费率,消费者不愿意投保,消费者投保意识有待进一步提高。加快推进巨灾保险,监管机构制度先行,以上种种问题归咎于我国现行巨灾保险制度的不完善,巨灾保险立法不完善。在依靠政府财政的同时,市场机制的作用发挥不充分,保险市场不够发达,服务社会治理、增强社会抵御风险的能力不高。监管机构必须切实加快推进巨灾保险的制度建设,推动相关立法进程,促进服务行业发展,使巨灾保险有法可依。

4.2.4 对互联网保险规范发展的监管需跟进

"互联网+保险"促使互联网保险新业态出现。互联网保险借助保险公司官方网站和第三方平台,实现以点对面的保险产品销售模式,拓宽销售渠道。互联网保险的兴起为我国保险产业的快速发展提供了新契机,也得到了监管机构的支持和鼓励,2014年互联网保险累计实现保费收入858.9亿元,同比增长195%,经营互联网保险业务的保险公司达到85家。但作为一种新型业态,互联网保险业务处于摸索前进阶段,发展的外衣下隐藏众多监管问题,监管机构同样不能放松。首先,信息安全是互联网保险监管需要注意的重要问题。鉴于互联网的销售渠道:一方面,消费者在购买保险产品时需要提供个人真实信息,并需要上传相关证件,个人信息遭受被泄露的危险;另一方面,对于销售网站而言,存在网络被攻击、客户信息被窃取的风险。其次,互联网保险监管体系不完善,还有很大的努力空间,尤其是当前《互联网保险业务监管暂行办法》对于施行期限的设定以及法律位阶低的现实。最后,目前保险产品开发不规范,短期理财产品种类多,夸大和虚假宣传情况普遍,信息披露不充分。在产品设计上,很多是将线下产品搬到线上销售,毫无创新可言,一些创新的保险产品,也存在历史数据不足以支撑产品开发的情况,出现定价权的情况。

4.2.5 保险资金运用监管"管住后端"水平乏力

在"简政放权、放管结合"的政策导向下,保险资金运用市场化改革逐步推进,监管机构通过尽可能少的行政审批给予市场主体更多的自主权实现"放开前端",同时,加大改革力度,完善保险资金运用的准入和退出机制,做好资产负债匹配,提高偿付能力,加强信息披露,努力实现"管住后端",落实严监管和防风险，保险资金运用风险总体可控。保险资金运用监管的重点也集中于管理好资产负债错配、保持较好的偿付能力、在风险可控的前提下促进资产结构的多元化等方面。在大资管的时代背景下，我国保险资金运用监管还存在以下突出问题。第一，与发达国家相比，由于过去对保险资金监管过于严格，我国保险资金运用的收益率还比较低，保险资金可用于银行存款、企业债券、政府债券、金融债券、投资基金等，所以银行存款利率、债券市场波动、投资基金价格变化等都会直接影响保险资金的收益率。第二，监管机构引导保险公司服务国家重大战略和支持国计民生项目建设的力度不够，支持实体经济和新兴产业发展的力度欠缺。第三，2015年末，保险公司纷纷举牌上市公司，出现保险公司参与二级市场的热潮，虽然保监会调查的结果是风险可控，但这反映保险资金运用监管中出现的新问题，随着保险资金运用市场化改革程度的全面深化，未来还有可能出现类似的问题，对监管机构提出新挑战。

4.3 政府监管模式的分析框架

我们借助管理运筹学的约束条件—目标的思想构建政府监管模式系统的概念模型。建立保险产业政府监管模式系统的概念模型，要分析其构成以及构成部分之间的作用关系。管理运筹学是在一定的约束条件和目标之下，获得最佳的管理决策的学科，而保险产业政府监管的管理运筹学本质是有限的资源、能力的合理配置，以获得合理的效率，并且与监管原则和目标相匹配。因此，监管模式的核心就是"资源的配置方式"。配置方式的执行者是"监管主体"，是对监管体系具体贯彻的组织和个人。根据运筹学的思想，在做科学决策时必须考虑目标和约束条件，因此，"环境约束"和"系统目标"直接作用于体系的核心"监管资源的配置方式"。模型如图1-3所示，由约束条件、监管主体、监管方式、监管客体和监管目的组成。

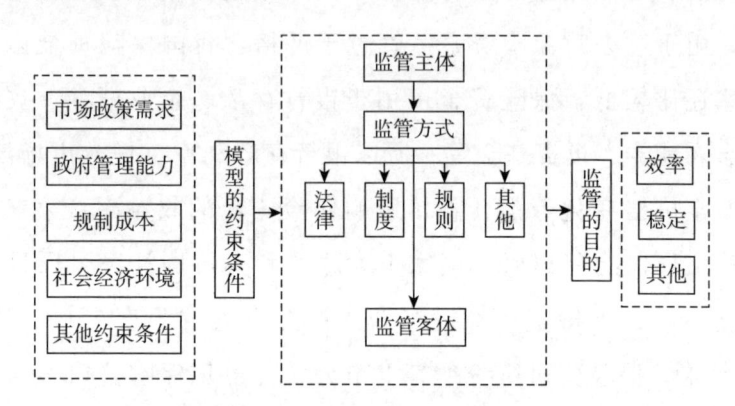

图1-3 保险产业政府监管模式系统的分析框架

4.3.1 约束条件分析

（1）保险市场发展的监管需求

在保险市场发展的监管需求当中，最为重点和关键的内容就是政府对微观市场的监管。一般情况下，政府监管微观市场常用方式是以相关制度作为保障和依托的，因此，保险产业监管是为了满足保险市场发展的监管需求而产生的，是随着保险市场的发展而发展的。我国保险监管的发展过程经历了从"审批监管"到实施"行为监管"，再到实施"以偿付能力为核心的监管"的制度变迁，是伴随市场化不断发展变化的。早期，在国家保险的时期，政府既是保险的经营者也是管理者，因此，没有政府监管的必要。在中国人民银行监管时期，我国的保险监管主要是市场准入和产品统一。之后，保监会成立，我国经济市场化面临各种新的机遇和挑战，此时的保险监管不断创新理念和目标、完善体制与方法。

(2) 监管成本

监管是需要成本的，监管的制定和执行都需要大量的资源。监管的成本一般包括直接成本和间接成本。直接成本，顾名思义，就是监管机构在监管过程中所消耗的各种资源，以及被监管者因遵守监管而消耗的各种资源。例如，房屋、设备和人员开支等。间接成本主要指效率的损失和社会福利的损失。例如，当保险监管跟不上保险金融创新发展时，保险产业的发展效率就会受到一定的影响。当保险监管过于严格时，一些保险企业可能会退出市场，市场效率和社会福利也可能会受到影响。正是由于存在监管成本，所以在监管的过程中必须考虑成本与收益的关系，避免对市场效率和社会福利产生负面影响。

(3) 政府的管理能力

保险产业的监管是对我国各级政府行政管理能力的巨大挑战。保险产业政府监管，从宏观的层面上看有相关法律法规的制定，从微观层面上看，有具体的行政执法行为。无论从哪个层面上看，政府的能力对于保险产业监管的制定和实施的效果都有巨大的影响。随着我国政府向服务型政府转变，政府的管理能力也在不断提升。在制定监管时必须考虑政府管理能力的具体情况。

4.3.2 监管主体分析

分析监管主体需要了解监管主体，所谓监管主体就是监管执行人，也可称之为监管者或机构。正常情况下，监管主体都具有一定的独立性，尤其是在保险产业当中。众所周知，保险产业的监管主体是整个保险监管体制中最核心的部分。要想确保在保险监管过程中能够与本国的实际发展情况相适应，就需要制定合理有效的体制，同时，在保险监管体制当中，关键是保险监管机构的设置、职能的确定、监管的主要程序和方式等。经济体制是社会的一部分，政治、经济、文化、法律等发生变化，经济体制也必然会受到一定的影响。一般来说，保险监管体制主要可以分为三个不同的方面：一是美国实行的联邦和州双重管理而以州为主的管理体制；二是法国实行的由保险监控委员会和财政部共同监管的体制；三是英国实行的由金融监管局统一监管。

从我国保险产业来说，保险产业监管主体与英国之间的共同点较多，即我国保监会主要对保险产业进行有效的监督，同时，我国保监会作为国务院直属机构，受国务院的直接管理，并能够依法统一监督管理全国保险市场的工作。

4.3.3 监管方式分析

（1）保险产业立法

一般情况下，保险产业立法主要可以分为两种不同的情况：一是大陆法系国家保险立法；二是英美法系国家保险立法。针对大陆法系国家保险立法来说，法国的《1904年保险契约法》、德国的海上保险《1900年德国商法典》、陆上保险《1910年保险契约法》、日本1892年的《旧商法典》等丛书在大陆法系国家保险立法的范畴之内。针对英美法系国家保险立法来说，英美法系国家在保险产业方面的法律法规相对比较完善，并且是法律条例方面的法律法规较为完善，但是在保险契约方面的法律法规却相对不够完善，仍然存在一定的不足之处。英国是君主立宪制国家，在保险产业方面的立法主要采用的是判例法，所谓判例法就是不成文的法律法规。因此，英国保险产业即使在进入鼎盛的时期后也没有改变其判例法，使得英国保险法当中"私法自治"原则相对比较常见。1906年，英国政府颁布《海上保险法》，使其成为海上保险法的范本，为更多的国家所借鉴和使用，具有里程碑式的重要意义。相比英国的判例法来说，美国的保险法是由各个州所指定的，并没有在全国范围内对保险法进行统一的规定，联邦政府制定了"示范法"，但也仅供各个州作为制定保险法的参考，在美国各州，保险法相对比较完善的为纽约州和加利福尼亚州。1999年，美国国会通过《金融服务现代法》，至此，美国金融业的分业经营转向了混业经营，并成立了相应的保险事业管理委员会。

（2）保险产业行政监管

我国保险产业行政监管的起步时间相比发达国家来说要晚，并且受我国长期以来计划经济体制的影响，多是根据国家计划和指令执行。随着市场经济的不断发展，保险产业行政监管也发生了一定的变化，逐步形成了符合市场经济发展的现代保险产业行政监管体系，给我国保险产业监管带来了新的生机和活力。

1995年，我国《保险法》正式颁布并实施，随着《保险法》实施的不断深入，1998年，我国保监会成立，为我国保险产业发展带来了新的发展机遇和挑战，同时也促使我国保险产业开始进入行政监管。目前，我国保险产业行政监管体系已经逐步形成，初步完成向现代保险监管制度的转变，未来我国保险产业行政监管必将更加全面，我国保险产业的未来发展也更加光明。

4.3.4 监管客体分析

监管客体是监管行为的被执行者，或称为被监管者，一般是指市场中的微观经济主体，即广大企业。由于在保险市场当中最为关键的组成部分是保险人、保险中介人和投保人，由于保险经营具有很强的专业性和技术性，投保人在市场中总体处于弱势地位，因此，保险市场在实际监管过程中的重点就是保险中介人和保险人。

(1) 对保险人的监管

从对保险人的监管角度来说，主要从保险人资格、经营、业务和财务四个方面进行监管。

第一，保险人资格的监管。保险人通过相关合规渠道所取得的能够准入的资格，并且符合相关法律法规的规定，一般来说，保险人多存在于独自保险公司、股份保险公司和相互保险合作社三种不同的组织形式中，常见的是股份保险公司。除此之外，还有保险人的条件和保险公司的设立，以及从业人员资格的监管。

第二，保险人经营的监管。指政府通过法律规定保险企业所能经营的业务种类和范围。国家对保险市场监管的重要目标是保险人的偿付能力。此外，还有再保险的监督管理。

第三，保险人业务的监管。包括审定保险费率和从业人员资格。

第四，保险人财务的监管。包括规定最低资本金、缴存保证金、提存各种准备金、资金运用范围的规定，以及偿付能力管理。

(2) 保险中介人的监管

保险中介人包括保险代理人、保险公估人和保险经纪人，为市场提供服务、业务或居间媒介。因此对保险中介人的监管也日益严格。

其中，对保险代理人的监管是非常有必要的。缺乏约束，保险代理人会采取不正当的竞争手段引起市场混乱。所谓保险代理人需遵守产业要求，保证产业自律，主要要求保险代理人能够在保险产业内部实现有效的自我约束和自我监督。但是在同产业当中，其监管不具强制性，管理力度不够。国家对保险代理人的监管主要体现在对保险代理机构、资格、业务以及财务等方面的监管。

4.3.5 监管目的分析

上文已经提到,监管的目的是治理微观市场的失灵,保证市场经济的健康发展,提高资源配置的效率,维护公共利益。保险监管的目的是由保险产业的特殊功能决定的。从保险监管的实践和本质来看,保险监管的目的如下。

(1) 保证保险人的偿付能力

相关政府部门从多种监管措施方面对其进行保障,诸如资本金、保证金、准备金、最低偿付能力和法定再保险等。如果保险企业经营失败,会对社会经济造成很大的负面影响,并且产生连锁反应,由此可见,保证保险人的偿付能力在保险监管当中最为重要。

(2) 预防保险欺诈

保险欺诈一般也称作保险犯罪。保险当事人双方都可能存在保险欺诈的行为。例如,投保人故意隐瞒保险标的的真实情况,故意制造或捏造保险事故;保险人缺乏必要的偿付能力却诱导、欺骗投保人投保等。保险欺诈严重违背了保险保障经济与社会稳定的基本目的,因此需要特别监督和管理。

(3) 维护保险当事人之间公平合理的关系

维护保险当事人之间公平合理的关系在保险产业的实际经营过程中也十分重要,同时,企业和被保险人之间的关系要公平合理,保险企业之间的关系也要公平合理。

(4) 提高保险产业的经济效益和社会效益

通过对保险产业的监管,可以在一定程度上了解我国社会和经济发展的实际情况，同时了解在这种社会经济下对保险产业的实际需求情况，一旦保险产业的社会效益与经济效益发生矛盾，监管机构就会在其中进行调节，实现两者的统一。

4.3.6 政府监管模式的分析流程

分析流程如图 1-4 所示。

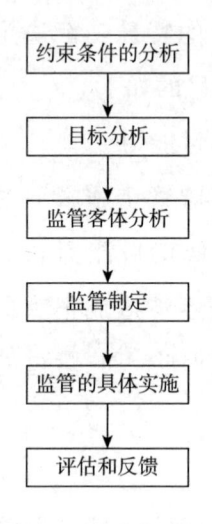

```
约束条件的分析
    ↓
  目标分析
    ↓
 监管客体分析
    ↓
  监管制定
    ↓
 监管的具体实施
    ↓
  评估和反馈
```

图 1-4 分析流程

首先，保险产业政府监管模式系统的分析框架起步于对约束条件的分析，在前文中我们已经讨论了约束条件分析的基本内容，一般包括保险市场的监管需求、监管成本和政府的管理能力三个方面。其中，监管成本随着具体监管内容的不同而有很大的不同。之后，要分析本监管模式系统的系统目标及监管目的。在前文中，我们分析了多种监管目的是保证保险人的偿付能力、防止利用保险进行欺诈、维护保险当事人之间公平合理的关系和提高保险产业的经济效益和社会效益。虽然目的看起来比较多，但总体归纳主要有两大方面：稳定和效率。一方面，政府需要保证保险市场的稳定、安全和公平；另一方面又要对激烈竞争、效率和创新加以控制。纵观我国保险监管发展的历史可以看到，我国的政府监管主要是在这两大监管目的之间进行调整。首先，对监管客体（被监管者，主要是企业）进行分析。就保险市场而言，其主体构成要素是保险人、投保人和保险中介人。由于投保人处于弱势地位，因此，在保险市场当中，最为关键的就是保险中介人和保险人。了解保险市场中的保险人和保险中介人的具体特性，制定有针对性的监管。其次，规定具体的监管内容，制定具体的实施方法。最后，还需要对监管的实施效果进行评价和反馈，从而对监管进行动态调整。

4.4 政府监管的优化运作模型

在研究政府监管模式系统的分析框架之后，我们研究其优化运作模型。保险产业政府监管模式系统的运作是基于反馈的投入产出循环系统。图1-5给出了运作模型。可以看到，大虚线框代表政府监管体系，左边的输入项为"监管投入"，它受"监管方式"的影响；上面的"约束条件"制约监管配置方式的选择，而"系统目标"是整个监管体系建设的起点和终点；右边的输出项为"监管效果"。为了评价监管体系配置方式是否合理、有效，必须在效果和目标之间建立一个反馈环，即将监管效果与目的进行比较，如果效果与目的保持一致，则整个监管体系是合理有效的；否则，必须对配置方式进行调整。同时，为了评价监管资源配置的效率，需要将监管投入与监管效果进行投入—产出分析，如果效率较低，也应当对配置方式进行调整。

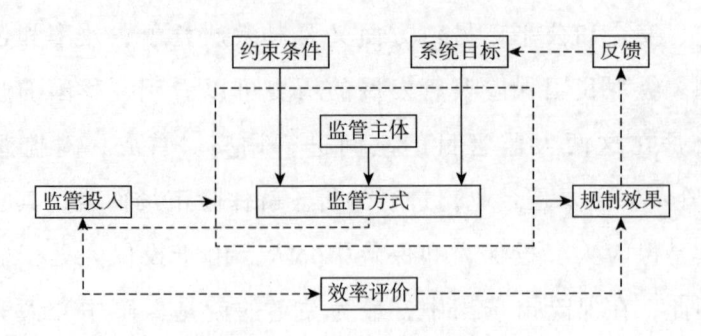

图1-5　优化运作模型

政府不仅需要对市场竞争和业务创新进行有效的管理，同时也需要对安全性、公平性、稳定性进行更好的控制和管理，这样，就可以将保险监管理解为监管主体在多个目标之间进行权衡的过程。

4.4.1　保险监管的目标函数

前面我们分析了保险产业政府监管模式的目的是保证保险人的偿付能力、防止利用保险进行欺诈、维护保险当事人之间公平合理的关系和提高保险产业的经济效益和社会效益。虽然目的看起来比较多，但总体归纳主要有两大方面：稳定和效率。一方面，政府需要保证保险市场的稳定、安全和公平；另一方面又要对激烈竞争、效率和创新加以控制。纵观我国保险监管发展的历史可以看到，我国的政府监管主要是在这两大监管目的之间进行调整。

因此，为了分析的方便，我们可以将保险监管运作模型的系统目标简化为两个：稳定性与效率性。这两个目标的前提是实现对消费者（投保人）的保护。

4.4.2　保险监管成本与风险

监管是需要成本的，监管的制定和执行都需要大量的资源。监管的成本一般包括直接成本和间接成本。直接成本，顾名思义，就是监管机构在监管过程中所消耗的各种资源，以及被监管者因遵守监管而消耗的各种资源。例如，房屋、设备和人员开支等。间接成本主要指效率的损失和社会福利的损失。例如，当保险监管跟不上保险金融创新发展时，保险产业的发展效率就会受到一定的影响。当保险监管过于严格时，一些保险企业可能会退出市场，市场效率和社会福利也可能会受到影响。正是由于存在监管成本，所以监管的过程中必须考虑成本与收益的关系，避免对市场效率和社会福利产生负面影响。

4.4.3 保险监管组合优化

政府不仅需要对市场竞争和业务创新进行有效的管理，同时也需要对安全性、公平性、稳定性进行更好的控制和管理。这样，就可以将保险产业监管优化理解为监管主体在多个目标之间进行权衡的过程。

（1）优化目标

前面小节我们分析了保险产业政府监管模式的目的是保证保险人的偿付能力、防止利用保险进行欺诈、维护保险当事人之间公平合理的关系和提高保险产业的经济效益和社会效益。虽然目的看起来比较多，但总体归纳主要有两大方面：风险和效率。一方面，需要风险最小化，即政府需要保证保险市场的稳定、安全和公平；另一方面，需要效率最大化，即政府监管对激烈竞争、效率和创新加以有效控制。纵观我国保险监管发展的历史可以看出我国的政府监管主要是在这两大监管目的之间进行调整。

因此，为了后续分析的方便，我们可以将保险监管优化模型的目标简化为两个：效益性与风险性。最终的目的是政府监管的效率最大化并把政府监管导致的市场风险降到最小，最终能实现对消费者（投保人）的保护。

仔细思考后会发现，这两个优化目标内在是冲突的。政府在一系列监管策略中选用某一个或某几个策略实现监管的效益最大化，即回报期望最大化，同时希望被监管产业不会导致大的波动，即保证稳定性。最大化回报意味着选择一组共同导致预期收益最高的监管策略。最小化风险意味着选择最有可能实际达到产业稳定性预期的监管政策。我们将政府选择监管政策类比投资经理做出的投资策略，政府期望的产业稳定性类比投资经理面临的风险。那么，任何一个了解市场投资的人都知道，这些目标往往是完全相反的。高收益投资往往在回报方面面临很大风险。因此，我们面临投资组合优化中的问题：如何在这两个目标之间实现期望的平衡。

（2）优化模型

经过上述分析，我们得到优化目标如下。

最大化监管政策产生的效益；

最小化监管政策导致的风险；

具体的监管组合优化模型如下：

$$\max \mu^T x - \alpha x \sum x \quad (1-1)$$
$$e^T x = 1$$
$$x \geq 0$$

在式（1-1）中，μ 表示每个监管政策的预期效益（数学形式为一个向量）；x 为一个非负值的向量，总和为1，表示我们的监管组合中有多少投入每个政策中；α 表示监管政策导致的风险的大小（和稳定性有关）；Σ 是协方差矩阵，$x \sum x$ 是我们监管组合的方差。

式（1-1）中总共有两项，第一项表示监管导致的效益，第二项表示监管导致的风险。因此，整个数学模型代表了我们的优化目的：最大化监管效益并保持产业政策的稳定。

（3）优化过程

优化过程就是寻找监管组合的预期收益与其方差之间的良好平衡。该优化问题恰好是一个二次优化问题，我们可以使用python语言中的CVXOPT的qp函数来解决。另外，我们通过仿真选取23个监管政策的期望收益与方差如表1-5所示。

表1-5 监管政策的期望收益与方差

政策编号	期望	方差
1	0.152151	10.996718
2	0.002683	5.928188
3	0.220217	9.690793
4	-0.159779	5.098969
5	-0.128507	12.743632
6	-0.007877	4.380697
7	0.253968	0.212987
8	0.004799	5.810684
9	0.003935	0.014761
10	-0.283975	4.7848
11	0.016618	6.44997
12	-0.110786	7.580272
13	0.068651	2.424957
14	-0.235747	7.786813
15	-0.065996	7.727538
16	0.001158	7.832406

续表

政策编号	期望	方差
17	-0.369169	12.837594
18	0.19588	1.596186
19	-0.240545	1.289438
20	0.286951	6.917752
21	0.059511	1.299676
22	0.144215	2.731771
23	-0.914809	25.526367

(4) 优化结果

将风险因子 α 从 0 仿真到 20,其间到增量步长为 0.5。图 1-6 为权衡政府监管回报和风险的监管组合有效边界,横轴为风险厌恶(优化模型中的 α 参数),纵轴为政府监管的收益。

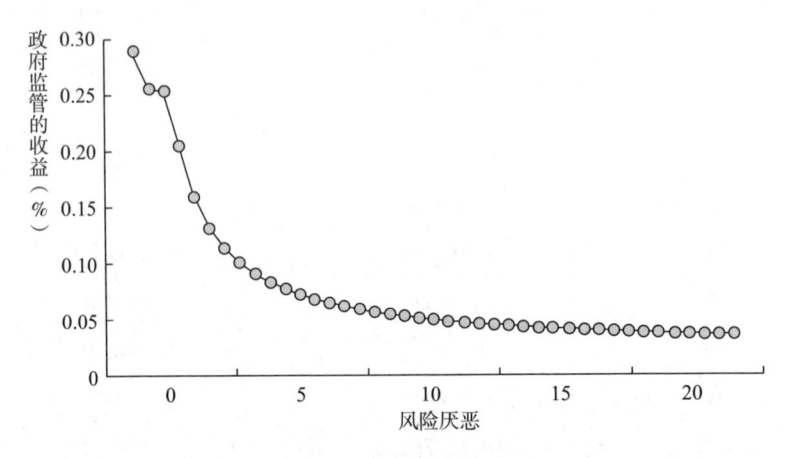

图 1-6 监管组合有效边界

根据风险承受能力,最优监管组合应该沿着这条曲线的某处选择。比如,我们的风险承受能力为 10,那么最优监管组合将在 0.05% 回报附近选择。保险监管风险承受能力和保险监管的预期收益的权衡组合形成了多种不同模式的保险监管。

从历史角度分析，大部分国家都曾经长期实行较为严格的保险监管手段，但随着市场竞争的加剧和全球经济的一体化，一些国家出现了放松保险管制的趋势。另外，20世纪90年代以来，外部竞争环境的变化导致了西方金融创新，银行业、保险产业、证券业三者的产业边界逐步淡化，但遭到严格的分业经营管制模式的强约束限制。因此，西方发达国家在迫不得已的情况下对保险监管函数进行了改正，加入了稳定性目标、效率目标和扩展性目标。

4.4.4 效率评价和反馈

评估和反馈系统运行情况，将评价结果向系统设计的初始步骤反馈，从而构成一个循环的闭环系统。通过不断评估和反馈，系统不断调整和修正自身与目标之间的差异，从而保障系统目标的实现，提高系统的运行效率。

5 促进保险产业发展的对策建议

5.1 推进重要领域的保险业务

经济新常态下供给侧改革要求保险监管机构尽快发展重点、难点保险业务，以巨灾保险等为代表的重点领域保险业务发展亟待推进。以巨灾保险为例，我国是世界上自然灾害频发的国家之一，尤其是近些年，干旱、洪涝、台风、地震等自然灾害时常发生，给国家经济和人民生命财产造成大范围损害或局部性的毁灭打击，亟待出台关于巨灾保险正式的制度体系和法律法规。例如，虽然我国在20世纪50年代就启动了地震保险,但经过"初步尝试—建设停止—列入免责条款—受到重视"的发展历程,目前无论是理论还是实践,都处在探索和试点阶段,与国际上巨灾保险制度完善的国家相比,差距比较悬殊。

首先,巨灾保险与其他商业保险相比,具有准公共物品性质,其市场不同于一般保险产品市场,准公共物品的特性使巨灾保险存在两难境地:定价低,保险公司无意愿涉及险种;定价高,消费者无意愿消费。其次,需要专业人士采集巨灾风险数据,需要利用先进的信息技术对数据进行加工、整理,需要建设巨灾保险数据库,以便存储和管理数据,开发巨灾保险模型,对具体业务进行精算。最后,消费者的保险意识需要提高,面对巨灾保险的低概率与高保费费率,消费者不愿意投保,消费者投保意识有待进一步提高。

加快推进巨灾保险等保险品种,监管机构制度先行,完善我国现行巨灾保险制度,完善巨灾保险等相关立法,在依靠政府财政的同时,充分发挥市场机制的作用,不断壮大保险市场,提高保险产业服务社会治理、增强社会抵御风险的能力。监管机构必须切实加快推进相关保险制度建设,推动相关立法进程,服务行业发展,使保险产品的推进有法可依。

5.2 加强保险资金运用管理

在任何时代背景下,对保险业务各类风险进行严格管控都不为过。首先,要加强对保险资金运用风险的管控,尤其是事前管控,做到未雨绸缪,比事后补救强很多。从负债端抓好资产和负债的匹配。其次,加强保险公司信息披露,贯彻落实《保险公司资金运用信息披露准则第 4 号：大额未上市股权和大额不动产投资》，加强对大额投资的信息披露，对保险公司的重大投资行为进行管控和约束。通过运用信息披露在内的各种规制工具，实现对保险公司的事中和事后规制。再次，建立保险－银行－证券管控的联动机制。金融混业经营是大势所趋，产业交叉与融合的范围越来越大，产业之间的风险传染在所难免，鉴于产业发展需要，保监会、银监会、证监会应建立风险防控的联动机制，建立共享的信息平台实现资源共享，一旦某一业务存在风险隐患或者产生风险，三方能够联动切断风险源，避免多米诺骨牌效应出现。最后，建立保险产业安全预警体系，保险产业安全预警通过选择关键指标对数据进行实时监测，设置预警的范畴，并通过构建评价指标模型实现对保险产业安全与否的预先警示。

5.2.1 确保保险资金运用合理

通常情况下产业安全有系统性、综合性、层次性、战略性以及动态性等特征。由于产业安全直接影响国家经济水平与社会的稳定，因此当前被视为国家经济安全的核心分支。保险产业安全也具有所有产业安全的共性，即其安全并不是稳定长期的状态，而是指处在不断变化的状态和过程。为了确保保险产业的安全，需要持续分析和跟进各种可能危及产业安全的潜在因素，并将这些不利因素转化，使其不至于危及产业安全自身，这就要求根据新的情况和风险，及时地调整发展政策，并建立可靠的长效机制，从而将保险产业可能面临的风险降到最低。

5.2.2 重视对保险资金运用的监管

保险资金是保险公司开展业务的核心，保险产业的发展离不开保险资金的运用。一般来说，保险公司的投资和承保是保险公司的两大支柱，但从保险公司的利润来源看，投资收入越来越占据重要地位，保险资金的使用正在成为保险业务的重要方面。

不同国家处在不同的经济阶段，有不同的经济市场、不同的发展方式，对保险资金的使用也非常不同。因此，通过比较不同国家之间使用保险资金的情况，为加强我国保险产业的发展提供经验。除此之外，还可以预测保险资金使用的长期趋势和发展方向，为保险产业的发展提供更好的指导。

5.3 保护保险受益人的权益

对于保险行业而言，如何最大程度确保保险受益人的利益和权益，是该行业存在和持续发展的动力和压力。因此，为了确保保险业落实其责任，首先需要解决目前普遍存在的理赔难和销售误导等问题，对保险市场进行规范化和法制化的引导和整顿。而对于已经存在的不法行为以及侵害消费者利益的行为，要查明责任并追究责任人。消费者要转变观念，以科学理性的态度对待保险，提高保险意识。

保护保险消费者的合法权益。首先，加大宣传力度与知识普及力度，提高保险消费者的自我保护意识。消费者在购买保险产品之前，要通过各种渠道了解基本的保险知识，通过多种形式对拟购买的保险产品进行深入了解，尤其是对于保险合同中列出的产品风险要心知肚明。其次，规制机构要积极引导，强化保险公司的主体作用。通过保险公司信息披露等方式保证投保人知情权不被侵犯。在具体业务过程中，不进行虚假宣传，简化咬文嚼字、搞文字游戏的合同内容，使保险条款通俗易懂。提高理赔服务水平，避免合理条件下的托赔、惜赔、拒赔等现象出现。再次，执法必严,一旦出现侵害保险消费者权益的非法行为,有关部门必当严惩不贷,在行业内形成良好的示范效应。最后,规制机构联合产业协会等组织,共同构建保险消费者权益保护的大平台,实现产业自律与他律相结合。

5.4 加强保险产业监管

5.4.1 完善保险产业监管制度

首先,要坚持"创新、协调、绿色、开放、共享"的五大发展理念,将五大发展理念贯穿发展现代保险服务业的各项工作中。这其中,还要重点突出监管机构"服务"的理念,既要简政放权,减少不必要的行政干预,充分发挥市场机制的作用,又不能放任不管,"度"的把握非常关键。在保监会的带领下,充分发挥监管机构的功能,引导保险产业发展。监管机构要加强自身建设,树立服务理念,不断提高自身素质,加强队伍建设,提高工作人员的业务水平和能力,加强对工作人员的日常培训,加强对保险产业新动态、新情况的认识,提高工作人员对市场的敏感度和处事能力,完善考核机制,真正提高工作人员的参与意识、忧患意识和服务意识。

其次,完善相关制度建设。第一,有选择地借鉴国外发达国家保险产业发展的经验,结合我国保险产业监管的实情,完善相关制度的建设,探索不同类别的保险制度,完善互联网保险制度等。对于已经出台的保险制度,要制定并完善相关的配套细则。此外,对于传统的制度建设,比如,偿付能力、公司治理、风险管控、准入退出等也要不断强化和推进。第二,完善法律法规。保险产业要谋求大发展,保险产业监管必须遵循立法先行,实现有法可依，改变过去保险法制建设不适应和不符合保险市场发展的主要问题。认识、适应、引领新常态，监管机构要正确认识国内外环境给产业监管带来的挑战，加快推进保险法治建设，构建行之有效的保险法律制度体系。针对不同领域的发展实际和轻重缓急，有计划有步骤地推进重点领域的立法工作，对于需要修改和废除的法律，也应及时做好相应工作。

5.4.2 推进建立完善的保险产业监管体系

保险产业的监督管理体现了国家保险监督管理机构对保险产业从事经营业务的企业行为的监督与管理。保险产业的经营与发展存在很多特殊的风险，保险业务的领域也已深入人们经济生活的各个方面，对人民安定生活、稳定经济社会都有较大的影响。无论是从维护国家金融安全的角度，还是从维护保险产业有序运营的角度来看，政府有必要对保险产业进行监督管理。

形成完善的监督体系，要善于改变思路，抓住难得的发展机遇，同时也要提高紧迫感和风险意识。充分估计困难的程度，仔细考量政策措施的严密性，防止由于准备不足而产生的被动局面。从维护产业稳定性、金融稳定性、社会稳定性的角度，完善监管体系要面临全面的风险监察。目前，我们应关注和防范以下风险，即防止资金短缺风险和偿付能力不足，防范资产管理风险，防止公司管理和内部控制不到位，防范跨境传递的外国金融风险。

加大市场监管力度，规范市场运行秩序，进行有效性和针对性较强的监管。在财产保险领域，以规范汽车保险市场和增强数据的真实性为重点。在人身保险领域，以规范银保业务和纠正销售误导为重点。在保险中介领域，重点审查保险中介业务的合法合规性。在综合检查中，以加强总公司检查为重点，促进建立商业贿赂管理的长期机制。

  为了提高保险监管的效率，要进一步加强对法人机构的监督。在对法人实施严格监管的前提下，加强系统建设，调整投资政策，加强风险控制，强化基础设施建设能力。加强保险企业的股权管理和监督管理，完善保险企业监管责任制，努力做好保险公司法律机构本地化监督试点工作。加强对高级管理人员的监督，严格高级管理人员任职资质的条件，加强高级管理人员的问责机制。持续推进监管分类，完善法人机构监管指标分类，加强中小保险公司的分类指导。

  我国保险产业监管体系不断完善。一方面，全国性的保险监管机构体系基本形成；另一方面，适应市场经济需要的保险法律法规体系初步建立。在保险法律框架下，我国保监会建立健全规范保险经营和保险监管的规章制度，初步完成遵循保险法原则和行政监管、遵从规范性文件指导的保险法制体系构建。需要注意的是，尽管对国内保险监管的法律体系初步构建，但我国保险市场尚未成熟，各种保险公司经营管理问题、违规行为等依然层出不穷，保险产业尚普遍存在服务水平较低、保险业务不专业、保险理赔实现难等不良现象。这在短时间内无法得到有效的解决和根治。所以，我国更要立足于国内保险市场的实际，进行更加严格，但又适度宽松的保险监管调整和改革，以提高我国保险市场的监管效率。

  因此，我国的保险产业要实事求是，通过监管理念的转型、监管模式的升级、监管制度的完善、预警机制和系统的建立等方法实现对保险市场行为以及偿付能力的强化监管，运用专业的技术手段和科学途径实现对保险市场动态及市场行为的分析、预测和判断，为及时有效的对策实施提供可靠的依据。

第二章
新的税收分享机制下北京产业结构与地方财力关系研究

1 导论

1.1 研究背景

我国从1994年开始实施分税制财政体制，根据事权与财权相结合的原则，所有税收收入按税种划分为中央收入与地方收入。中央税包括维护国家权益、实施宏观调控所必需的税种；中央与地方共享税则包括同经济发展直接相关的主要税种；适合地方征管的税种被划分为地方税。按照当时的分税制财政体制，中央财政固定税种有7种，地方财政固定税种有16种，中央与地方共享税种有3种。[①]

[①] 中央财政固定税种：关税，海关代征的消费税和增值税，消费税，中央企业所得税，地方银行和外资银行及非金融企业所得税，铁道部门、各银行总行、各保险公司总公司等集中缴纳的营业税、所得税和城市维护建设税；地方财政固定税种：营业税（不含铁道部门、各银行总行、各保险公司总公司集中缴纳的营业税），地方企业所得税（不含地方银行和外资银行及非银行金融企业的所得税），个人所得税，城镇土地使用税，固定资产投资方向调节税，城市维护建设税（不含铁道部门、各银行总行、各保险公司总公司集中缴纳的部分），房产税，车船使用税，印花税，屠宰税，农牧业税，农业特产税，耕地占用税，契税，遗产和赠予税，土地增值税；中央与地方共享税种：增值税，资源税和证券交易印花税。

第二章 新的税收分享机制下北京产业结构与地方财力关系研究

受限于当时的经济体制和税收征管能力，为了保证地方政府有稳定的财政收入，1994年分税制改革形成增值税与营业税两大主体税种并存的格局。增值税普遍适用于货物相关行业，即第二产业，而营业税普遍适用于服务行业，即第三产业。当时的增值税是生产型增值税，在计算增值税时，不允许将外购固定资产的价款（包括年度折旧）从商品和劳务的销售额中抵扣，存在重复征税的弊端，不利于企业投资。为了减轻企业负担，2009年我国迈出了增值税转型改革的第一步，即从2009年1月1日起，将机器设备纳入增值税抵扣范围（但在此次改革中，不动产仍然没有纳入抵扣范围）；而营业税则是对供应链中各环节重复征税的税制，通常被视为低效率的税收形式，其改革势在必行。另外，随着市场经济的建立和发展，不同行业分别适用不同税制的做法日渐显现其内在的不合理性和缺陷，对经济运行造成扭曲，不利于经济结构优化。同时为配合始于2009年的增值税转型改革，我国政府从2012年开始逐步实施由增值税全面代替营业税的税制改革，简称"营改增"。在"营改增"试点初期，适用于特定行业的"营改增"政策逐省市推开，而之后的几次"营改增"扩围试点则是在全国范围内按行业逐步推开。自2016年5月1日起，"营改增"试点在全国范围内全面推开，对包括建筑业、房地产业、金融业、生活服务业等所有剩余的未实施增值税的行业全面实施"营改增"。此外，改革内容还包括允许将新增不动产纳入抵扣范围，增加进项抵扣，加大企业减负力度，促进扩大有效投资。此次把不动产纳入增值税进项抵扣范围，标志着我国基本上完成从生产型增值税向消费型增值税的转变。

2016年5月1日，建筑业、房地产业、金融业和生活服务业四大行业"营改增"的全面推开意味着营业税将退出我国历史舞台,营业税改为增值税。"营改增"导致的税种变化不但影响税收收入规模,同时影响税收收入在中央与地方政府间的分配。在原有的分税制财政体制下,增值税是我国第一大税种,国内增值税属中央和地方共享税,中央分成75%,地方分成25%,由国税局征管,进口增值税收入归中央;营业税为国内第三大税种,属地方税,除铁道部门、各银行总行、各保险公司总公司集中缴纳的营业税收入划归中央外,其他均属地方财政收入。分税制改革十几年来,中央与地方政府间收入划分发生了较大变化,收入呈现上移的态势,中央财政集中了越来越多的收入,但政府间事权的划分却依然遵循1994年制定的划分原则,这样就造成地方,尤其是基层财政出现财力紧张的局面。财政部数据显示,2015年全年,国内增值税收入为31109亿元,营业税收入为19313亿元,两大税种收入合计50422亿元。如此规模的增值税收入,分配比例稍稍变动,就会对中央或地方的利益产生很大的影响。在财力原本就已经比较紧张、收支矛盾十分突出的情况下,分成比例就成为地方政府最为关心的问题。所以,收入如何在中央与地方政府之间分配也成为增值税"扩围"改革涉及的最为核心和敏感的问题。中央和地方关系改革、预算改革及税制改革已成为我国当前财税改革三大重点任务,为配合"营改增"试点全面推开,按照党的十八届三中全会关于"保持现有中央和地方财力格局总体稳定,结合税制改革,考虑税种属性,进一步理顺中央和地方收入划分"的要求,同时考虑税制改革未完全到位,推进中央与地方事权和支出责任划分改革还有一个过程,2016年4月29日,国务院下发了《全面推开营改增试点后调整中央与地方增值税收入划分过渡

第二章 新的税收分享机制下北京产业结构与地方财力关系研究

方案》，根据过渡方案，"营改增"之后，增值税收入由中央与地方五五分成。

1994年分税制改革后，营业税成为我国地方税体系的主体税种，营业税主要来自建筑业和第三产业，包括交通运输业、建筑业、金融保险业、邮电通信业、文化体育业、娱乐业、服务业、房地产业等。"营改增"对各行业的税收收入影响各不相同。一方面是税制改革本身会对税收收入产生影响，"营改增"后不同行业税负变化不一，增减各异；可抵扣的进项税额多少不同；抵扣范围的扩大会对不同行业增值税收入存量形成不同程度的冲击。考虑到上述因素，不同行业所受影响不尽相同。另一方面，"营改增"之后，新的税收分享机制实施也会影响地方财政收入，不同地方由于产业结构不同，地方财政收入受影响程度各不相同。在原有的分享机制下，我国地方税收收入的规模与地方产业结构高度相关，不同的产业结构决定了地方不同的税收结构和收入规模，增值税主要来自第二产业，第二产业占比高的地区财政收入对增值税依赖性高，而营业税则主要来自第三产业，第三产业占比高的区域，财政收入则对营业税的依赖性高。与增值税作为共享税种不同，营业税是地方主体税种，所以在原来财政体制下，第三产业发达的区域，地方政府财政实力更强。对营业税依赖程度越高的地区由于新的税收分享机制的实施，税收收入减少规模会越大。如北京第三产业比较发达，地方财政对营业税依赖程度较高，在新的税收分享机制下受的影响较大，税收利益受损程度也越高。第二章以北京为例，旨在研究在新的税收分享机制下，产业结构与地方财力变化的关系。

1.2 文献综述

主要从以下三个方面综述国内外对"营改增"的研究。

第一,"营改增"后,处理中央与地方财政分配关系的重要性、原则、指导思想等。美国经济学家马斯格雷夫(Musgrave,1983)根据税收的公平与效率原则提出中央政府与地方政府税收划分的原则,这些原则成为指导政府间税收划分的基本思想;奥茨(Oates,1972,第4章)认为政府间税收划分应坚持税收的横向协调和纵向协调原则;英国经济学家斯蒂芬·贝利(Bailey,1999,第8章)认为相当大比例的税收应当分配给中央政府,尤其是具有高度再分配性质的所得税、利润税和财富税,适合地方征收的税种有财产税等;贾康、施文泼(2010)肯定了扩大增值税征收范围的必要性,同时指出要处理好中央和地方财政分配的关系;胡怡建(2011)认为增值税"扩围"改革涉及的最为核心和敏感的问题是收入如何在中央与地方政府之间分享,以及由此引发的中央与地方分税制财政体制如何推进的问题;王玮(2011)认为横向财政平衡目标的实现和减少体制运行中的摩擦,都要求改变目前政府间税收收入划分过分依赖税收共享的格局转为实行以划分税种为主体的模式;刘长安(2013)认为当增值税改革覆盖全国,法律对收入分配必须做出明确规定,这是增值税"扩围"需要解决的首要问题;颜振宇,徐振(2013)认为简单改变分享比例不能解决实际问题,应建立一种综合考虑各方面因素的科学的分配方法;高培勇(2013)认为面对"营改增"所带来的地方主体税种和地方财政收支的新变化要求重建地方主体税种以及地方税制体系;杨志勇(2013)认为"营改增"的大范围试点更凸显

第二章　新的税收分享机制下北京产业结构与地方财力关系研究

了地方税系构建与完善的必要性；王金秀（2014）发现"营改增"导致地方主体税种缺失，迫切需要重构地方财税体系。

　　第二，"营改增"后，中央和地方税收收入分享比例的确定。模拟计算增值税"扩围"改革对财政收入的影响，估算的难点在于对增值税税基和收入的模拟估算。Aguirre and Shome（1988）提出应用行业核算账户法测算增值税税基和收入的方法。贾康、施文泼（2010）认为在增值税"扩围"后，为了弥补地方财政收入的损失，维持改革前后地方财力不变，改革后增值税的分享比例应接近于6∶4；刘海庆、米月皎（2011）认为在把现行营业税的所有税目全部纳入增值税的征税范围后，中央与地方间对改革后的增值税税收可采用40∶60的比例进行分成；胡怡建等（2011）从稳定中央收入、保障地方财政利益考虑，计算地方分享比例应不低于50%，而中央分享比例应不高于50%；胡怡建、李天祥（2011）介绍了估算增值税税基及收入的三种方法，利用投入产出表模拟估算了增值税扩围改革在不同税率下对财政收入的影响。孙钢（2011）认为增值税"扩围"后，地方的增值税收入分享比例很可能会超过25%，地方捍卫自身利益的举措甚至会摆到台面上；甘泉（2012）依据2010年各省地方分享的增值税和营业税占地方税收收入比重测算"扩围"后的增值税，地方在分享比例上应该维持在46%左右，只有这样才能基本保障地方政府既得利益；白彦锋、胡涵（2012）认为，实行彻底的增值税"扩围"，地方增值税分享占比应提高到45.61%。胡洪曙、丘辰（2012）认为在维持"扩围"前后地方政府财政收入大致不变的前提下，对一步式"扩围"需要调整的中央与地方的增值税分成比例和中央对地方的两税返还比例进行了估算，增值税的分享比例应该从原来的75∶25调整为67∶33；邢树东、陈丽丽（2013）计算的结果是改革后增值税的分享比例应接近于6∶4；刘明、王友梅（2013）按照改革前中央与地方的增值税、营业税收入规模划分，"营改增"后增值税在中央与地方的分享比例将由目前的75∶25变为47.82∶52.18；张秀莲、李建明（2014）利用1994~2013年连续20年的相关数据对"营改增"后中央和地方增值税分享比例进行了测算，最后得到了中央应分享70%，地方应分享30%国内增值税收入的结论；潘罡（2014）经过重新测算，新的中央分享比例应当介于37.68%~62.32%之间，中间值为51%左右；杨帆、刘怡（2014）通过计算发现，投入产出表、宏观消费数据和人口这三种分享增值税的方式会导致经济较发达、人口较少的省份增值税分享比例减少，而人口众多、经济较为薄弱的省份增值税分享比例增加。

另外，还有学者分地区测算中央和地方税收收入分享比例，如张悦、蒋云赟（2010）根据地方财政收入对营业税的依赖程度，将31个省级行政区分为4组，模拟了营业税改征增值税对地方分享收入的影响幅度，认为仅仅通过分享比例调整难以恢复所有省级行政区营业税改征增值税前的财力水平，特别是以北京为代表的营业税在地方税收收入中占比较高的地区，营改增后，分享比例提高到46.8%，地方财力仍严重低于营业税改征增值税前的财力水平；董其文（2010）通过对山西省相关数据的分析得出"营改增"后中央与地方的分享比例应调整为69∶31；高凤、宋良荣（2013）认为在增值税"扩围"过程中，对营业税的依赖程度越高，地区税收收入变化越大。根据测算，北京受改革影响最大，以2010年数据为基础，按照原有的分享比例，改革后北京的增值税及营业税收入损失达到59.99%，地方政府的分享比例只有提高到62.48%，才能弥补改革带来的损失；李青、方建潮（2013）发现在现有的中央与省的增值税分享机制下，作为共享税的增值税对目前充当地方主体税种的营业税的替代必然使省级政府的税收利益受损。在75∶25的分享比例下，各省税收较"扩围"前均有不同程度的下降，降幅最大的地区为北京、上海、海南、天津、重庆，降幅相对较小的地区为山西、黑龙江、甘肃、河北；刘和祥、诸葛续亮（2015）以我国31个省（自治区、直辖市）和5个计划单列市2009~2011年国内增值税收入和地方级营业税收入为测算样本，得出"营改增"之后按照50∶50的增值税分享比例计算，绝大部分地区财政受损和得益不大，只有个别地区（北京、海南、重庆、四川和西藏）财政受损和得益比较严重，并提出适当调整个别地区的税收返还和上缴政策，以平衡各方的利益。

第三，"营改增"涉及的产业结构与税收收入关系。郭庆旺、吕冰洋（2004）通过对1994年税制改革以来经济增长和产业结构调整对税收收入增长影响的分析，发现第三产业的兴起有利于税收增长，特别是有利于企业所得税的增长，但是东部地区在产业结构调整中受益远高于中西部地区；曹广忠等（2007）从地方政府土地财政激励与产业结构演变的角度考察了当前中国特定体制下地方政府做大财政资源产业的经济与政治激励；贾莎（2012）实证测算了改革开放以来我国产业结构变迁对税收超速增长的贡献。测算结果表明分税制改革后宏观税负变动中产业结构变动的影响程度在不断降低，各产业自身税负率的变动对宏观税负增长的影响不断增强，这一变动主要是由于第二、第三产业税负率的不断上升，第一产业税负率不断下降引起的，换言之，第二、第三产业自身税负率的不断提高是我国近年来税收收入超速增长的主要原因；安苑、王珺（2012）使用1998～2007年的区域和产业数据发现地方政府财政行为的波动显著抑制了产业结构的升级，表现为财政行为的波动性越大，那些技术复杂程度越高的产业的份额下降越多；靳友雯等（2012）通过对广西税收收入与各产业GDP之间关系的拟合，发现广西税收收入的增长主要源于第二、第三产业的贡献，尤其是第三产业对于广西税收收入的贡献最为突出，而第一产业对于税收收入的贡献为负值；沈坤荣、余红艳（2014）认为我国产业结构失衡有深刻的税收背景，税收制度安排缺失制约产业结构调整，以流转税为主体的税制结构和税负的不合理强化了产业结构的失衡；财权与事权分割效应及其扩散效应的叠加也使税收的结构效应传导机制被破坏，从而阻碍了产业结构调整的步伐；白景明（2015）认为在我国经济增长率和税收增长率双双下降的同时，产业结构调整步伐却在加速。2013年我国第三产业占GDP比重首超第二产业，2014年第三产业比重达到了48%。显然，深入分析经济增长和产业结构调整与税收增长之间的关系十分必要。

1.3 研究述评

综上所述，在已有的研究中，有关"营改增"理论研究及"营改增"后政府间收入划分比例、产业结构与税收收入关系的文献较多，文献中不乏关于"营改增"后各地方财力变化的测算，大多直接从税收总体规模入手，仅有少量文献利用投入产出表估算增值税税基，如胡怡建、李天祥（2011）利用投入产出表模拟估算了增值税"扩围"改革对全国不同行业财政收入的影响。在已有的文献中综合分析政府间财权划分，产业结构与地方财力变化的文献较少，第二章的学术价值主要体现在将政府间财权划分、产业结构与地方财力综合起来进行分析，因为"营改增"对不同行业的税负影响不同，新的税收分享机制实施后，产业构成直接影响地方财力的规模，同时不同税制与财政体制安排也会成为地方政府调整产业结构的诱因，研究新的税收分享机制下产业结构与地方财力的关系，可以丰富政府间财权划分理论及地方财政研究；第二章的应用价值主要体现在可为进一步完善政府间财权划分提供参考；同时以北京为例，具体分析北京下辖各个区县的产业结构、各产业具体税负的变化、对地方财力的影响、可能的减收程度，从而分析地方税收收入减少与产业结构的关系，为地方制定针对性的应对措施提供可靠依据。

2 "营改增"对行业税负的影响

2.1 "营改增"对第二产业税负的影响

我国于1994年开始实行的增值税征税范围包括应税销售货物、进口货物以及加工、修理修配劳务三类。税率分为三档：基本税率为17%、低税率为13%、出口税率为0。此外，对小规模纳税人适用的6%和4%的征收率，自2009年1月1日起，小规模纳税人征收率降低为3%。

2016年5月1日，增值税全面推开后，原增值税纳税人仍使用17%和13%两档税率，纳入"营改增"改革范围的纳税人使用11%和6%两档税率（有形动产租赁适用17%税率除外），商品出口适用0%税率。所以，税率由原来三档增加为五档，分别为

17%、13%、11%、6%和0%；增值税的征收率分别适用于小规模纳税人和特定一般纳税人。小规模纳税人或适用简易计税方法的增值税一般纳税人，多适用3%的征收率；对一些特定的一般纳税人，则适用6%、5%、4%、3%四档征收率。诸如小水电等部分商品适用6%的征收率，小规模纳税人销售自己使用过的固定资产，则按照4%的税率减半征收。具体来说，征收率为6%的项目包括自来水、小型水力发电单位生产的电力、部分建材产品和生物制品；征收率为5%的项目为中外合作开采的原油、天然气；征收率为4%的项目包括寄售、典当和拍卖商品、销售旧货；征收率为3%的项目为公共交通运输等"营改增"个别应税服务。

2.2 "营改增"对第三产业税负的影响

在"营改增"之前征收营业税的各行业，按照不同行业和经营业务，设计了三档税率：交通运输业、建筑业、邮电通信业和文化体育业等基础产业和国家鼓励发展的行业适用较低的3%的税率；服务业、金融保险业、转让无形资产和销售不动产适用较高的5%的税率；娱乐业适用20%的税率。"营改增"之后，交通运输、邮政、基础电信、建筑、不动产租赁服务、销售不动产、转让土地使用权的税率为11%；提供有形动产租赁服务的税率为17%；境内单位和个人发生跨境应税行为的税率为0。除以上三条外，税率为6%。

2016年4月1日，李克强总理就全面实施"营改增"发表讲话，强调全面实施"营改增"是结构性改革和财税体制改革牵一发而动全身的重大举措，具有一举多得的政策效应。一是可以大幅度减轻企业税负。将比改革前减轻企业税负5000多亿元，是近年来最大规模的一次减税。二是能够发挥对经济转型升级的强大"助推器"作用。"营改增"的政策取向突出了推动服务业特别是研发等生产性服务业的发展,这可以有力促进产业分工优化,拉长产业链,带动制造业升级。三是有利于营造公平竞争的市场环境。通过统一税制,实现增值税全覆盖,贯通服务业内部和第二、第三产业之间抵扣链条,从制度上消除重复征税,对完善我国财税体制有长远意义。

从"营改增"改革实施以后的具体实践效果来看,第三产业总体减负成效显著,但行业减负差异明显,少部分企业出现税负增加的现象。以下具体分析服务业、建筑业、房地产业及金融业四大行业税负变化情况。

生活服务业营业税税率有3%、5%、20%等多档,其中5%居多,增值税名义税率(6%)高于营业税税率(3%或5%),但在销项税扣除进项税后,尤其是多环节流转的生产性服务,减负效果更为明显。另外,由于生活服务业大都是中小企业,存在大量年收入低于500万元的小规模纳税人,按照3%的征收率实行简易征收,由过去5%的营业税降到3%,税负下降了40%,总体税负明显下降。

建筑业营业税税率为3%,改革后增值税税率为11%。建筑业由于上游企业小、散、乱,沙石料、土石方等材料往往很难取得增值税发票用于抵扣,但对于已建、在建项目,允许纳税人继续选择3%的简易计税。即使新开工项目,如存在甲供材料(开发商供料)的情况,也允许纳税人继续选择3%的简易计税。基于上述情况,税负水平基本持平,略有下降。

房地产营业税税率为5%,改革后增值税税率为11%。土地出让金占整个成本的30%~40%，是开发成本中最大的一块，由于房地产业的土地成本不记入销售额，"营改增"后，房地产项目扣除土地出让金后的余额作为销售额，建筑、安装成本及其他服务成本可纳入抵扣范围。企业新建或是购买厂房，以及厂房修缮、道路绿化等花费都可用来抵税；"营改增"后所有新增不动产所含增值税对所有企业纳入抵扣，税负的降低是显而易见的。

金融保险业营业税税率为5%，改革后增值税税率为6%。税率虽然提高了一个百分点，但金融保险业的信息系统建设、运维管理、租金、水电等多方面可取得进项抵扣，税负有一定规模的下降。金融业"营改增"后，根据规定，除向贷款方支付的与该笔贷款直接相关的投资顾问费、手续费、咨询费等费用不得抵扣外，大部分与中间业务相关的佣金及手续费支出可以抵扣进项税额。中间业务税负降低，有利于银行改变单一的收入结构，增强对系统风险的抵御能力，促进银行的健康稳定发展。同时，银行业为境外单位间货币资金融通及其他金融业务提供的直接收费金融服务免征增值税，降低了此类金融服务的出口成本，为国内银行拓展跨境业务、提升国际化发展水平提供了新的支撑点。此外，2016年5月1日后取得的不动产或者不动产在建工程，进项税额分两年从销项税额中抵扣，电子设备、交通工具以及其他固定资产的进项税额允许当期抵扣，这样银行采购固定资产的成本将会降低。

据北京市财政局初步测算，"营改增"全面推开后，全市每年新增减税420.2亿元，其中地方财政负担264亿元。以海淀区为例，2016年全部实施"营改增"，据税务部门测算，全年结构性减税约为17.9亿元，同时传统增值税中央、市、区三级分成比例由原来的75%、12.5%、12.5%调整为50%、25%、25%，体制调整影响区级收入25.2亿元。城建税主要受流转税规模变化影响，由于"营改增"减税效应，2016年该税种增速相对较缓。[①] 2016年，结构性减税政策及分享比例调整对北京市西城区影响较大，全年预计减收57.1亿元，拉低财政收入12.6个百分点。

根据《深度调查：北京营改增一年后，成效到底有多大？》，"营改增"后行业税负变化程度不一，少部分企业税负增加，大部分企业税负减轻。金融业（如国家开发银行股份有限公司增税8.02亿元，税负增加161%），建筑业（中国建筑一局有限公司增税5900万元，税负增加7.44%），个别企业税负增加较多。金融业税负增加除存在税率因素外，还源于目前增值税抵扣链条存在没有打通的地方，以前营业税是固定的5个点，加上其他的综合起来一共是5.6个点左右；但现在变成增值税后，金融业的进项不能完全抵扣，税率就是6个点，并不能体现降税的效果，无形中影响资金成本，最后是实体经济来承担这个成本；"营改增"对建筑业具体公司的影响，取决于毛利率、进项税可抵扣比例及期间费用率。房地产业企业多是因为一般计税方式项目多，抵扣不足、建筑业存在上下游抵扣凭证不易取得（见表2-1）。

作为近年来最大的减税措施，北京全面推进"营改增"有利于促进产业分工优化，拉长产业链，进一步推动北京服务业发展。数据显示，2015年北京"营改增"行业同比增长7.5%，高于全市GDP增速0.6个百分点，在经济下行压力下，保持了较好的增长态势。北京"营改增"推进产业结构调整特别是推动第三产业的发展作用明显。"营改增"也加速了经济结构快速转型，2016年

---

① 引自各区2017年预算报告。

"新三板"落户北京挂牌公司超过5000家,总部企业数量净增70家,总数达到4007家。阿里巴巴北方运营中心正式签约落户北京。北京第三产业比重提高到79.8%。

表2-1 营改增前后各行业税率对比

大类	中类	小类	原营业税税率	增值税税率	备注
销售服务	交通运输业		3%	11%	
	邮政服务		3%	11%	
	电信服务		3%	11%；6%	基础电信服务：11%；增值电信服务：6%
	建筑服务		3%	11%	
	金融服务		6%		
	现代服务	研发和技术服务；信息技术服务	5%	6%	
		文化创意服务	3%；5%	6%	
		物流辅助服务	5%	11%	
		租赁服务	5%	11%；17%	不动产融资租赁和经营租赁：11%；有形动产融资租赁和经营租赁：17%
		鉴证咨询服务	5%	6%	
		广播影视服务	3%；5%	6%	
		商务辅助服务	5%	6%	
		其他现代服务	3%；5%	6%	
	生活服务	文化体育、教育医疗、旅游娱乐、餐饮住宿及其他生活服务	3%；5%；20%	6%	

续表

大类	中类	小类	原营业税税率	增值税税率	备注
销售无形资产	销售无形资产		5%	6%	销售土地使用权适用于11%
销售不动产	销售不动产		5%	11%	

2.3 小结

研究得到以下主要结论：

第一，第三产业总体减负成效显著，但行业减负差异明显；

第二，"营改增"后地方财政收入总体减少；

第三，由于我国区域经济发展不平衡，经济结构差异明显，对营业税的依赖程度差别较大，这些都将影响"营改增"后的地方税收缺口大小。

3 新的税收分享机制对地方财力影响分析

中央与地方关系改革、预算改革及税制改革是我国当前财税改革三大重点任务，其中税制改革的重要内容之一"营改增"已于2016年5月1日开始全面推开，原先征收营业税的行业全部改征增值税，"营改增"的全面推开对中央和地方的财力产生了较大的影响，主要影响是使地方财政收入大幅减少。为了使"营改增"改革顺利推进，2016年4月29日，国务院下发了《全面推开营改增试点后调整中央与地方增值税收入划分过渡方案》

以调整中央与地方收入分配比例，根据过渡方案，"营改增"之后，增值税收入由中央与地方五五分成。以 2014 年为基数，将中央从地方上划收入通过税收返还方式给地方，确保既有财力不变。

接下来主要分析新的税收分享机制对地方财政收入的影响。营业税原来属于地方主体税种，除铁道部门、各银行总行、各保险公司总公司等集中缴纳的营业税归中央外，其余的营业税收入都归地方政府，营业税是地方主体税种，是地方政府的主要收入来源。增值税是全国第一大税种，在现行分税制财政体制下属中央与地方共享税，按 75∶25 的比例分成，由国税局征管，"营改增"之后，所有行业企业缴纳的增值税均纳入中央和地方共享范围；中央分享增值税的 50%；地方按税收缴纳地分享增值税的 50%；以 2014 年为基数核定中央返还和地方上缴基数。总体来看，新的税收分享机制实施后，在增值税收入中，中央分成的收入占比有所增加，地方分成的收入占比有所降低，具体到各个省份，由于产业结构不同，增值税和营业税在税收收入中的占比不同，所受影响程度不尽相同。

如表 2-2 所示，在"营改增"之前，根据我国的分税制财政体制，增值税是中央与地方共享税，中央分享 75%，地方分享 25%；而营业税属地方税，是地方财政的主体税种。"营改增"于 2016 年 5 月 1 日全面推开，各行业由于税率、增值率不同，税负变化各不相同，新的税收分享机制也将导致不同产业构成的区域地方财力增减不一，本部分首先从理论上分析新的税收分享机制可能导致的地方财力变化。

表 2-2 "营改增"之前我国中央与地方税收收入划分情况

中央固定收入	地方固定收入	中央与地方共享收入
1. 关税 2. 海关代征的消费税和增值税 3. 消费税 4. 铁路运输、国家邮政、中国工商银行、中国农业银行、中国银行、中国建设银行、国家开发银行、中国农业发展银行、中国进出口银行以及海洋天然气企业缴纳的所得税 5. 铁道部门、各银行总行、各保险公司等集中缴纳的营业税、所得税、利润和城市维护建设税 6. 中央企业上缴的利润 7. 车辆购置税	1. 营业税（不含铁道部门，各银行总行，各保险公司总公司集中缴纳的营业税） 2. 地方企业上缴的利润 3. 城镇土地使用税 4. 城市维护建设税（不含铁道部门，各银行总行，各保险公司总公司集中缴纳的部分） 5. 房产税 6. 车船税 7. 印花税 8. 烟叶税 9. 耕地占用税 10. 契税 11 土地增值税 12. 国有土地有偿使用收入	1. 增值税（中央分享75%，地方分享25%） 2. 资源税（海洋石油资源税归中央，其他资源税归地方） 3. 证券交易印花税（中央分享97%，地方分享3%） 4. 企业所得税（除铁路运输、国家邮政、中国工商银行、中国农业银行、中国银行、中国建设银行、国家开发银行、中国农业发展银行、中国进出口银行以及海洋天然气企业缴纳的所得税外。中央分享60%，地方分享40%） 5. 个人所得税（中央分享60%，地方分享40%） 6. 外贸企业出口退税（中央分享92.5%，地方分享7.5%）

$$\alpha_t = \frac{VAT_t^l}{VAT_t} = \frac{VAT_t \times 50\% + R}{VAT_t} = 50\% + \frac{R}{VAT_t} \quad (2-1)$$

$$\alpha_t = 50\% + \frac{R_t}{B \times (1+g_t)} = 50\% + \frac{1}{(1+g_t)} \times \beta \quad (2-2)$$

（2-1）式是在新的税收分享机制下各省实际分成比例的计算公式；（2-2）式则是考虑了税收基于 2014 年增长因素情况下的（2-1）式的变形。

（2-1）式与（2-2）式中 α_t 表示某省在 t 年份取得的增值税收入的实际分成占比；VAT_t 表示某省在 t 年份税务部门组织的增值

税收入总额；B 为 2014 年全省增值税和营业税两税收入之和，也是确定各省税收返还额的基数；R 为以 2014 年全省增值税和营业税两税收入之和为基数确定的各省定额税收返还额；VAT_t^i 表示某省在 t 年份税务部门组织的增值税收入中归属地方的部分，由两部分组成：当年组织的增值税收入总额的 50% 和以 2014 年确定的定额税收返还 R；g_t 表示某省在 t 年的增值税收入相对于 2014 年的两税收入（基数）的增长率；β 为税收返还率，表示定额税收返还额 R 与 2014 年全省增值税和营业税两税收入之和的比值，该比值为定值。

（2-1）式表明，各省实际分成比例取决于该省以后年份的增值税收入相对于 2014 年两税收入的增长率和 2014 年定额税收返还比值。在各省增值税增长率既定的情况下，2014 年税收返还比例越高，该省以后年份的实际分成比例也就越高，进而表明该省维护既得利益的能力越强；而在返还率相同的情况下，增长率较高的省份，实际分成比例较低。

从（2-2）式则可以看出，由于各个省税收返还率 β 为固定值，随着增长率 g_t 的增大，式中 $\frac{1}{1+g_i} \times \beta$ 的值会逐渐减小，实际分成比例会逐渐接近 50%。这说明定额返还政策对各省既得利益的影响随着时间的推移逐渐减弱。

如表 2-3 所示，就全国总体情况来看，以 2014 年为基数，在原有中央与地方财权分配方案下，全国增值税和营业税两税收入总额，中央占比 43.62%，地方占比 56.38%；新的方案出台之后，增值税中央与地方五五分成，中央占 50%，地方占 50%。总体来看，在"营改增"新的分配方案中，中央在两税收入中的占比有所提高，提高了 6.38 个百分点，地方则有所降低，具体到各个省份，由于税

第二章 新的税收分享机制下北京产业结构与地方财力关系研究

收收入税种构成不同,新的分享方案所产生的影响不尽相同。[①]

表2-3 新、旧税收分享方案下中央和地方两税收入的变化

单位:亿元,%

	旧方案 绝对数	旧方案 比重	新方案 绝对数	新方案 比重	变化=新方案-旧方案 绝对数	变化=新方案-旧方案 比重
中央	21268	43.62	24381	50.00	3113	6.38
地方	27494	56.38	24381	50.00	-3113	-6.38
合计	48762	100.00	48762	100.00	0	0.00

资料来源:《2015年中国财政年鉴》。

表2-4给出了在新、旧两种分享方案下各省份两税收入的对比情况。在旧分享方案下,除黑龙江实际分成比例低于50%以外,其余省份的实际分成比例都在50%以上,最高是海南(74.5%),北京居第六位(61.1%),这意味着改革将导致多数省份财力下降。但从绝对量上来看,新分成方案下减收的部分,中央将通过税收返还的形式转移给地方,因此,在增值税增长率一定的情况下,税收返还比例越高的省份,仍能获得较高的实际分成比例,进而维护地方的既得利益。

表2-4 2014年新、旧税收分享方案下各省份分成变化

单位:亿元,%

	两税收入合计	旧方案下归属地方两税收入	旧方案下归属地方两税收入占比	新方案下归属地方两税收入	返还额	返还率
北京	2808.4	1716.7	61.1	1404.2	312.5	11.1
天津	1260.1	732.8	58.2	630.1	102.8	8.2

[①] 由于2014年营业税仍然存在,测算假定"营改增"实施后两税总收入不变,实际两税收入会减收5000亿元。

续表

	两税收入合计	旧方案下归属地方两税收入	旧方案下归属地方两税收入占比	新方案下归属地方两税收入	返还额	返还率
河北	1566.0	896.5	57.2	783.0	113.5	7.2
山西	1114.1	580.7	52.1	557.1	23.6	2.1
内蒙古	899.3	508.9	56.6	449.7	59.3	6.6
辽宁	1551.1	861.6	55.5	775.5	86.1	5.5
吉林	710.4	368.5	51.9	355.2	13.3	1.9
黑龙江	848.7	420.0	49.5	424.3	-4.3	-0.5
上海	3656.1	1975.9	54.0	1828.0	147.9	4.0
江苏	5463.5	3079.1	56.4	2731.8	347.3	6.4
浙江	3581.4	1836.4	51.3	1790.7	45.7	1.3
安徽	1313.7	798.7	60.8	656.9	141.8	10.8
福建	1457.9	845.5	58.0	728.9	116.5	8.0
江西	1031.4	661.9	64.2	515.7	146.2	14.2
山东	3161.1	1737.2	55.0	1580.5	156.6	5.0
河南	1453.3	879.2	60.5	726.6	152.6	10.5
湖北	1423.3	847.7	59.6	711.6	136.1	9.6
湖南	1172.3	680.7	58.1	586.2	94.5	8.1
广东	5823.4	2976.0	51.1	2911.7	64.2	1.1
广西	732.5	449.0	61.3	366.3	82.7	11.3
海南	282.8	210.8	74.5	141.4	69.4	24.5
重庆	927.2	596.8	64.4	463.6	133.1	14.4
四川	1751.6	1109.8	63.4	875.8	234.0	13.4
贵州	733.0	459.5	62.7	366.5	93.1	12.7
云南	1016.6	581.5	57.2	508.3	73.2	7.2
西藏	80.5	47.8	59.4	40.2	7.6	9.4
陕西	1236.6	653.6	52.9	618.3	35.3	2.9

续表

	两税收入合计	旧方案下归属地方两税收入	旧方案下归属地方两税收入占比	新方案下归属地方两税收入	返还额	返还率
甘肃	490.9	283.4	57.7	245.5	37.9	7.7
青海	188.7	110.6	58.6	94.3	16.3	8.6
宁夏	238.0	144.4	60.7	119.0	25.4	10.7
新疆	788.2	443.0	56.2	394.1	48.9	6.2

资料来源：《2015年中国财政年鉴》。

3.1 新分享机制下，地方财政收入下降与税收结构关系

以2014年数据为样本，如图2-1所示，横轴表示增值税占两税收入的比重，纵轴是由新分享方案导致的各省份两税收入下降幅度。图中纵轴是负数，纵坐标越接近原点，表示两税收入减少得越多。首先从各点分布的总体趋势来看，收入的下降与增值税占比大体呈负相关关系。以海南和黑龙江为例，纵坐标最接近原点的是海南，其增值税收入占两税收入的比重是所有省份中最低的（45%），新分享方案导致其两税收入下降幅度也最大，达32.9%；纵坐标距离原点最远的则是黑龙江，其增值税收入的占两税收入的比重高达71%，新分享方案导致两税收入上升1.02%；纵坐标距离原点较近的如北京，其增值税收入占两税收入的比重为59%，新分享方案导致两税收入下降18.2%。各散点图的分布状态可以说明各省份增值税与营业税两税收入中，营业税占比越大、增值税占比越小，受到的影响越大，由分享方案导致的地方分成收入下降幅度越大；相反，营业税占比越小，增值税占比越大，受到的影响越小，代表性的如黑龙江，新分享方案实施后地

方分成收入反而提高。

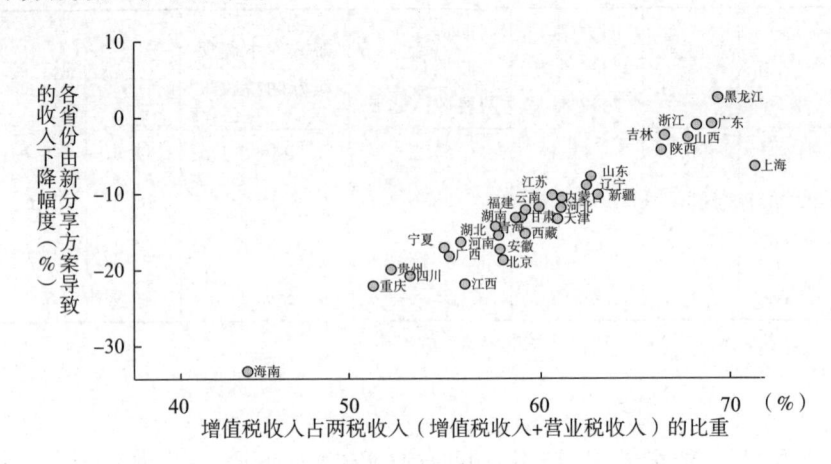

图 2－1　增值税占两税收入比重与收入下降关系

资料来源：《2015 年中国财政年鉴》。

3.2　新分享机制下，地方财政收入下降与人均财政收入关系

以下分析地方财政收入下降与人均财政收入关系，图 2－2 的横轴表示人均财政收入（包括转移支付的全部财政收入[①]），纵轴表示由税收分享变化导致的两税收入减少占财政收入的比重，纵坐标越接近原点，说明由税收分享变化导致的收入下降的幅度越大。从图中各点的分布状况来看，收入下降与人均财政收入高低不相关。因分享改革收入下降幅度最大的省份为北京（6%），其次为海南（5.53%），比较这两个省份的人均财政收入，海南较低（1.39 万元），北京则较高（2.42 万元）。

---

① 全部财政收入＝税收收入＋非税收入＋中央补助收入＋地方政府债券收入＋国债转贷收入＋国债转贷资金上年结余＋上年结余收入＋调入预算稳定调节基金＋调入资金＋接受地区援助收入。

人均财政收入比较高的省份,除北京外,还有西藏(4.14 万元)、青海(2.63 万元)、上海(2.27 万元)、天津(2.1 万元),这些省份与北京相比,收入下降幅度较小;同样,人均财政收入与海南相当的如辽宁(1.36 万元)、新疆(1.54 万元)和重庆(1.26 万元),其收入下降幅度也较小。

总体来看,分享改革对各省份分享收入影响与人均财政收入高低不相关。

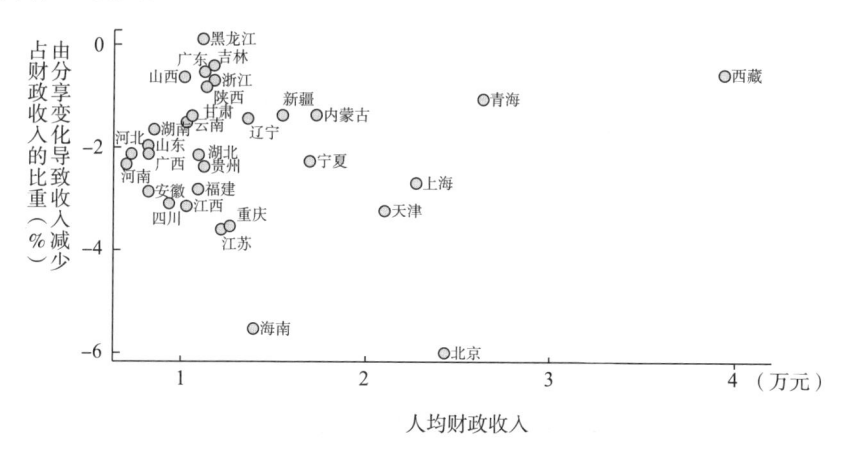

图 2-2 增值税占两税收入比重与人均财政收入关系

资料来源:《2015 年中国财政年鉴》。

3.3 新分享机制下,地方财政收入下降与中央转移支付关系

接下来分析地方财政收入下降与中央对地方转移支付之间的关系,图 2-3 中的横轴是人均财政收入(包括转移支付的全部财政收入),纵轴是税收分享变化导致的两税收入减少占中央对地方转移支付的比重。转移支付是按照各省份财政收支的缺口,中央给予地方的补助资金。地方收支缺口越大,得到的转移支付越多,

收支缺口越小,中央给予的补助越少。财政自给能力较强的省份,中央给予补助的则较少。从图中各点的分布状况来看,大多数省份收入减少占转移支付比重低于20%,说明收入减少的同时,所得中央转移支付也较多,转移支付可以在一定程度上弥补收入损失。收入减少占转移支付比重高于20%的有天津(23.2%)、上海(23.69%)、江苏(25.93%)、北京(58.55%),这几个省份的共同点是,财政自给能力强,转移支付占财政总收入的比重可以反映财政自给能力的大小,比重最高的是西藏(78.63%),其次为甘肃(66.34%),北京最低(10.24%),上海(11.36%)次低。天津(13.93%)和江苏(13.9%)均较低,说明获得的转移支付相对较少。

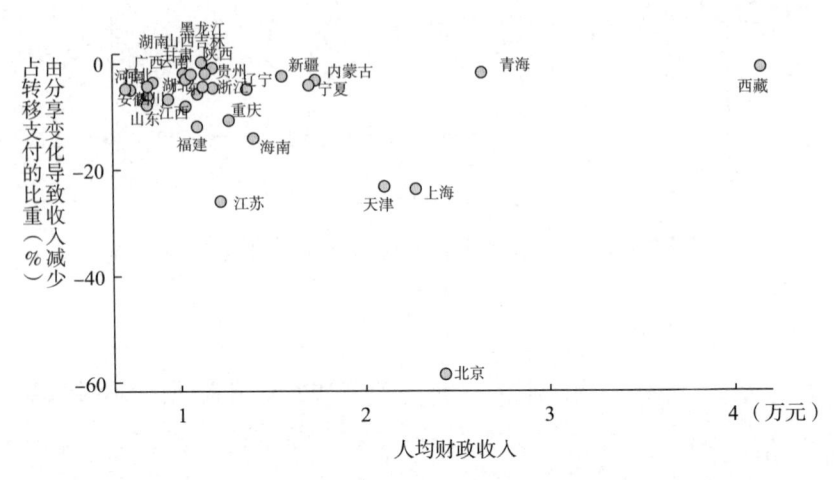

图 2-3 地方财政收入下降与中央对地方转移支付关系

资料来源:《2015年中国财政年鉴》。

3.4 新分享机制下,地方财政收入下降与产业结构关系

图2-4表明了税收减少与产业结构的相关关系。横轴是第三产业占GDP的比重,纵轴是税收分享变化导致收入减少占财政收

入的比重,通过图中各点的分布可以看出税收分享改革导致的地方财政收入减少与产业结构存在相关关系,但收入减少幅度与第二产业和第三产业占比呈非线性关系,其原因在于,各地增值税平均税率(增值税与第二产业 GDP 比率乘以 100)以及营业税平均税率相差较大。处于坐标右下角的点,说明第三产业占 GDP 比重越高,税收分享变化导致的收入减少占财政收入比重越大。最典型的如北京,第三产业占比为 77.95%,为全国最高,收入减少占财政总收入比重同样也最高(6%)。

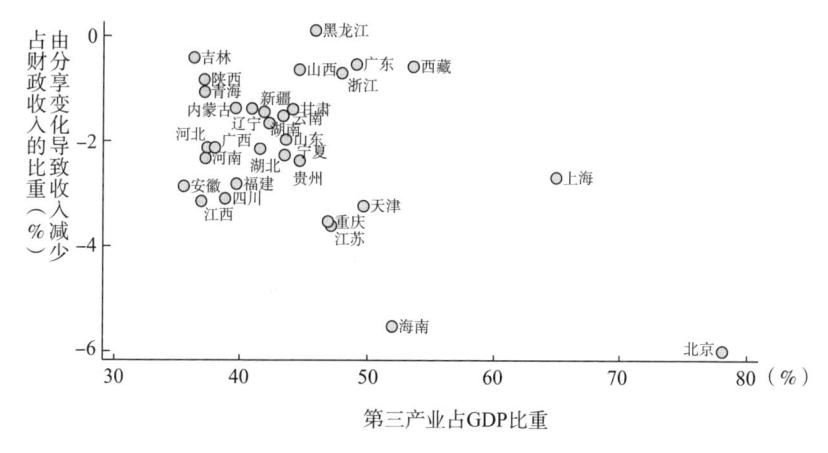

图 2-4 地方财政收入下降与产业结构关系

资料来源:《2015 年中国财政年鉴》。

图 2-5 横轴表示第二产业占 GDP 的比重,纵轴表示税收分享变化导致收入减少占财政收入的比重,图中各点分布表明,第二产业占比越低,新的税收分享机制导致的收入减少幅度越大,受的影响越大;第三产业占比越小,受的影响越小。北京第二产业占 GDP 的比重为 21.3%,收入减少占比为 6%;海南第二产业占 GDP 的比重为 25%,收入减少占比为 5.53%。具体分析原因,主要是各个省份的产业结构不一样,增值税主要是对第二产业征税,

营业税主要是对第三产业征税，各省份产业结构不同会导致营业税、增值税的收入结构也不同。由于产业结构不同，分享改革对各个省份的影响程度就不同。

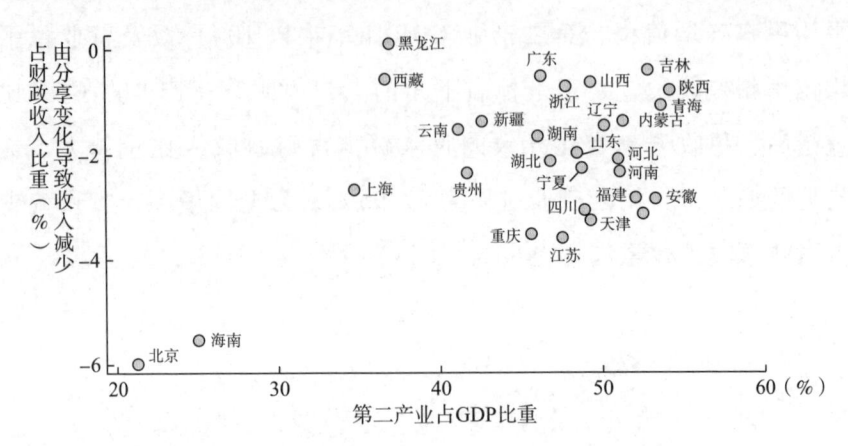

图 2-5　地方财政收入下降与产业结构关系

资料来源：《2015 年中国财政年鉴》。

3.5　小结

第三节主要研究结论如下。

第一，"营改增"后地方财政收入总体减少（在 31 个省份中，只有黑龙江增加），但由于各省份产业结构不同，两税收入的构成不同，各省份减收程度不尽相同。

第二，第三产业占比越高，地方财政收入对营业税依赖程度越高的省份，税收分享改革导致的两税收入减少程度越大，单从两税减收程度（减少收入占两税收入比重）来看，海南减收最高，达 32.9%，北京减收为 18.2%，居第六位（2014 年数据）。

第三，在考虑中央对地方的转移支付因素之后，税收分享改革导致损失最大的地区是北京。北京由于第三产业占比高，且财政自给能力较强，获得的中央转移支付相对较少，税收分享改革导致的损失最大。

第四，原先由铁道部门、各银行总行、各保险公司总公司集中缴纳的营业税收入属中央收入，在改征增值税后，中央与北京市五五分成，而2014年中央营业税收入为80.7亿，[①] 改革后北京市将从中受益约40.4亿元，相对北京1067亿元营业税收入规模，影响有限。且北京市规定在京各银行总行和保险总公司、中国铁路总公司、大秦铁路股份有限公司缴纳的地方级增值税为市级收入。

4　北京市产业结构与税收收入相关关系

4.1　北京市三次产业结构分析

2008年，北京市三次产业结构比为1∶23.6∶75.4，2016年调整为0.5∶19.2∶80.3，可以看出，经过八年的发展，北京市第一产业规模逐渐收缩，在产业结构中的占比由2008年的1%降至0.5%，呈逐年下降趋势；第二产业在产业结构中的占比同样呈逐年下降趋势，其产值占GDP的比重由2008年的23.1%降至2016年的19.2%；第三产业产值比重则呈现平稳上升趋势，从2008年的75.7%上升至2016年的80.3%，可以看出，北京当前产业结构进一步优化，服务业占地区生产总值的比重已超过80%（见表2-5）。

---

① 《2015年中国财政年鉴》的数据为68.9亿元。

从产业增长率来看，第一产业增加值由2008年的111.4亿元，增长到2016年的129.6亿元，增长率为16.3%；第二产业增加值由2008年的2592.9亿元，增长到2016年的4774.4亿元，增长率为84.1%；第三产业增加值由2008年的8416.7亿元，增长到2016年的19995.3亿元，增长率为137.6%，第三产业发展最快，增长率高于第一和第二产业，对经济增长发挥了主要的带动作用，其中的金融、信息、科技服务业已成为北京优势行业，对经济增长起到支撑作用。

表2-5 北京市三次产业结构

单位:%

年份	第一产业	第二产业	第三产业
2008	1	23.6	75.4
2009	1	23.1	75.9
2010	0.9	23.6	75.5
2011	0.8	22.6	76.6
2012	0.8	22.2	77
2013	0.8	21.7	77.5
2014	0.7	21.4	77.9
2015	0.6	19.7	79.7
2016	0.5	19.2	80.3

资料来源：各年《北京统计年鉴》。

4.2 各省份税收贡献、行业税源结构分析

4.2.1 各省份税收贡献

如图2-6所示，从全国税务部门组织的收入来看，2015年，

全国税收系统完成税收收入 136021.83 亿元，其中，北京税收收入达 12277.92 亿元，占全国税收收入的 9%，居全国第三位，收入规模仅次于上海和江苏。京津冀地区税收收入为 19992.88 亿元，占全国税收收入的 14.7%，从京津冀地区税收收入来看，天津、河北税收收入分别为 3956.39 亿元、3758.57 亿元、北京税收收入为 12277.92 亿元，北京税收收入是河北与天津之和的 1.59 倍，从占比来看，北京税收占据京津冀地区税收收入的 61%，天津占 20%，河北占 19%。可见北京的税收收入远远超过天津与河北。

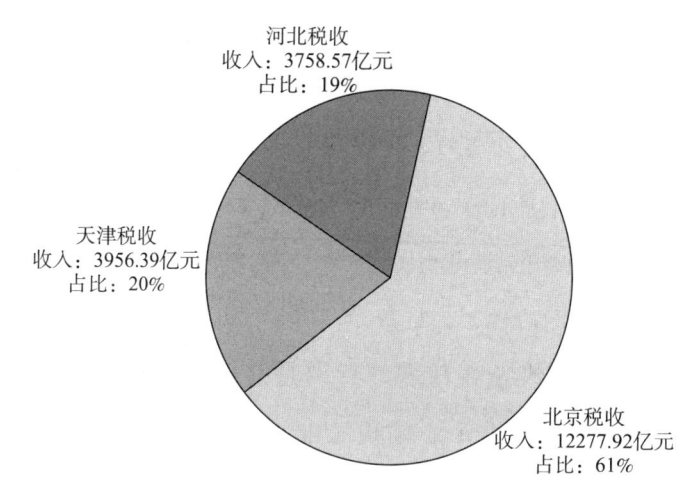

图 2-6　2015 年京津冀税收收入情况

资料来源：《2016 年中国统计年鉴》。

4.2.2　各省份税种中央与地方分成比例

2015 年，全国税务部门共组织税收收入 136021.83 亿元，其中归属地方的税收收入占比为 45.8%，具体到 31 个省份，大多数省份地方分成超过了平均值，最高的则超过 60%，如江西（60.9%）、青海（60.9%）和内蒙古（60.6%），有 6 个省份地方分成低于平均值，依次为辽宁（45.5%）、云南（43.9%）、天津

（39.9%）、北京（34.5%）和上海（34.4%），从另一个角度来看，从对中央税收贡献的角度来看，上述省份税收收入中央分成较高，可见，上海、北京和天津对中央税收贡献是最大的。

以下具体分析增值税、企业所得税和个人所得税的分成情况。

2015年，增值税收入中地方分成占比为23.6%，低于理论25%的分成比例，其原因是进口货物增值税收入归中央。大部分省份分成超过了平均值，江西最高达36.4%，其次为西藏（33.4%），北京居于第三位（32%）。有8个省份分成低于平均值，天津分成（16.1%）最低，其次为上海（19.6%），原因是天津是港口城市，货物进口增值税在全部增值税中占比较大。

如图2-7所示，2015年，全国企业所得税收入中地方分成占比为32.5%，低于理论上40%的分成比例。大多数省份分成高于平均值，接近40%的理论分成比例。只有3个省份低于平均值，分别为黑龙江（24.7%）、西藏（20%）和北京（15.5%），说明这三个省份的中央级企业较多，特别是北京，国税总局2012年第57号公告《跨地区经营汇总纳税企业所得税征收管理办法》规定了总部企业所得税中央与地方分享办法：国有邮政企业等15家企业的企业所得税全额归属中央收入，[1] 而这些中央级企业总部均设

---

[1] 铁路运输企业（包括广铁集团和大秦铁路公司）、国有邮政企业（包括中国邮政集团公司及其控股公司和直属单位）、中国工商银行股份有限公司、中国农业银行股份有限公司、中国银行股份有限公司、国家开发银行股份有限公司、中国农业发展银行、中国进出口银行、中国投资有限责任公司、中国建设银行股份有限公司、中国建银投资有限责任公司、中国信达资产管理股份有限公司、中国石油天然气股份有限公司、中国石油化工股份有限公司、海洋石油天然气企业［包括中国海洋石油总公司、中海石油（中国）有限公司、中海油田服务股份有限公司、海洋石油工程股份有限公司］、中国长江电力股份有限公司等企业缴纳的企业所得税（包括滞纳金、罚款）为中央收入，全额上缴中央国库。

第二章 新的税收分享机制下北京产业结构与地方财力关系研究

在北京，总部企业的所得税归中央。15家总部企业之外的其他总部企业，按照文件规定，经过测算：总部企业所得税收入，中央分成60%，分支机构所在地分成20%，总机构所在地分成10%，10%则由财政部按照2004年至2006年各省市三年实际分享企业所得税占地方分享总额的比例定期向各省市分配。2015年，北京所有企业所得税达6311.29亿元，归属地方的企业所得税为980.86亿元，如果按照地方分成40%的理论来推算，参与分成的收入为2452.15亿元，不参与分成的在京归中央的总部企业所得税为3859.14亿元，占全部所得税收入的61.1%，可以说北京企业所得税超过六成是不参与分成的，15家总部企业所得税归属为中央级收入。

2015年，全国个人所得税收入中地方分成占比为40%，各省份分成比例均接近40%，与理论分成比例相符。

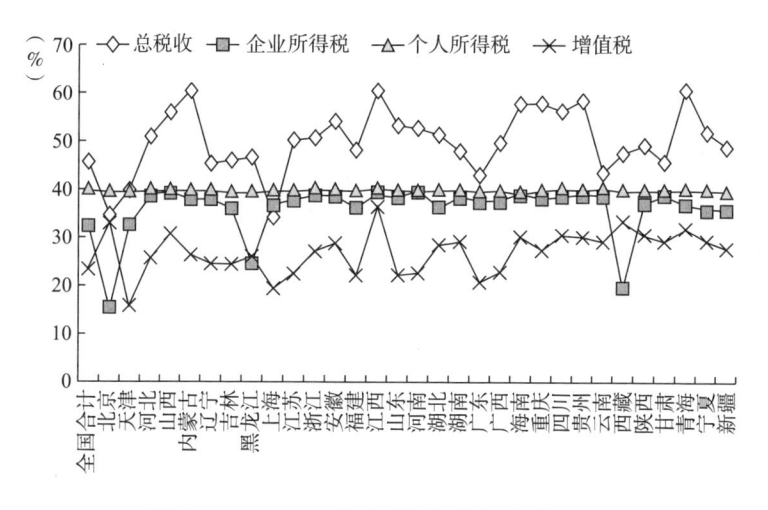

图2-7 2015年各税种地方分成比例

资料来源：《2016年中国税务年鉴》。

通过以上分析可以得到以下结论。

第一，天津增值税收入地方分成比例（16%）低于平均值

(23.6%），且2015年天津全部税收收入中增值税收入占比达39.9%，所得税占比只有19%，导致天津地方收入在总收入中占比较低。

第二，上海增值税收入地方分成比例（19.6%）低于平均值（23.6%），且2015年上海全部税收收入中增值税收入占比达37.2%，所得税占比只有20.5%，导致上海地方收入在总收入中占比较低。

第三，北京增值税收入地方分成比例（32%）高于平均值（23.6%），但2015年北京全部税收收入中增值税收入占比只有17.8%，而所得税占比达51.4%，所得税中约60%的中央收入不参与分成，导致北京地方收入在总收入中占比较低。

第四，从总部对中央税收贡献的角度来看，上海、北京和天津贡献是最大的，上海和天津的贡献在于进口增值税收入，而北京的贡献在于铁路、银行等在京总部企业所得税收入。

第五，总部企业所得税收入，中央分成60%，分支机构所在地分成20%，总机构所在地分成10%，10%由财政部定期向各省市分配，而从所得税来看，由于金融行业利润高，所以金融总部企业的税收贡献率高。

4.2.3 各省份行业税源结构分析

从全部税收收入的产业结构来看，2015年，北京全部税收收入的三次产业结构比为0.1∶12.7∶87.2，第三产业占比最大。同年，全国税收三次产业结构比为0.1∶45.2∶54.7，天津为0.1∶61.6∶38.3，河北为0.1∶51.8∶48.1，北京第三产业的收入占比远远高于天津、河北及全国平均水平，说明北京第三产业对税收收入的贡献远远超过全国平均水平（见表2-6、表2-7）。

表2-6 全部税收收入产业、行业结构情况（2015年）

单位：亿元，%

产业结构	具体产业	全国 金额	全国 占比	北京市 金额	北京市 占比	天津市 金额	天津市 占比	河北省 金额	河北省 占比
三次产业合计		136021.83	100.0	12277.92	100.0	3956.39	100.0	3758.57	100.0
第一产业		179.22	0.1	10.57	0.1	3.47	0.1	1.95	0.1
第二产业		61476.7	45.2	1556.2	12.7	2437.44	61.6	1947.85	51.8
其中：	（一）采矿业	3862.89	2.8	-8.1	-0.1	268.14	6.8	111.13	3.0
	（二）制造业	44921.63	33.0	1136.56	9.3	1934.76	48.9	1331.83	35.4
	（三）电力、热力、燃气及水的生产和供应业	4348.42	3.2	204.58	1.7	68.4789	1.7	193.3	5.1
	（四）建筑业	8343.77	6.1	223.15	1.8	166.06	4.2	311.59	8.3
第三产业		74365.91	54.7	10711.14	87.2	1515.48	38.3	1808.77	48.1
其中：	（一）批发和零售业	16733.86	12.3	1633.59	13.3	334.46	8.5	341.82	9.1
	（二）交通运输、仓储和邮政业	2561.29	1.9	284.8	2.3	68.84	1.7	117.09	3.1
	（三）住宿和餐饮业	801.52	0.6	81.53	0.7	13.41	0.3	18.35	0.5
	（四）信息传输、软件和信息技术服务业	2293.64	1.7	422.8	3.4	45.81	1.2	58.34	1.6

续表

产业结构	具体产业	全国 金额	全国 占比	北京市 金额	北京市 占比	天津市 金额	天津市 占比	河北省 金额	河北省 占比
	（五）金融业	18457.62	13.6	5139.92	41.9	317.14	8.0	338.09	9.0
	（六）房地产	16475.19	12.1	835.31	6.8	363.98	9.2	557.32	14.8
	（七）租赁和商务服务业	5841.54	4.3	936.48	7.6	152.65	3.9	70.24	1.9
	（八）科学研究的技术服务业	1575.08	1.2	422.16	3.4	60.23	1.5	28.06	0.7
	（九）居民服务和其他服务业	2818.47	2.1	412.27	3.4	71.06	1.8	59.31	1.6
	（十）教育	306.11	0.2	55.69	0.5	8.17	0.2	4.78	0.1
	（十一）卫生和社会工作	257.87	0.2	31.79	0.3	6.57	0.2	4.56	0.1
	（十二）文化、体育和娱乐业	413.31	0.3	124.48	1.0	7.07	0.2	5.05	0.1
	（十三）公共管理、社会保障和社会组织	2517.06	1.9	200.77	1.6	28.5	0.7	62.02	1.7
	（十四）其他行业	3313.35	2.4	129.55	1.1	37.58	0.9	143.75	3.8

资料来源：《2016年中国税务年鉴》。

如果将北京 2015 年税收收入的三次产业结构比 0.1∶12.7∶87.2 与同年北京三次产业增加值构成比 0.6∶19.6∶79.8 进行比较，可以看出北京第三产业税收贡献率高于第二产业。

从具体行业来看，2015 年，天津、河北及全国平均占比最高的均是来自制造业的税收收入，占全部税收收入比重分别为 48.9%、35.4% 和 33%，而北京税收收入中占比最高的则是金融业（41.9%），其次为批发和零售业（13.3%），制造业（9.3%）排在第三位，金融业占比远远超过全国平均水平。与 2008 年相比，金融业占比仍然最大且呈增长趋势，由 37.3% 提高至 41.95%，批发和零售业占比由 17.4% 降为 13.3%，制造业占比由 9.5% 降为 9.3%，房地产业占比由 6.9% 降为 6.8%。

从全国来看，2015 年，部分行业增加值构成：批发零售业为 9.6%，金融业为 8.4%，房地产业为 6.1%。

全国税收贡献率：批发零售业为 12.3%，金融业为 13.6%，房地产业为 12.1%。

北京市：2015 年，批发零售业为 10.5%，金融业为 17.1%，房地产业为 6.3%。

北京税收贡献率：批发零售业为 13.3%，金融业为 41.9%，房地产业为 6.8%。

表 2-7　2015 年北京地区生产总值

单位：亿元，%

指　　标	绝对数	比上年增长	比重
地区生产总值 按产业分	22968.6	6.9	100.0

续表

指　标	绝对数	比上年增长	比重
第一产业	140.2	-9.6	0.6
第二产业	4526.4	3.3	19.6
第三产业	18302.0	8.1	79.8
按行业分			
农、林、牧、渔业	142.6	-9.5	0.6
工业	3662.9	0.9	15.9
建筑业	965.9	13.3	4.2
批发和零售业	2400.3	-1.2	10.5
交通运输、仓储和邮政业	957.9	4.0	4.2
住宿和餐饮业	412.6	0.3	1.8
信息传输、软件和信息技术服务业	2372.7	12.0	10.3
金融业	3926.3	18.1	17.1
房地产业	1438.4	4.2	6.3
租赁和商务服务业	1766.8	-1.7	7.7
科学研究和技术服务业	1820.6	14.1	7.9
水利、环境和公共设施管理业	180.5	13.3	0.8
居民服务、修理和其他服务业	115.0	2.0	0.5
教育	965.5	11.8	4.2
卫生和社会工作	577.6	13.7	2.5
文化、体育和娱乐业	527.8	3.5	2.3
公共管理、社会保障和社会组织	735.2	8.6	3.2

资料来源：《2016年中国税务年鉴》。

4.2.4　各省份税种构成

2015年，全国共完成税收收入136021.83亿元，其中各主要税种占比由高到低分别为：增值税（31.7%）、企业所得税（20.4%）、营业税（14.2%）和个人所得税（6.3%）（见图2-8）。

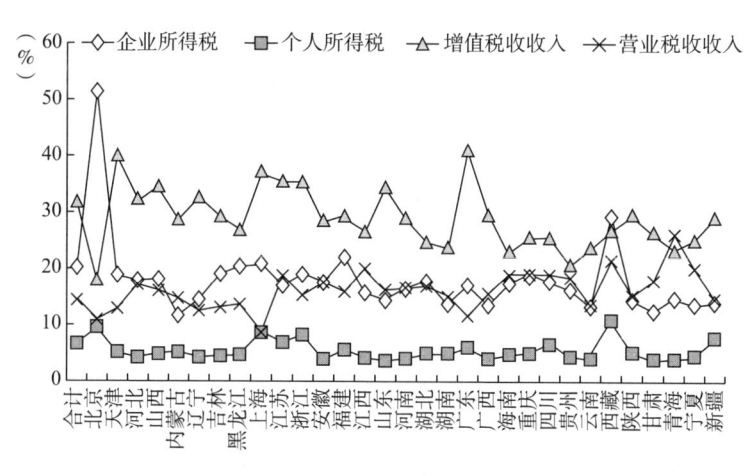

图2-8　2015年全部税收收入分地区主要税种占比

资料来源：《2016年中国税务年鉴》。

北京共完成税收入12277.92亿元，其中占比由高到低依次为企业所得税（51.4%）、增值税（17.8%）、营业税（10.9%）、个人所得税（9.7%）、房产税（1.2%），作为直接税主要收入的企业所得税与个人所得税之和占比达61.1%，增值税与营业税之和占比为28.7%，从企业所得税与个人所得税之和占比来看，全国平均水平为26.7%。

通过以上分析得到以下结论。

第一，2015年，北京第三产业税收占比为87.2%，高于全国平均水平（54.7%）32.5个百分点，因此，"营改增"对北京财政负担的减收比重相对偏大。

第二，北京税源结构以第三产业为主。2015年，北京税收收入的三次产业结构比为0.1∶12.7∶87.2，第三产业占比是全国31个省份中最大的，远远高于天津（38.3%）、河北（48.1%）及全国平均水平（54.7%）。北京第三产业税收贡献率高于第二产业。

第三，北京税收结构趋于优化，60%以上的收入为所得税收入，其中50%为企业所得税，为第一大税种，10%为个人所得税。

第四，北京税收收入中占比最高的是金融业（41.9%），其次为批发和零售业（13.3%），制造业（9.3%）排在第三位，第三产业中金融业税收贡献率最大，或者说金融业的企业所得税对全部税收的贡献率较高，特别是在京总部金融业企业所得税。

4.3 北京地方财政本级税收收入结构分析

4.3.1 北京地方本级税收收入产业、行业税源结构分析

从北京地方本级税收收入的产业结构来看，第一、第二、第三产业收入占比分别为0.1%、14.8%和85.1%。从具体行业来看，占比由高到低依次为房地产（19.6%）、金融业（16.8%）、批发和零售业（9.3%）、租赁和商务服务业（8.7%）、制造业（8.5%）、科学研究和技术服务业（5.7%）。从占比来看，房地产业比重最大，是北京财政收入的主要来源（见表2-8）。

表2-8 2014年上半年北京市本级税收收入分行业收入情况

单位：亿元，%

产业结构	具体产业	金额	占比
三次产业合计		2104.7373	100.0
第一产业		2.9025	0.1
第二产业		311.4747	14.8
其中：	（一）采矿业		
	（二）制造业	179.8065	8.5

续表

产业结构	具体产业	金额	占比
	（三）电力、热力、燃气及水的生产和供应业	36.7367	1.7
	（四）建筑业	89.3861	4.2
	（五）其他	5.5454	0.4
第三产业		1790.3601	85.1
其中：	（一）批发和零售业	195.7618	9.3
	（二）交通运输、仓储和邮政业	75.8793	3.6
	（三）住宿和餐饮业	35.306	1.7
	（四）信息传输、软件和信息技术服务业	106.0432	5.0
	（五）金融业	353.138	16.8
	（六）房地产	412.0955	19.6
	（七）租赁和商务服务业	182.3891	8.7
	（八）科学研究和技术服务业	119.7673	5.7
	（九）居民服务和其他服务业		
	（十）教育		
	（十一）卫生和社会工作		
	（十二）文化、体育和娱乐业		
	（十三）公共管理、社会保障和社会组织		
	（十四）其他行业	309.9799	14.7

资料来源：朱元广《首都税源建设研究》，《北京调研》2014年第12期。

4.3.2 北京地方本级税收收入税种结构分析

2015年，归属地方政府的税收收入合计62355.35亿元，从主要税种构成来看，其占比由高到低依次为营业税（30.7%）、增值税（16.3%）、企业所得税（14.5%）和个人所得税（5.5%）。"营改增"之后主体税种将变为：增值税、企业所得税和个人所得

103

税，全部为共享税。

从地方收入税种结构来看，大部分省份税种的构成与上述结构一致，即第一大税种为营业税，其次为增值税，第三大税种为企业所得税，排在第四位的是个人所得税。包括贵州、河南、福建、上海和北京在内的少部分省份的税种构成略有不同，在地方收入中第一大税种为营业税，但第二大税种为企业所得税，增值税占比排在第三位（见图2-9）。

以下分析各个具体税种，首先看营业税，大部分省份营业税占比高于平均值，最高的为西藏（45.4%），其次为青海（42.9%）。有8个省份占比低于30.7%的平均值，分别为内蒙古（24.2%）、上海（25.3%）、广东（26.9%）、辽宁（27.5%）、吉林（27.9%）、北京（28%）、山西（28.7%）、黑龙江（29.1%）。

从增值税来看，大部分省份地方收入中增值税占比低于16.3%的平均值，有11个省份占比高于平均值，上海最高，为21.2%，北京为17%，略高于平均值。

从企业所得税来看，大部分省份低于平均值，有7个省份占比高于14.5%的平均水平，分别为浙江（14.6%）、吉林（15.1%）、广东（15.5%）、天津（15.8%）、福建（16.7%）、上海（21.6%）和北京（23.2%）。

大部分省份个人所得税占比低于5.5%的平均水平，只有5个省份高于平均水平，分别为广东（5.6%）、新疆（6.4%）、西藏（9.2%）、上海（10.1%）和北京（11.3%）。

2015年，北京共完成地方财政本级税收收入4263.91亿元，其中主要税种占比由高到低依次为营业税（27.8%）、企业所得税（24%）、增值税（16.8%）、个人所得税（11.2%）。

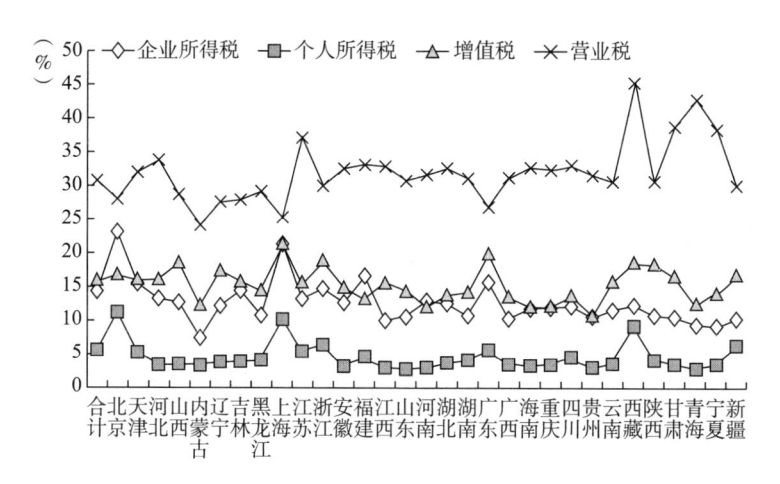

第二章　新的税收分享机制下北京产业结构与地方财力关系研究

图 2-9　地方税收收入分地区主要税种占比

资料来源：《2016 年中国税务年鉴》。

与 2008 年相比，受"营改增"等因素的影响，营业税收入占比从 36.7% 降至 2015 年的 27.8%，增值税收入占比有所上升，从 8.9% 上升至 2015 年的 16.8%。企业所得税占比有所下降，从 28% 降至 2015 年的 24%，个人所得税占比有所上升，从 9.6% 上升至 2015 年的 11.2%，可以预计，"营改增"之后增值税会成为北京地方收入的第一大税种，会占到总收入的 40% 左右。

通过以上分析得到以下结论。

第一，从地方收入的行业结构来看，房地产业（19.6%）比重最大，其次为金融业（16.8%），房地产仍是北京财政收入的主要来源。

第二，在所有省份中，北京地方收入中属于直接税收入的所得税收入占比最高，达 35.2%，其中企业所得税占比为 24%，个人所得税占比为 11.2%，"营改增"之后增值税收入占比预计会有所降低，所得税占比会升高。

第三，总部经济支撑作用明显。

105

4.3.3 北京地方本级税收收入税源区域结构分析

(1) 税源横向区域结构分析

从 2015 年北京税收收入（一般公共预算口径）区域分布情况来看，税源区域分布不均衡，税源在城区较为集中，而在远郊区分布较分散，城区收入是北京地方财政税收收入的主要收入来源。如表 2-9 所示，2015 年，北京地方本级财政税收收入（一般公共预算口径）达 1855.34 亿元，其中城六区税收收入共计 1429.77 亿元，占全部收入的 77.1%。西城区、东城区政治地位独特，是中央各大部委机关及市属机关的核心区域，同时也是中央企业总部和市属国有企业总部聚集地，2015 年，这两个区域本级财政税收收入分别实现 415.66 亿元和 152.55 亿元，分别占各区县税收收入总和的 22.4% 和 8.2%；朝阳区则依托丰富的涉外资源和浓厚的国际化氛围吸引大批外资公司入驻，是外资企业总部聚集地，2015 年本级财政税收收入实现 413.27 亿元，占各区县税收收入总和的 22.3%；海淀区则借助院校科研资源优势及技术人才优势，积极发挥中关村国家自主创新示范区政策优势，在信息传输、计算机服务和软件类企业方面呈现出明显的聚集效应，2015 年本级财政税收收入实现 321.1 亿元，占各区县税收收入总和的 17.3%；北京城六区中，丰台和石景山由于发展起步较晚，产业集聚程度低、国有大型企业搬迁等因素，税收规模较小。与城区相比，远郊区县税收规模较小，且税收规模差异较大，顺义（109.57 亿元）、通州（61.48 亿元）、昌平（60.69 亿元）、大兴（56.35 亿元）等区域凭借距离主城区近及较大空间优势，借助城市发展规划机遇，税收规模远大于其他远郊区县；其余远郊区县税收规模虽然也有差别，但总体规模都不大，并且呈现出离主城区越远，税源规模越小的特点，如收入最低的密云区和延庆区本级财政税收收入分别为 18.47 亿元和 11.98 亿元。

**表 2-9　2015 年北京各区县本级财政税收收入
（一般公共预算口径）规模**

单位：亿元，%

地区	金额	占比
东城区	152.55	8.2
西城区	415.66	22.4
朝阳区	413.27	22.3
丰台区	86.11	4.6
石景山区	41.08	2.2
海淀区	321.10	17.3
房山区	38.09	2.1
通州区	61.48	3.3
顺义区	109.57	5.9
昌平区	60.69	3.3
大兴区	56.35	3.0
门头沟区	19.69	1.1
怀柔区	27.24	1.5
平谷区	22.01	1.2
密云区	18.47	1.0
延庆区	11.98	0.6
合计	1855.34	100.0

资料来源：《2016 年北京财政年鉴》。

(2) 税源纵向结构分析

如表 2-10 所示，首先从省、地、县、乡四级政府一般公共预算收入的构成来看，地方一般公共预算收入中税收收入占比呈下降趋势，四级政府税收收入占比分别为91.2%、89.5%、71.8%、66.5%，这说明基层政府其财政收入税源基础薄弱，基层财政资金有较大部分要依赖非税收入，收入稳定性较差。

表2-10 北京各级政府一般公共预算收入结构（2015年）

单位：亿元，%

收入级别	北京 金额	北京 占比	省级 金额	省级 占比	地级 金额	地级 占比	县级 金额	县级 占比	乡级 金额	乡级 占比
税收收入合计	4263.91	90.3	2408.59	91.2	1824.88	89.5	25.07	71.8	5.37	66.4
非税收入	459.95	9.7	233.83	8.8	213.56	10.5	9.85	28.2	2.71	33.6
本年收入合计	4723.86	100.0	2642.42	100.0	2038.44	100.0	34.92	100.0	8.08	100.0

资料来源：《2016年北京财政年鉴》。

表2-11、表2-12说明了北京各级政府本级税收收入的税种结构。在各级税收收入结构中，省级收入由高到低排序，依次是营业税（25.2%）、企业所得税（24.2%）、个人所得税（19.9%）、增值税（15.8%）、契税（8.7%）；地级收入由高到低排序，依次是营业税（31.0%）、企业所得税（24.0%）、增值税（18.2%）、城市维护建设税（8.8%）、房产税（7.8%）；县级税收收入由高到低，依次是营业税（43.1%）、企业所得税（14.2%）、增值税（13.1%）、城市维护建设税（8.7%）、房产税（7.7%）；乡级税收收入由高到低排序，依次是营业税（49.6%）、增值税（18.1%）、企业所得税（14.4%）、房产税（11.7%）、土地增值税（5.2%）。

第二章　新的税收分享机制下北京产业结构与地方财力关系研究

表2-11　北京各级政府本级税收收入结构（2015年）

单位：亿元，%

税种	北京（全部）		省级		地级		县级		乡级	
地区	金额	占比	金额	占比	金额	占比	金额	占比	金额	占比
增值税	716.12	16.8	379.62	15.8	332.23	18.2	3.30	13.1	0.97	18.1
营业税	1186.13	27.8	606.91	25.2	565.74	31.0	10.81	43.1	2.67	49.6
企业所得税	1024.73	24.0	583.14	24.2	437.27	24.0	3.55	14.2	0.77	14.4
个人所得税	478.12	11.2	478.12	19.9						
资源税	0.91	0.02		0.00	0.61	0.03	0.25	1.00	0.05	0.95
城市维护建设税	204.36	4.8	41.04	1.7	161.15	8.8	2.17	8.7		
房产税	152.06	3.6	6.27	0.3	143.22	7.8	1.94	7.7	0.63	11.7
印花税	68.69	1.6	3.36	0.1	64.49	3.5	0.85	3.4		0.0
城镇土地使用税	17.88	0.4	9.25	0.4	8.34	0.5	0.28	1.1		0.0
土地增值税	174.86	4.1	89.83	3.7	83.80	4.6	0.95	3.8	0.28	5.2
车船税	25.27	0.6	0.81	0.0	23.53	1.3	0.93	3.7		
耕地占用税	4.54	0.1		0.0	4.50	0.2	0.04	0.2		
烟叶税		0.0		0.0		0.0				
契税	210.23	4.9	210.23	8.7		0.0				
其他税收										

资料来源：《2016年北京财政年鉴》。

109

表2–12　北京区、县财政体制税种分成情况

单位：%

项目	区县分成比例	北京分成比例	中央分成比例	备注
中央级固定收入				
消费税	0	0	100	
市级固定收入				
契税	0	100	0	
共享收入			0	
增值税	12.5	12.5	75	
营业税	50	50	0	
城市维护建设税	85	0	0	水利基金15
城镇土地使用税	50	50	0	
教育费附加收入	50	50	0	
土地增值税	50	50	0	
企业所得税	20	20	60	
个人所得税	0	40	60	
区县固定收入			0	
房产税	100	0	0	
车船税	100	0	0	
印花税	100	0	0	
资源税	100	0	0	
耕地占用税	100	0	0	

资料来源：《2016年北京财政年鉴》。

可见，构成省、地、县及乡四级财政的主体税种基本一致，主要为营业税、企业所得税和增值税。由于个人所得税省级以下政府不能分享，所以个人所得税是仅次于企业所得税的省级政府的重要收入来源。企业所得税收入在县乡两级财政收入的比重较

低，县乡税收收入对流转税依赖性较强，尤其是营业税，县乡税收收入中的近一半来自营业税，营业税成为这两级财政的第一大税收来源。房产税是地级财政主要收入来源。

4.4 小结

通过分析发现，地方税收收入结构呈现以下特点。

第一，区域分布不均衡。北京税源区域分布不均衡特征比较明显，主要表现为城里重城外轻，城区收入依然是北京地方税收主体。

第二，目前，构成省、地、县及乡四级财政的主体税种基本一致，主要为营业税、企业所得税和增值税。

第三，由于个人所得税省级以下政府不能分享，所以个人所得税是仅次于企业所得税的省级政府的重要收入来源。

第四，县乡税收收入对流转税依赖性较强，尤其是营业税，县乡税收收入中的近一半来自营业税，营业税成为这两级财政的第一大税收来源，"营改增"改革，北京基层政府受到的冲击应该更大。

第五，企业所得税收入占各级政府税收收入的比重依次为省级（24.2%）、地级（24%）、县级（14.2%）、乡级（14.4%），原因是县乡分成只占到20%，企业所得税收入在县乡两级财政收入的比重较低。

第六，由于市级政府不参与房产税分成，房产税由归属地全部拥有，且房产税是地级财政主要收入来源，县及乡财政收入占比较少。

总体来看，基层政府与较高级政府的主体税种结构基本一致且税收收入中流转税的比重过大,特别是"营改增"会导致增值税收入减少,且适合地方征收的房产税以及企业所得税所占比重仍然太小,属于区县固定收入的房产税、车船税、印花税、资源税和耕地占用税收入基本集中在地级政府,县乡政府一级这几类税收收入规模较小,会造成基层政府收入不稳定。

5 新分享机制下,促进地方财力稳定增长的政策建议

5.1 政府间财政关系改革

党的十九大报告提出:"加快建立现代财政制度,建立权责清晰、财力协调、区域均衡的中央和地方财政关系。建立全面规范透明、标准科学、约束有力的预算制度,全面实施绩效管理。深化税收制度改革,健全地方税体系。"可见党的十九大报告对财税改革的基本要求是加快建立现代财政制度,具体包括中央与地方财政关系、预算制度改革和税制改革三个方面,且将中央与地方财政关系摆到相对以往更加优先的位置。只有中央与地方财政关系实现规范化和现代化,才能充分调动中央和地方两个积极性,促进解决不平衡不充分发展问题。围绕"权责清晰、财力协调、区域均衡"这三个方面建立现代财政制度,需要对现行分税制财政体制在科学划分政府间事权的基础上,科学划分财权并完善转移支付制度。

5.1.1 事权改革

中央与地方税收合理划分的一大前提是正在推进的中央与地方事权和支出责任改革,只有先明确事权,才能确定支出责任,

根据支出责任合理划分中央与地方的收入。我国自1994年实施分税制财政体制以来,初步构建了中央与地方财政事权与财权责任划分的体系框架,为我国建立现代财政制度奠定了良好基础。但23年来,政府间财力划分频繁调整,收入呈现上移的态势,中央财政集中了越来越多的收入,但政府间事权的划分却极少调整,不同程度存在事权划分不清晰、不合理、不规范等诸多问题,由此导致地方财政收支缺口增大,地方政府财力不足。如2016年,我国地方一般公共预算本级收入(86630亿元)占地方一般公共预算支出(152860亿元)的56.76%,中央对地方税收返还及转移支付(58030亿元)占地方一般公共预算支出(152860亿元)的37.96%,也就是说,地方政府一般公共预算支出中有37.96%的缺口要靠中央转移支付弥补,地方政府财力紧张导致地方财政对中央转移支付的依赖程度提高。基层政府财政困难的问题则更为突出,由于基层政府在财政事权划分中承担了较多的事务与支出责任,在地方公共产品供给中占据着极为重要的地位,但由于政府间税收划分不尽合理,加上相当一部分地区对下转移支付力度不足,因此,县乡政府收支平衡压力尤其大,自然也诱发了"土地财政"及地方政府隐性债务大幅增加等问题的出现。

事权划分是现代财政制度有效运转的基础和支撑,是理顺政府间财政关系的逻辑起点和前置条件,也是改革和完善转移支付制度的基础。但我国分税制财政体制实施23年来,政府间事权划分几乎未做调整,不同程度存在不清晰、不合理、不规范等诸多问题,因此,国务院于2016年8月16日印发了《关于推进中央与地方财政事权和支出责任划分改革的指导意见》(国发〔2016〕49

号），明确了财政事权划分的指导思想、总体要求和划分原则、改革的主要内容、保障和配套措施及职责分工和时间安排等内容。政府间事权和支出责任划分改革涉及众多领域，是一个系统工程，短期内全面推进改革的条件尚不成熟，因此，此次改革选择从财政事权入手，所谓财政事权，是一级政府应承担的、运用财政资金提供基本公共服务的任务和职责，支出责任是政府履行财政事权的支出义务和保障。简单来说，即谁该做什么事，以及谁来承担做事所需要花的钱。财政事权改革将为全面推进事权划分改革奠定基础、创造条件。随着我国财政事权及支出责任划分改革进程的推进，必然要求转移支付制度与财权、事权和支出责任划分相匹配。相比事权划分，我国转移支付制度改革力度较大，也取得了一定成就。2016年12月23日，财政部部长肖捷在第十二届全国人民代表大会常务委员会第二十五次会议上所做的《国务院关于深化财政转移支付制度改革情况的报告》中指出："经过近几年深入推进转移支付制度改革，尽管转移支付制度更趋完善，结构不断优化，资金使用效益明显提升，但受我国经济社会发展不平衡、城乡二元结构比较明显、政府职能转变不到位，以及中央与地方财政事权和支出责任划分改革刚刚启动、地方税体系尚未建立等多种因素制约，转移支付改革尚需继续推进。特别是与建立现代财政制度、推进国家治理体系和治理能力现代化的要求相比，现行中央对地方转移支付制度还存在一些差距和不足。"在列举的诸多不足中，最重要的一点就是转移支付改革与政府间事权和支出责任划分改革衔接不够。

5.1.2 政府间收入划分改革

政府间收入划分需要在划分事权和支出范围的基础上，按照财权与事权相统一的原则,在中央与地方之间划分税种,即将税种划分为中央税、地方税和中央地方共享税,以划定中央和地方的收入来源。近年来,我国西部省份经济及财政收入与东部发达省份差距拉大,西部省份一方面要保民生,加大民生方面的投入,另外还需要加大调结构、稳增长的投入,这些都需要财政加大投入。东部省份发展快,则希望能有更多红利留在当地;而中西部省份希望中央能加大转移支付力度,这就需要中央平衡各方面诉求,平衡效率和公平的关系。2016年5月1日开始实施的中央与地方增值税收入划分过渡方案,地方财政收入尤其是原营业税税收规模较大的地方财政收入受到较大影响。为了确保地方政府正常运转,政府间税收划分需要在以下几个方面进行调整,以进一步理顺中央与地方的财政分配关系,形成财力与事权相匹配的财政体制。

第一,合理调整中央与地方税收收入分成比例。中央与地方税收分成事关"营改增"长期改革效用,影响地方公共服务、基础投资、社会经济发展等重大建设,为防止地方财权与事权倒挂悬殊,降低地方在改革中的损失,在现有条件下,应合理调整央地分成。中共十八届三中全会要求事权和支出责任相匹配,随着未来中央和地方事权的重新划分,不排除收入也会进一步重新划分。因此,除了对增值税分成比例进行改革外,也需要跟进其他税种的分成改革,如企业所得税的分成比例,以补充地方财力,保证地方政府职责的履行。具体到北京,可以考虑适当调整北京对金融总部所得税的分享比例以补充地方财力。

第二,健全地方税体系。近年来,中央与地方收入划分不断调整,特别是2016年,营改增的全面推开,地方税体系被进一步弱化。2016年1月1日起,证券交易印花税全部调整为中央收入,[①]2016年5月1日起新的增值税分享比例实施,目前,中国三大税种增值税、企业所得税、个人所得税都是中央和地方共享税种,地方缺乏主体税种,地方税体系不健全。党的十九大报告提出要"深化税收制度改革,健全地方税体系"。未来我国应进一步完善和调整现行分税制体制,保留原有地方税种,明确收入规模较大的一些税种为地方主体税种,开征一些新税种,构建较为完善的地方税体系,使地方税种真正成为地方财政收入的主要来源,降低地方财政对中央财政的依赖度,进而加强地方政府对本级政府的预算管理。目前在地方税体系构建方面,比如,可以考虑把车辆购置税和消费税部分税目划给地方,目前车辆购置税和消费税属于中央税,2016年,国内消费税为10217亿元,车辆购置税为2674亿元。当前可以成为地方税的税种中,消费税和车辆购置税符合我国财税体制改革的整体功能定位,因为这两种税是以特定消费品为征税对象,将其定位为地方税,可以增加地方财政收入,激励地方政府主动创造良好的消费环境。同时,将消费税改革为地方税,在税收规模上对地方财政收入的影响更大。另外,从方便税收征收的角度来看,目前还在立法进程中的环境保护税、房地产税和个人所得税适合划归为地方税。中央和地方税收收入划分是慢慢完善、逐步调整的过程,短期内不会有太大进展,还需与税制改革进展相协调。

第三,地方税收立法权。我国的税收立法权集中在中央,地

[①] 《国务院关于调整证券交易印花税中央与地方分享比例的通知》国发明电〔2015〕3号决定,从2016年1月1日起,将证券交易印花税由现行按中央97%、地方3%比例分享全部调整为中央收入。

第二章 新的税收分享机制下北京产业结构与地方财力关系研究

方仅有对个别税种相关税收要素的确定权,如营业税,省级政府拥有的自行裁量权仅是对娱乐业税率以及成本利润率的确定,这固然有利于维护税法的统一和完整,但却不利于调动地方经济的积极性。在税政管理权限方面应给地方适当放权。"营改增"后,逐步健全地方税体系的同时,赋予省级政府适当税收管理权限,是实现中央和地方利益兼顾的良好途径。地方有了一定的调控权,更有利于地方区域经济发展。

第四,进一步完善税制。从分税制角度来说,增值税不应该对要素的分配过度干预,增值税具有"中性"的优点,但是要充分发挥其中性作用,前提之一是税基要尽可能地宽泛,包含尽可能多的商品和服务。我国原有税制中对第二产业的建筑业和大部分的第三产业课征的是营业税而非增值税,增值税征税范围较狭窄,导致经济运行中增值税的抵扣链条被打断,增值税的中性效应大打折扣。"营改增"之后,增值税的税基更加宽泛,促进了增值税的中性原则,体现了税制的公平和效率。但此次"营改增"改革,主要是增值税扩围改革,并未涉及税率简并调整。原来的增值税的税率有17%和13%两档;"营改增"之后变成四档税率,17%、13%、11%和6%,2017年4月国务院常务会议决定从2017年7月1日起,取消13%这一档税率,将农产品、天然气等增值税税率从13%降至11%,当前,增值税税率由四档减至17%、11%、6%三档。在征税范围确定的前提下,税率是最具核心的税收基本要素,直接决定纳税人的税收负担程度。增值税多档税率的存在会造成低税率的行业税负低。而中性原则要体现出"不会因为行业不同,组织行为不同而税负不同"。通过降低税率和减少增值税档次,减低企业的负担,降低企业的成本和价格,可以促进增值税的中性原则，体现税制的公平和效率。同时税率太多，也不利于产业结构的调整，所以，从长远来看，增值税税率还会进一步简化。

5.1.3 转移支付制度改革

从表面上看，转移支付是中央政府或上级政府向地方政府提供资金的行为，它是各国政府间财政关系的最重要组成部分之一，这一点在我国也不例外。我国自1994年实施分税制财政体制以来，政府间财力划分频繁调整，收入呈现上移的态势，中央财政集中了越来越多的收入，但政府间事权的划分却极少调整，由此导致地方财政收支缺口增大，地方政府财力不足。基层政府财政困难的问题则更为突出，因为基层政府在财政事权划分中承担了较多的事务与支出责任，在地方公共产品供给中占据着极为重要的地位，但由于政府间税收划分不尽合理，加上相当一部分地区对下转移支付力度不足，因此，县乡政府收支平衡压力尤其大，自然也诱发了"土地财政"及地方政府隐性债务大幅增加等问题的出现。

如2016年，我国地方一般公共预算本级收入（86630亿元）占地方一般公共预算支出（152860亿元）的56.76%，中央对地方税收返还及转移支付（58030亿元），占地方一般公共预算支出（152860亿元）的37.96%，也就是说，地方政府一般公共预算支出中有37.96%的缺口要靠中央转移支付弥补，地方政府财力紧张导致对中央转移支付的依赖程度提高。在现代财政体制下，中央为地方提供资金的必要性首先来自两个不均衡：纵向不均衡和横向不均衡。按照效率原则在中央和地方之间划分事权和财权的结果，中央通常是财权过大，事权过小，而地方政府通常是财权过

第二章 新的税收分享机制下北京产业结构与地方财力关系研究

小,事权过大,由此产生政府部门上下之间的纵向不均衡,需要中央政府把"多余"的钱给地方政府。与纵向不均衡相比,横向不均衡是由于经济发展水平、自然条件及人口分布等因素的差异引起的一国不同地区在财力水平上的差异。纠正横向不公平,需要把财力较强地方的一部分财政收入转移到财力较弱的地区,而这种财政资金的转移,在绝大多数国家都是通过中央政府实现的,因此在形式上也表现为转移支付。

为地方政府提供资金支持并非转移支付的唯一目的,干预地方政府公共支出是转移支付的另外一个意图。出现以下两种情形,中央有必要干预地方政府支出。其一,地方公共物品存在外部性时,治安、道路等地方政府提供的多数公共服务,其受益范围不局限于本辖区居民,同时惠及其他辖区。在提供这些公共物品时,地方政府仅仅考虑公共服务给本地区居民带来的好处,而对其他地区居民的好处则不在考虑范围之内,其结果是,从整个社会的角度来看,公共服务的供给量过小,从而产生效率损失。此时,中央政府有必要干预地方政府支出,通过各种手段使地方政府增加相关公共支出。其二,在目前事权划分框架下,一方面,基本公共服务均等化是中央政府职能,是中央政府收入分配功能最重要组成部分之一;另一方面,诸如教育、医疗、社会保障等具有强烈收入分配功能的多数基本公共服务,实际上均由地方政府提供,如果地方政府在这些基本公共服务上的支出达不到某种标准时,中央政府有动机进行干预,否则基本公共服务均等化则无从谈起。值得一提的是,如果地方政府没有动机提供基本公共服务,即使有足够的资金,也难以保障提供最基本的公共服务。

从干预手段上讲,中央政府干预地方支出手段多种多样。中央政府可以通过立法，规定某种公共服务的提供标准，地方政府在安排财政支出时必须予以遵守，由此产生和新增的费用负担，中央政府有时给予补贴，有时完全由地方政府负担。公平就业法、业务教育法等均属于此类干预。在单一制国家，中央强制地方提供某种标准的公共服务时有发生。同样，由此产生的费用，中央政府可能负担一部分，也可能完全强迫地方政府负担。另外，人事派遣也是中央政府监督和干预地方政府支出行为的常见方式。上述的干预方式均为直接、硬性干预，除此之外，还有经济性干预，即通过激励机制，间接地刺激地方政府提供或增加提供某种公共服务，其最重要的方式是提供转移支付资金，中央政府通过对地方政府提供资金，降低地方政府公共服务提供成本，从而增加地方政府对相应公共服务的提供量。

当中央政府通过提供资金刺激地方政府增加某种公共支出时，何种形式的转移支付更有效呢？一般地说，对资金指定用途的专项转移支付资金（也称专项拨款）较完全不指定用途的转移支付资金（又称一般性拨款）而言，更有利于刺激地方政府对特定公共服务的支出，因为在不指定用途的情况下，地方政府可自由地决定其支出去向，未必一定用于中央政府所希望的公共支出上。专项拨款则不同，地方政府必须按着事前约定的用途使用资金。在指定用途的同时，如果同时附带资金配套条件，对地方政府在某项公共服务支出上的刺激效应将更强。

由此可见，不同的转移支付方式，其功能也不同。在转移支付理论中，有关于政策目标和政策手段之间匹配的讨论，其主要结论是如果转移支付的目标仅仅是为了解决地方政府的资金缺口，为了解决上述两个不均衡，那么完全不指定用途的一般性拨款最好,此时地方政府可根据本辖区的实际需要,自主地安排公共支出,从而提高财政资金的使用效率。与此不同,如果中央政府需要刺激地方政府在某种公共服务上支出,那么指定用途的专项拨款会更有效,必要时还需要增加地方政府配套资金的条件。由此不难看出,指定用途的专项拨款,其目的并不在于,或并不主要在于为地方政府提供资金支持,而是旨在干预地方政府的某种(些)公共支出水平,使其达到中央政府所希望的水平。

党的十九大报告提出"建立权责清晰、财力协调、区域均衡的中央和地方财政关系"。建立区域均衡的中央和地方财政关系很大程度需要我国转移支付制度发挥相应的作用。随着我国财政事权及支出责任划分改革进程的推进,必然要求转移支付制度与财权、事权和支出责任划分相匹配。2016年12月23日,财政部部长肖捷在第十二届全国人民代表大会常务委员会第二十五次会议上所做的《国务院关于深化财政转移支付制度改革情况的报告》中指出:"经过近几年深入推进转移支付制度改革,尽管转移支付制度更趋完善,结构不断优化,资金使用效益明显提升,但受我国经济社会发展不平衡、城乡二元结构比较明显、政府职能转变不到位,以及中央与地方财政事权和支出责任划分改革刚刚启动、地方税体系尚未建立等多种因素制约,转移支付改革尚需继续推进。特别是与建立现代财政制度、推进国家治理体系和治理能力现代化的要求相比,现行中央对地方转移支付制度还存在一些差距和不足。"可见,相比事权划分,我国转移支付制度改革力度较大,也取得了一定成就,但转移支付制度还存在诸多不足,如转移支付改革与政府间事权和支出责任划分改革衔接不够等问题,需要不断完善。根据国务院下发的2016年49号文,到2020年,我国将基本完成主要领域改革，逐步规范化、法律化，形成中央与地方财政事权和支出责任划分的清晰框架。改革主要聚焦于各级政府运用财政资金提供基本公共服务的财政事权，明确并具体说明了"强中央、保地方、减共管"的改革思路。在现有财力分配格局条件下，财政事权的改革必然要求政府间转移支付制度与之相适应，所以现阶段转移支付改革与财政事权和支出责任划分改革如何有效衔接成为当下迫切需要解决的问题，而有关这方面的研究目前是一个崭新的课题，下一步需要重点探讨在当前"强中央、保地方、减共管"的事权改革思路下，结合中央与地方财力分配格局，深入探讨如何依据政府间不同领域事权及支出责任划分情况及事权的上划、下划范围的调整及共有事权分配比例的变动，调整转移支付规模、优化转移支付结构，促进公共服务均等化，提高转移支付资金的使用效力，使转移支付与事权划分相匹配。同时探索全面政府间事权划分改革的展开及与转移支付进一步改革的衔接问题。

5.2 结合不同产业税收贡献率调整产业结构，稳定税收收入

从产业发展和经济结构调整的角度来看，原有的税制将大部分第三产业排除在增值税的征税范围之外，对服务业的发展造成了极其不利的影响。这种影响主要来自三个方面。第一，由于营业税是对营业额全额征税，且无法抵扣，不可避免地会产生重复征税，进而扭曲企业的生产和投资决策。第二，由于企业外购服务所含营业税无法得到抵扣，企业更愿意自行提供所需服务而非

第二章 新的税收分享机制下北京产业结构与地方财力关系研究

外购服务,导致服务生产内部化,不利于服务业的专业化分工和服务外包的发展。第三,出口适用零税率是国际通行的做法,但由于我国服务业适用营业税,在出口时无法进行退税,导致服务含税出口。与其他对服务业课征增值税的国家相比,我国的服务出口由此易在国际竞争中处于劣势。

短期来看,在目前的流转税制度条件下,新的税收分享机制虽是一个暂时的方案,时限为两到三年,但现行分享机制对各个地方的产业结构还是有影响的,原来第二产业征收增值税,增值税中央分享75%,地方分享25%,第三产业征收营业税,全部归地方,新的分享机制实施后,现在的营业税改成增值税,五五分成。从地方政府增加财政收入的角度,可能会鼓励第二产业的发展,这样不利于第三产业的发展。在完善的财政体制下,各地区应进一步优化产业结构以增加地方财力。长远来看,应结合税率的变化及各行业税收贡献调整产业结构。调整第三产业内部结构,鼓励对地方税收贡献率大的行业的发展。

根据国家统计局数据,随着营改增的全面实施,服务业税收实现稳定较快增长。2016年全国税收收入(不包括关税和船舶吨税,未扣减出口退税)比上年增长3.3%。其中,第二产业税收收入比上年下降,而服务业税收收入增长6.6%,比全部税收收入增速高出3.3个百分点,高出第二产业税收收入增速7.3个百分点。服务业税收收入占全部税收收入的比重为56.5%,比第二产业占比高出13.2个百分点。服务业新增税收收入超过了全部新增税收收入,为全部税收收入的109.5%。我国服务业对税收的贡献最大。

第三产业中的一部分行业税收贡献率超出增加值贡献率一倍

123

以上。例如金融业增加值占 GDP 的比重为 5% 左右，但金融业税收占税收总额比重则高达 10% 左右；再如房地产业增加值占 GDP 的比重为 6% 左右，但房地产业税收占税收总额的比重高达 12% 左右。第三产业税收贡献度之所以提高，原因主要有三点。一是第三产业不仅行业数量多，而且部分行业扩张速率快。二是第三产业内的大部分骨干行业属于最终消费环节，税基宽，而且税收不可转嫁，例如不动产转让，房地产开发和建筑两个环节的销售额都要累加进入转让价，最终购房者承担税收的税基自然最大，税收也无法转嫁出去。商品零售、住宿和餐饮等都属此类情况。三是第三产业部分行业的规模扩张与第一、第二产业规模扩张有内在联动性，例如金融业，第一、第二产业特别是第二产业的扩张必然要求金融业扩张，这直接导致第三产业税收快速增长。

从理论上来看，第三产业的经营活动既是物质资料的耗费，又是第一、第二产业产品的增值，还具有服务第一、第二产业经营活动的功能。因此，第三产业税源点多面广，经济发展水平越高，第三产业税收占税收总额比重越高。

发达经济体的税收来源变动过程就是三大产业格局从第一、第二产业为主转向以第三产业为主，从而带动税收来源多元化的过程，其突出表现为 20 世纪 60 年代以后，第三产业税收贡献度大幅提升、直接税为主的税收结构逐步形成。例如 OECD 国家直接税占税收总额的比重在 1965 年时就达到 55%，1975 年后超过 60%。

北京"营改增"推进产业结构调整特别是推动第三产业发展的作用明显。自 2016 年 5 月 1 日全面实施"营改增"以来，北京四大行业减负和持平企业占 95.9%，实现了全面减负，减负额高达209.7亿元。"营改增"也加速了经济结构转型,2016年"新三板"落户北京挂牌公司超过5000家,总部企业数量净增70家达到了4007家。阿里巴巴北方运营中心正式签约落户北京。第三产业比重提高到79.8%。具体措施包括以下几点。

第一,具体到北京,从短期来看,由于北京第二产业占比较少,除了转移出去的第二产业外,应加强现有高科技的符合首都定位的第二产业的发展,科学处理京津冀产业转移中的税收分享问题。

第二,调整第三产业内部结构,提高金融、文化、科技产业对地方税收的贡献。

2016年,全年文化创意产业实现增加值3570.5亿元,比上年增长12.3%,占地区生产总值的比重为14.3%,比上年提高0.5个百分点。高技术产业实现增加值5646.7亿元,增长9.1%,占地区生产总值的比重为22.7%,比上年提高0.2个百分点。信息产业实现增加值3797.6亿元,增长10.1%,占地区生产总值的比重为15.3%,比上年提高0.3个百分点。2012年北京市第十一次党代会报告提出"十二五"期间初步形成科技创新和文化创新"双轮驱动"格局,逐步显现"首都优势"。两个产业占比还远未达到支柱产业水平,还需进一步依靠政策优势加快发展。积极贯彻落实创新驱动发展战略,推进首都"双轮驱动"发展格局加快形成。

第三,继续鼓励总部经济发展,加强对总部企业的管理服务工作,确保总部企业不流失,并吸引新的总部企业落户,加强对税收的贡献。第三产业总部是北京税收的主要贡献力量,金融业和信息计算机软件业是总部企业税收增长的主要带动行业。2016

年，财政收入前100名企业中72户企业为总部企业。总部企业贡献财政收入近40%，对财政收入稳定增长形成较强支撑力。金融业税源户质量较高，行业具备户大户少的特点，每增减一户对金融业地方级税收影响很大；租赁商务服务业、科学、研究、技术服务地质勘探业、信息计算机软件业的弹性系数大于1，表明这些行业总部相对敏感，每增加一户会较好带动地方级税收增长；房地产业、批发零售业总部的敏感度较低，增加或减少一户企业对地方税收影响较小。

北京总部经济税源建设面临如下问题。

第一，总部经济税源竞争明显加剧。一是国际层面的影响。美国等采取措施引导资本和产业回流，相应会对一些跨国企业产生影响。二是国家政策层面和政策的影响。中央先后出台一系列区域经济创新发展政策，如上海自贸区、天津滨海新区、深圳前海、雄安新区等专区优先政策，势必会影响一些总部企业因政策吸引而迁移。三是国内城市间的直接竞争。各城市均加大了对总部经济资源的重视和争夺，纷纷出台吸引总部企业落户的政策，且一些措施力度相当大，对北京总部经济税源必然形成一定压力。四是本市范围的内部竞争。各区县竞相给予总部企业落户财政返还奖励，导致经济税收的无序竞争，较大程度弱化了总部企业实际应有的贡献能力。同时，受环境、资源、土地和运行成本等因素的制约，一些核心区域企业集聚接近饱和，少数总部企业出现转移部分职能和业务重心的现象。综上所述，北京总部经济税源建设面临着多层次、全方位的竞争加剧态势。

第二，总部经济税源建设仍需加强。同上海、深圳等城市相比，北京总部经济税源建设有很多方面亟待加强。一是对发展总

第二章 新的税收分享机制下北京产业结构与地方财力关系研究

部经济的认识仍需提高。关联的实效研究仍然不够,甚至尚存在一些定位模糊和工作错位现象。二是总部经济发展能力仍需提高。经济开放度有待进一步提升,尤其是政府服务方面与一些城市还有一定差距。三是促进总部经济发展的部门协调联动仍需加强。如京政发〔2013〕29号文件的有效执行问题;政府部门间信息共享及分工协作问题;关联主体工作职责体系问题等。区域内总部经济发展不平衡,整体国际竞争力有待提升,一些制约性矛盾亟待破解,一些发展性政策有待深化。如核心总部经济区域需要加强引导以实现进一步升级;需要加强对总部企业的综合贡献分析评估;需要加强总部经济税收分析协作;对"空壳化"总部企业需要开展针对性治理;尤其是需要结合新时期首都城市战略定位和可持续发展要求,对全市总部经济整体结构进行优化升级,对一些加工型、仓储物流、劳动密集型等制约首都可持续发展的总部企业进行有序疏散转移,坚决退出不符合首都城市性质和功能要求的产业。

第三,总部经济税源优势仍待发挥。有关研究表明,北京总部经济增速仍低于上海,质量规模与香港、东京、新加坡市等国际城市存在较大差距。综合以上分析可知,其中一个重要原因是自身资源优势仍需充分发挥。一是北京作为全国首善之区,政治地位突出、科技信息发达、文化底蕴深厚、人才资源丰富,区位优势十分明显。加强总部经济发展,上述首都优势仍待深入挖掘,以吸引各类总部企业来京拓展市场,升级发展以及走向国际化。二是北京总部经济整体发展能力长期排名全国第一,尤其是创新能力和商务能力突出,十分需要将其进一步转化为助推首都总部经济做大做强的实际效力。三是北京人口规模庞大,消费需求巨大，创新动力强劲，社会管理有序，发展前景广阔，总部经济发展理应更快更强更大，因此应在首都转方式调结构和破解持续发展难题中进一步突出发展总部经济。四是北京市于1999年率先在全国出台《关于鼓励跨国公司在京设立地区总部若干规定》，2009年又对文件进行了完善，2013年9月10日正式印发《关于加快总部企业在京发展的工作意见》，经过多年探索实践，构筑了北京市发展总部经济的良好政策服务体系。结合实际，今后需进一步深化政策并加大宣传力度，通过发挥政策服务作用，促进北京总部经济加快发展。

第四，积极发挥政策服务作用。一是加大政策宣传力度，落实好《关于加快总部企业在京发展的工作意见》，加大挖掘首都资源优势和总部经济发展研究，努力形成具有北京特色的总部企业文化，不断扩大首都总部经济的影响力。二是根据不同类型总部企业的发展需求制定差异化财政倾斜、金融支持、人才引进等各种扶持政策，努力形成促进总部企业发展普遍化与个性化相结合的政策服务体系，增强总部企业在京落户吸引力。三是不断提升政策服务水平，积极借鉴新加坡市的成功经验，深化形成针对、灵活、有效的总部经济发展计划，并在此基础上形成完善的政策配套措施。四是围绕努力服务国家创新体系建设，加大引入大数据、云计算等创新科技企业，保持并增强对金融业、商务服务业等地方税收贡献较大类型总部企业的吸引力，规范提升批发零售、住宿餐饮、居民服务等生活服务类总部企业、搬迁、转移，取缔高耗能污染类企业，切实提升总部经济税源发展质量，促进首都产业发展与城市性质功能相协调，与人口资源环境的承载力相适应。

香港和新加坡市是亚洲有代表性的总部经济国际城市，两个城市具有简税制低税率、贸易便利、国际人才人力及地理港口优势。特别是香港，借助自由贸易、资金和信息流通，逐步健全法律制度，不断完善金融体系，持续优化市场环境，形成了金融、贸易、航运等世界中心地位的总部型经济。而新加坡市在发展总部经济过程中形成了完善的扶持政策体系，政策指向精准，发展成效显著。相比香港和新加坡市，北京市具有广阔的市场优势及独特的自身优势，但在金融税务、政府服务、国际化程度、发展软环境尤其差异化政策服务方面还存在一定差距。北京在基础条件、商务设施、研发能力和专业服务等方面优势突出。

通过分析2014年全国35个主要城市总部经济发展综合实力可知，北京、上海分别位列第一、第二位（见表2-13）。其中，北京在分项指标的基础条件、商务设施、研发能力、专业服务方面位列第一位，上海的政府服务、信息基础设施等优于北京。需要指出的是，北京环境质量分项排名明显靠后，仅得52.34分，排名17位。

北京总部经济基础好、存量多，成为名副其实的世界500强企业总部之都；科技创新中心功能完备，自主创新能力优势显著；商务设施品质不断提升，总部企业的商务承载力逐步增强；城市服务环境持续改善，与总部经济发展互为促进、相辅相成；国际开放程度较高，区域协同发展能力和水平有待提高。

北京作为国际化大都市和世界城市，总体来看开放程度较高，得分为78.18分，排在全国五个城市的第三位，仅次于深圳和上海。从两个分项指标看，北京国际开放水平较高，仅次于上海，居第二位，是跨国公司地区总部进入我国的重要首选地之一。相比之下，北京的区域开放程度有待提高，得分仅为65.31分，排在第六位。随着京津冀协同发展国家战略的加快实施，今后北京与津冀、环渤海区域乃至全国更大区域的经济社会联系与合作将会更加紧密与深入。

总部经济的发展需要有金融保险、会计法律、中介咨询、教育培训等各项服务业的强有力支撑，同时也离不开良好有序的公共服务环境。2014年，北京服务环境得分为92.45分，仅次于上海，排名第二。从两个细分指标看，专业服务分项得分为99.94分，居全国首位，优势突出。2013年，北京现代服务业特别是生产性服务业发展较快，其中金融业优势突出，实现增加值822.1亿元，占全市GDP的14.55%，租赁和商务服务业远高于其他城市。公共服务得分为84.96分，落后于深圳和上海，排在第三位，城市宜居、宜商环境进一步优化，社会和谐程度不断提高。

表2-13 北京、上海总部经济发展能力对比情况（2014年）

城市	综合实力		分项指标							
			基础条件		商务设施		研发能力		服务环境		开放程度
	得分	排名	得分	排名	得分	排名	得分	排名	得分	排名	得分	排名
北京	86.35	1	82.27	1	97.59	1	86.89	1	92.45	2	78.18	3
上海	83.23	2	75.47	3	96.75	2	80.85	2	94.37	1	83.21	2

资料来源：引自赵弘主编《中国总部经济发展报告2014~2015》，社会科学文献出版社，2015，第60~61页。

6 北京加快构建"高精尖"经济结构的财税政策建议

2015年以来，在《京津冀协同发展规划纲要》、《北京市加强科技创新中心建设总体方案》及《〈中国制造2025〉北京行动纲要》等顶层设计框架下,北京围绕"四个中心"战略定位,开始大力疏解非首都功能,同时着力构建"高精尖"经济结构。特别是2017年12月26日,北京出台了加快科技创新构建"高精尖"经济结构系列文件,为全市产业的新发展提供了"路线图"。

北京构建"高精尖"经济结构具备良好的基础:一方面,得益于科技创新资源的集聚效应以及中关村国家自主创新示范区税收政策效应,科技创新产业优势明显;另一方面,北京可以利用建设全国科技创新中心的机会,充分发挥科技创新引领高精尖产业发展的作用,加快培育新型产业和高科技产业,全面提升实体产业自主创新能力,汇聚支撑高精尖产业发展的新动能。但是,北京产业在创新发展过程中仍存在以下问题:一是适应产业创新发展需求的政策、机制等服务环境有待进一步提升完善,如随着财税体制调整、财政事权与支出责任划分等改革逐步推进,与全国科技创新中心建设工作相适应的财税政策和财政体制有待进一步完善;二是经济增长面临较大挑战,产业聚集度不够、引领性不强,高精尖产业还未形成聚集效应,短期内难以对增长形成较大支撑;三是支持高精尖产业的财税政策层次不够高、不够系统;四是现行中关村国家自主创新示范区税收政策对企业技术创新和升级改造发挥了较好的促进作用,但在执行中存在惠及面窄、优惠力度有限、政策门槛过高、配套政策不完善等问题;五是企业研发投入不高;六是区域协同发展工作仍需加强,在优化区域产业布局上缺乏有效的税收政策,各区产业的差异化、协同化发展水平仍需提升。

针对上述问题,需要从以下几方面进一步完善财税政策以促进北京高精尖产业发展。

第一，合理划分中央与地方建设全国科技创新中心的事权与支出责任。包括科技创新中心在内的首都"四个中心"建设是一项国家战略，当前迫切需要从国家层面进一步完善与"四个中心"建设工作相适应的包括政府间的事权划分、收入划分、转移支付制度建设在内的财政体制和财税政策。而事权划分是财政体制调整的基础，所以，首先应合理划分中央与地方（北京）建设全国"科技创新中心"的事权及支出责任，统筹规划包括中关村科学城、怀柔科学城和未来科技城在内的全国三个重大科技创新中心平台的建设。北京应加大与中央的协调力度，增加中央对全国科技创新基础研究的财政投入，逐步形成科技创新中心建设稳定支持机制。同时，北京应统筹多方力量推进科技创新中心建设，并紧紧抓住建设国家创新中心的契机，鼓励创新，为培育高精尖产业提供充分支撑，以加快构建"高精尖"经济结构。

第二，完善创业投资引导机制，充分发挥财政资金的投资引导作用，引导更多社会资金投入科技创新领域。创新财政资金使用方式，通过政府股权投资、引导基金、政府和社会资本合作（PPP）等多种市场化投入方式引导更多社会资金投入科技创新领域。在引导高精尖产业发展方面，当前，北京市政府已批准设立高精尖产业发展基金和科技创新基金，政府分别出资50亿元和200亿元支持高精尖产业发展，此外，北京财政还将设立绿色发展基金和融资担保基金。当前，应重点规范已有的各类引导基金管理，防范基金运作风险，规范有序地用好这一政策工具，最大限度发挥基金引导投资功能，优化创业、创新环境，促进科技创新成果转化及产业化升级；在科技创新基础设施建设方面，2016年，北京市政府开创性地采用PPP模式支持新型科研机构——北京市大数据研究平台建设投资。当前,北京科技创新中心建设仍面临诸多基础设施"短板",应借鉴已落地PPP项目的成功经验,进一步鼓励、积极推广PPP模式在更多科技创新领域基础设施建设中的应用。

第三,加大政府采购高精尖产品及服务力度,发挥市场引导作用。高精尖产品产业化的根本动力之一是市场需求,政府通过采购高精尖产品有利于产品开拓初期市场,有利于自主研发的创新产品产业化,发挥市场引导作用。当前北京市政府采购主要聚焦节能环保、绿色低碳、信息科技等领域,通过认定30项首购产品,以打破同类国外产品的垄断地位,激发企业创新活力。今后应根据创新产品研发情况适时扩大首购产品及服务的范围,尽可能覆盖包括新一代信息技术、集成电路、医药健康、智能装备、节能环保、新能源智能汽车、新材料、人工智能、软件和信息服务以及科技服务业在内的北京市重点发展的十大高精尖产业。特别是增加软件等创新产品和服务的首购、订购支持试点以支持高精尖产业发展。

第四,制定有利于创新驱动的先行先试税收优惠政策,促进高精尖产业发展。在落实现行的高新技术企业、小微企业各项税收优惠政策、中关村国家自主创新示范区税收政策及创业投资和天使投资有关税收优惠政策等税收政策的基础上,从以下两方面考虑制定有利于创新驱动的先行先试税收优惠政策,促进高精尖产业发展。首先,北京疏解非首都核心功能的产业和构建高精尖经济结构是京津冀协同发展国家重大战略的组成部分,需要从国家层面制定适应战略发展的区域税收优惠政策以支持区域协同发展。由于现行的与京津冀协同发展相关的税收政策在一定程度上存在缺失或缺陷，有必要对现有政策调整或研究出台新的先行先试的税收政策以推动产业转移对接、产业转型升级及创新产品研发，从而在京津冀协同发展进程中更好地发挥税收调控调节作用。其次，进一步完善现行中关村国家自主创新示范区税收政策，减少政策前置条件，降低政策适用门槛，适度提高优惠力度，降低研究开发费加计扣除政策门槛，支持企业加大研发投入，在促进科技成果转化、知识产权保护、通关便利化及解决束缚科研人员积极性问题等方面探索一批新的突破性政策，使相关政策惠及更多科技创新企业，充分发挥中关村示范区示范效应及引领支撑作用，对标国际一流构建高精尖经济结构。

第五，积极落实创新型总部企业奖励政策，支持在京创新型企业总部发展。总部经济是首都经济的重要基础，特别是在我国实施一系列减税措施、北京税收减收明显的背景下，总部经济对北京税收收入显示出明显的支撑作用，对财政收入稳定增长形成较强的支撑力。总部经济也是促进北京产业升级、推动经济发展方式转变的重要力量，是构建首都"高精尖"经济结构的主要力量。当前，北京市各级地方政府应积极贯彻落实北京市商务委员会等15部门于2016年3月4日印发《关于促进总部企业在京发展的若干规定实施办法》中的各项奖励规定，对于包括科技创新、文化创意等高端产业总部企业在内的首都城市战略定位相匹配的总部企业，以及为总部经济发展做出突出贡献的企业高端人才或团队，进一步优化奖励方式，提高奖励标准，提供更细化和优质的服务。

第六，进一步发挥财政政策调控作用，支持各区根据城市功能定位及区域优势，促进高精尖产业集聚发展。进一步加大市财政对企业迁出区财力损失的补偿力度,鼓励各区积极支持符合首都城市战略定位的企业根据市场需求和经营需要在本市范围内合理流动。加大财政转移支付、政府基金、税收征收奖励等激励政策力度,充分发挥财政政策的调控作用,增加区级可支配财力,支持各区根据城市功能定位及区域优势,鼓励企业创新发展、促进高端产业项目落地、引进高端人才、优化经济结构,形成各具特色及差异明显的区域发展格局;进一步加大市级政府统筹力度,统一推动产业疏解与创新发展,统筹谋划如何高效利用腾退空间发展高精尖产业,优化高精尖产业发展的空间布局。集中各部门资源,本着"全市产业向重点园区集聚、重点园区向主导产业集聚、主导产业向创新型企业集聚"的原则,推动产业集聚发展,促进高精尖产业形成聚集效应,引领及支撑北京未来经济增长。

7 新分享机制下促进北京地方财力增长的建议

2016年5月1日,"营改增"全面推开,第三产业总体减负成效显著,2016年5月至12月全国减税规模达4889亿元。减税的同时,改革对中央和地方的财力分配也产生了较大的影响。改革前,营业税为地方主体税种,除铁道部门、各银行总行、各保险公司总公司集中缴纳的营业税归中央外,其余的营业税收入归地方政府;而增值税作为全国第一大税种,属中央与地方共享税,中央与地方按75∶25的比例分享。营业税改征增值税后,新的税收分享机制实施,新征增值税收入改为由中央与地方五五分成。以2014年为例,按原分配方案,地方实际分成收入占全国增值税和营业税总收入的比重为56.38%,而按新分配方案,地方分成的两税收入占比降为50%，下降6.38个百分点。① 具体到各个省份，由于产业结构不同，各省份税收收入中增值税和营业税占比不同，改革后地方收入所受影响程度则不尽相同。北京由于第三产业占比高（2016年已达80.3%），居全国之首，"营改增"之前，地方财政对营业税依赖程度较高，"营改增"及新的税收分享机制实施后税收减收幅度较大。以2014年为例，新分成方案实施后，北京两税收入中地方实际分成占比由61.1%降为50%，下降11.1个百分点，下降幅度比全国平均水平（6.38%）高4.72个百分点。地方因增值税新分享机制减收的部分，虽然中央以2014年为基数，通过定额返还的形式给予弥补，但2015年之后增值税增量的分成损失则得不到弥补。新的税收分享机制实施后，在考虑中央对地方转移支付因素的情况下，北京是31个省份中损失最大的地区。原归属中央收入的在京各银行总行和保险总公司、中国铁路总公司、大秦铁路股份有限公司集中缴纳的营业税收入，改征增值税后，这部分收入改由中央与北京五五分成，但2014年这部分营业税收入只有80.7亿元，改革后北京从中受益约40.4亿元，仅占北京当年两税总收入（2808.4亿元）的1.4%，影响有限。且国务院决定从2018年5月1日起对纳税人发生增值税应税销售行为或者进口货物，原适用17%和11%税率的分别降为16%和10%，纳税人年销售标准由50万元和80万元上调至500万元，"营改增"减收效应将进一步显现（见图2-10、图2-11）。

---

① 由于2014年营业税仍然存在，测算假定"营改增"实施后两税总收入不变，实际两税收入会有一定幅度减收。

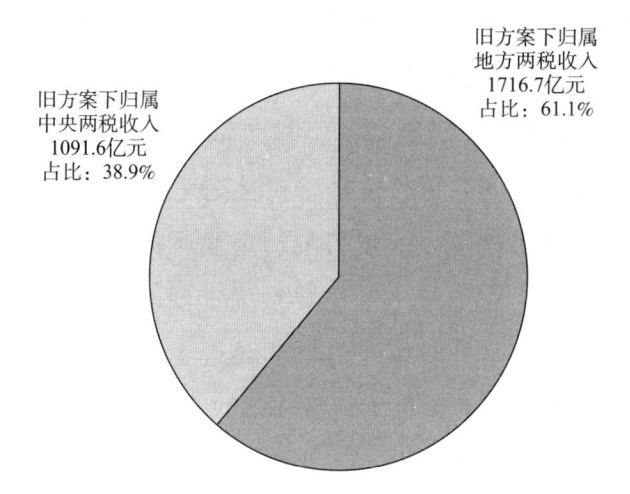

第二章 新的税收分享机制下北京产业结构与地方财力关系研究

旧方案下归属中央两税收入 1091.6亿元 占比：38.9%

旧方案下归属地方两税收入 1716.7亿元 占比：61.1%

图2-10 2014年旧方案分享下北京增值税营业税收入中央和地方分成情况

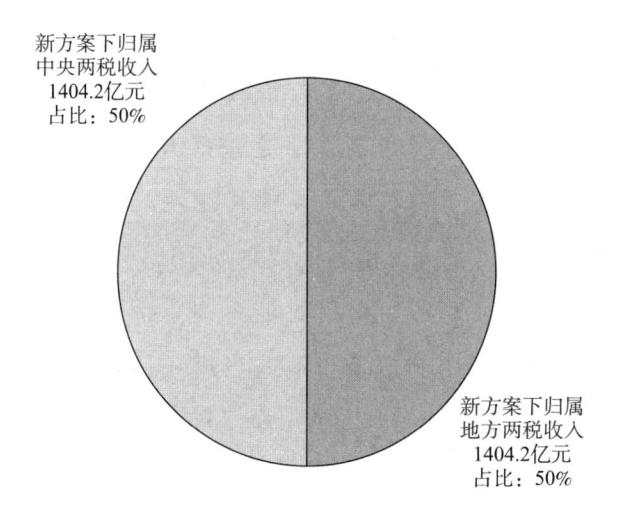

新方案下归属中央两税收入 1404.2亿元 占比：50%

新方案下归属地方两税收入 1404.2亿元 占比：50%

图2-11 2014年新方案分享下北京增值税营业税收入中央和地方分成情况

产业疏解是北京近几年税收减收的另一因素。据了解，京津冀协同发展战略实施三年来，河北累计签约引进北京商户23140户。另外，再加上近几年北京关停的高耗能、高污染、高耗水企业已达 1341 家，北京第二产业占比进一步降低，三次产业占比由 2008 年的 1∶23.6∶75.4 调整为 2016 年的 0.5∶19.2∶80.3。为了保障产业转移顺利推进，财政部、国家税务总局于 2015 年 6 月 25 日发布《京津冀协同发展产业转移对接企业税收收入分享办法》，规定迁入地和迁出地可以对增值税、企业所得税、营业税三税按 50∶50 比例分享。但这个办法主要是为了调动政府积极性，适用范围比较有限，只是针对由迁出地区政府主导、符合迁入地区产业布局条件的年均三大税种纳税额在 2000 万元以上的大企业，属于市场行为的自由迁移企业，则没有被纳入分享范围。

尽管北京在产业疏解的同时正加快构建高精尖产业结构，且大部分产业属于第二产业，但短期内还未形成集聚效应，难以对经济增长形成较大支撑。这样，"营改增"及产业疏解等政策产生的减税效应短期内会凸显，落实首都城市功能定位的支出需求剧增，与财政收入增长趋缓的矛盾则更加突出。北京税收减收呈现如下特点：总部经济对税收收入支撑作用明显；企业所得税占比高；金融行业税收贡献大。根据国税总局 2012 年第 57 号文，我国跨区经营的企业分公司的所得税要汇总到总部缴纳，总部地区政府再依据分公司缴税比例给予当地适当返还，最终分成结果为中央分成 60%，分支机构所在地分成 20%，总机构所在地分成 10%，10% 由财政部定期向各省市分配。截至 2016 年底，北京总部企业共计 4007 家，资产规模 123.9 万亿元，总部企业存量多、规模大，已成为北京税收收入的重要支撑，2016 年，全市实现财政收入前 100 名企业中 72 户为总部企业，且集中在金融业、信息服务业、商务服务业等优势行业，服务业比重已接近 80%，总部企业贡献财政收入近 40%，对财政收入稳定增长形成较强的支撑力;从北京税种构成来看,企业所得税收入占比较高。以2015年例,北京全部税收收入为12277.92亿元,各税种占比由高到低依次为企业所得税(51.4%)、增值税(17.8%)、营业税(10.9%)、个人所得税(9.7%)、房产税(1.2%),企业所得税占比已超过50%,是当年全国平均水平的两倍;从北京税收行业构成来看,金融业税收贡献最大。2015年,北京税收行业构成占比居前三位的依次为金融业(41.9%)、批发和零售业(13.3%)、制造业(9.3%)。北京金融企业的所得税对全部税收的贡献率较高,特别是在京总部金融企业所得税成为北京企业所得税的重要支撑。根据国务院2001年发布的《所得税收入分享改革方案》,2003年后,所得税收入由中央与地方六四分成,但包括四大国有银行在内的在京15家总部企业所得税全额归属中央收入,而这部分收入几乎占北京全部企业所得税收入的60%,所以,北京企业所得税地方实际分成比例只有15%,远远低于地方40%的理论分成比例。从税收最终分成结果来看,北京金融行业对中央财政的贡献较大,分成后对地方财政贡献则大打折扣,不及房地产行业。

新的税收分享机制实施后,从长远来看,需要配合中央,按照十九大报告提出的,围绕"权责清晰、财力协调、区域均衡"三个方面建立现代财政制度,进一步理顺中央与地方的财政分配关系,推进房地产税等地方税体系建设,除此之外,为了确保地方财政正常运行需求,有必要采取一些因地制宜的举措增加地方财力,具体措施包括以下几个方面。

第一,调整在京15家总部企业所得税的分成比例,补充地方财力。为防止地方财权与事权倒挂悬殊,降低地方在改革中的损失,在当下地方税以共享税为主的背景下,应合理调整共享税的央地分成比例，除了对增值税分成比例进行调整外，也需要跟进其他税种的分成改革，以补充地方财力保证地方政府职责的履行。就北京而言，建议适当参与在京 15 家总部企业所得税分成，这部分企业所得税规模较大，适当参与分成可以补充地方财力以缓解落实首都城市功能定位的支出需求剧增与财政收入增长趋缓的矛盾。

第二，加快培育新兴财源。首先，培育高精尖产业财源。北京是创新的重镇，创新可以激发社会创造力，促进经济发展的新旧动能转换，推动制造业转型升级，提高地方经济质量，进而提高地方财力。北京应持续完善配套政策措施，以建设"国家科技创新中心"为契机，鼓励创新，为培育高精尖产业提供支撑，加快高精尖产业发展，培养新兴财源。其次，应抓住当前我国金融对外开放机会，吸引外资金融机构落户北京，培育新兴财源。2018 年 4 月 10 日，习近平主席在博鳌亚洲论坛宣布我国将在金融业对外开放方面采取一系列重大举措，且政策会尽快落地。北京应抓住此次金融对外开放的机会，发挥自身金融发展优势，利用国际交往中心及金融管理中心区位优势，进一步优化金融发展环境，加强金融基础设施建设，积极吸引聚集各类外商金融组织在京落户发展，为培育财源奠定基础。

第三，进一步完善京津冀协同发展产业转移中的税收分享办法。北京在疏解非首都核心功能定位产业和加快发展高精尖产业的同时，迫切需要从国家层面完善相关法律制度，进一步完善京津冀协同发展产业转移中的税收分享办法，对各级地方政府已签订产业转移的企业税收收入分成协议进行规范；对市场主导的符合转入地发展规划的企业，适当予以省级地方政府自主权，建立

第二章　新的税收分享机制下北京产业结构与地方财力关系研究

多种方式的税收共享机制，以补充地方财力；建立京津冀省级税收共享的工作机制，就重大税收问题进行协商，就区域间税收利益争端协调解决，通过税收利益共享，促进三地产业健康发展；除了平衡横向的地区间税收利益外，在一体化过程中，中央财政应该考虑产业转出地面临的减收压力，建议通过专项转移支付给予支持。

　　第四，优化第三产业内部结构，鼓励对地方税收贡献率大的行业的发展。如金融业、科技服务业、商务服务业和信息服务业。特别是金融业，由于有着丰厚的利润，能够吸引高科技的关注和介入，科技将会对金融的物理形态、时空限制、传统的功能产生颠覆性的影响，将改变整个金融的业态，科技金融是中国金融变革的重要力量，也是实现普惠金融的必由之路。针对近年来北京传统金融增速趋缓，金融业盈利水平有所下降的局面，北京在继续做大做强总部金融的同时，应瞄准科技金融，创新和发展新兴金融业态，增强北京金融业的集聚效应和综合实力；优化金融监管环境，改革和调整监管重点，从资本不足风险过渡到资本不足和透明度风险并重，促进新兴金融业健康发展。

　　第五，继续鼓励与首都城市战略定位相匹配的总部经济发展。总部经济是首都经济的重要基础；是促进北京产业升级、推动经济发展方式转变的重要力量；是构建首都"高精尖"经济结构的主要力量。总部企业税收规模大，对所在地税收贡献也大，与国内外其他总部经济发达的城市相比，当前，北京市各级地方政府应积极贯彻落实北京市商务委员会等15部门于2016年3月4日印发《关于促进总部企业在京发展的若干规定实施办法》中的各项规定，进一步优化总部经济发展环境，充分利用北京作为服务业扩大开放综合试点城市等优势，积极吸引知名跨国公司区域总部及研发、运营、采购、结算中心落户北京城六区以外的本市行政区域；强化对总部企业的服务，支持在京创新型企业总部发展，鼓励既有总部企业增资本、扩功能、提能级。对与首都城市战略定位相匹配的总部企业，特别是科技创新、文化创意等高端产业总部企业，以及为总部经济发展做出突出贡献的企业高端人才或团队，进一步优化奖励方式，提高奖励标准，加大服务力度。

第三章
基于双重属性的文化产业安全问题研究

1 绪论

1.1 研究背景与研究意义

1.1.1 研究背景

在许多发达国家，文化产业不仅是该国文化的基本形态之一，而且越来越成为社会生产力的重要组成部分，并成为一个国家综合国力最直观、最具体的反映。谁占据了文化发展的制高点，谁就能在激烈的国际竞争中更好地掌握主动权。文化产业作为文化的有形载体，作为人类社会新的财富创造形态及其所产生的巨大倍数效应，日益引起国际社会的普遍关注，成为世界各国竞相抢占的战略高地。

近年来，我国文化产业呈现良好的发展态势，已成为国民经济新的增长点，在保增长、扩内需、调结构、促发展中发挥着重要作用。但同西方发达国家相比，我国文化产业发展明显落后。我国政府越来越重视文化产业的发展。党的十七大报告明确提出"激发全民族文化创造活力，提高国家文化软实力"的发展战略；

2009年9月，国务院颁布了《文化产业振兴规划》，文化产业开始成为国家重点扶持的战略性产业；2010年3月，国家九部委联合发布《关于金融支持文化产业振兴和发展繁荣的意见》，对文化产业进行具体扶持；"十二五"规划明确提出要推动文化产业成为国家支柱性产业，增强文化产业整体实力和竞争力；十七届六中全会提出，加快发展文化产业，推动文化产业成为国民经济支柱性产业；2012年2月，中央办公厅、文化部出台了《文化部"十二五"时期文化产业倍增计划》；2012年5月10日，《文化部"十二五"时期文化改革发展规划》正式发布，《文化部"十二五"时期文化改革发展规划》指出，将推动文化产业成为国民经济支柱性产业，并提出包括特色文化产业发展工程在内的九项重点产业工程；党的十八大强调指出，要使文化产业成为国民经济的支柱性产业；十八届三中全会进一步强调指出，建设社会主义文化强国，增强国家文化软实力。十八届五中全会指出要不断推进文化创新。2016年中央办公厅、国务院办公厅印发《关于进一步深化文化市场综合执法改革的意见》，文化市场综合执法改革进一步深化。2017年2月，文化部出台了《文化部"十三五"时期文化改革发展规划》，"十三五"时期是全面建设小康社会的决胜阶段，《文化部"十三五"时期文化改革发展规划》提出"十三五"时期的文化产业的发展目标和发展指标，繁荣艺术创作生产，构建现代公共文化服务体系，加强文物保护作用，推动文化产业成为国民经济支柱性产业，完善现代文化市场体系，提升文化科技支撑水平，加强文化人才队伍建设等多方面内容。2017年5月，中共中央、国务院办公厅印发了《关于加强文化领域行业组织建设的指导意见》，为了深化文化体制改革和创新社会治理体制，推动文化领域行业组织健康有序发展。党的十九大提出要坚定文化自信，推动社会主义文化繁荣兴盛要坚持中国特色社会主义文化发展道路，激发全民族文化创新创造活力，建设社会主义文化强国。2018年，文化部出台了首个专门针对数字文化产业的文件《关于推动数字文化产业创新发展的指导意见》，推动文化产业与互联网、数字技术的融合，促进文化产业在新的模式下创新发展。在此背景下，在总体利好政策的支持推动下，文化产业发展热潮进一步高涨。

文化产业被公认为21世纪全球经济一体化时代的"朝阳产业"。世界上越来越多的国家将文化产业作为一种战略资源加以开发。我国政府越来越重视文化产业的发展。十七届六中全会提出，加快发展文化产业，推动文化产业成为国民经济支柱性产业；党的十八大强调指出，要使文化产业成为国民经济的支柱性产业。要实现文化产业成为"国民经济支柱性产业"这一目标，首先就要保证文化产业的安全。与国民经济其他产业相比，文化产业是一种较为特殊的产业，既具有商品属性，也具有意识形态属性。这双重属性，使文化产业安全既关系到国家的意识形态安全，也关系到国家的经济安全。

1.1.2 研究意义

第三章的研究可以在一定程度上填补文化产业安全理论系统研究的空白，从理论上回答文化产业的基本属性和主要特点、文化产业安全的内涵界定、文化产业发展规律，为我国文化产业安全研究提供系统的理论支撑，同时也可以为我国文化产业的安全发展提供具体的可行性的对策建议。

1.2 国内外研究述评

文化产业既具有商品属性，也具有意识形态属性。这双重属性，使文化产业安全既关系到国家的意识形态安全，也关系到国家的经济安全。

1.2.1 国内研究现状

从国内来看，文化产业安全研究主要着眼于意识形态安全。以下学者的观点比较有代表性。胡惠林（2005）认为文化产业已经成为一种意识形态，具有特殊的国家文化安全意义，并从文化立法权、文化管理权、文化制度和意识形态选择权、文化传播和文化交流的独立自主权等方面阐述了国家文化安全的核心内容，提出建立国家安全预警系统和国家文化安全体系，加快推进国家文化外贸体制改革和国家文化创新能力建设，以大力促进我国文化产业发展、提高我国文化安全水平。黄旭东（2009）则提出了"文化产业的发展要受主流意识形态的影响，发展文化产业与维护主流意识形态的价值取向是紧密联系在一起"的观点。卢新德（2010）认为文化产业是意识形态安全的基础，意识形态只有依托文化产业的具体形态向全社会不间断地传播并被人们广泛接受时，才是安全的。王耀中、彭新宇（2011）从文化产业意识形态功能和经济功能的角度对文化产业安全做出了全面的定义，他们认为文化产业安全是基于文化安全的一种产业发展状态。欧阳有旺（2012）等主要从经济全球化趋势的视角下研究了文化产业在对外开放中存在的问题，并初步建立了以文化产业国际竞争力和对外依存度为主的文化安全模型体系。解学芳（2013）从分析"维护文化安全与发展文化产业"的"四大悖论"入手，提出维护文化安全与发展文化产业要遵循两个规律,即弘扬社会主流价值体系,从思想上确立维护文化安全的安全阀,坚持社会主义市场规律要求,大力发展文化产业,提升产业竞争力,从经济上增加文化安全系数。王永贵等(2013)提出要把"社会主义文化产业发展作为当代中国意识形态建设的重点来抓"。孙茜、王建平(2013)认为我国文化产业在经济全球化背景下面临很多挑战:西方发达国家对我国的文化入侵、跨国公司文化对我国文化企业的渗透、信息霸权主义对文化产业的垄断等。要构建文化产业安全体系,就要不断强化文化产业安全意识、建立完善文化产业安全法规、积极推进文化产业民营化过程、创建文化产业安全预警系统。高海涛、谢巍、宇文博(2014)认为我国文化产业发展存在诸多不安全问题,主要表现为区域之间发展不均衡,产业结构不合理,普遍存在小、弱、散、差四个方面的问题。要大力发展我国文化产业,维护产业文化安全,应构建现代文化产业体系,建立合理的文化所有制格局,培育有竞争力的文化市场主体,转变文化产业的发展方式,提升文化产业整体科技水平,积极应对国际文化产业市场的挑战。张娜(2014)认为研究文化产业安全问题要从文化产业的双重属性和两个效益出发,要遵循导向正确、市场畅通、社会效益第一、社会效益和经济效益兼顾、对外依存度低的发展原则;要坚持正确导向,让社会主义核心价值观体现在文化产品创作、生产、传播的各个环节;要提高艺术感染力和科技含量,不断增强文化产业和文化产品的吸引力、同化力、传播力、竞争力、控制力;要深化文化体制改革,完善文化产业政策法规,建设创新型文化产业人才队伍,在健全激励和管理办法等方面做好相关工作;要完善文化外贸政策,对外来文化产业、文化产品、文化资本的引进，坚持以我为主、为我所用、对我有利的原则，适当设置市场准入门槛，稳健地拓展文化产业市场，拓宽文化产业融资渠道，推动文化产业成为国民经济支柱性产业，在维护文化产业安全的同时，有效提升国际竞争力。曾荣平、侯景娟（2014）认为我国文化产业的意识形态创意产业化能力低下，文化科技创新能力有待加强且产业政策有效供给不足，不利于争取国外受众和提升意识形态吸引力。应将国外受众易于接受的文化元素融入本国主流价值观的文化产品，选择适宜我国的文化产业国际化发展战略，并建立意识形态安全与文化产业国际化和谐发展的协同创新机制、颁布实施国家意识的文化产业法律，建立中国文化产业国外市场传播意识形态的效果评价机制。蔡晓璐（2016）构建了评价中国文化产业安全的指标体系，并通过因子分析方法，为每个指标赋予合理权重。利用此评价体系，对中国文化产业2003~2012年的产业安全进行评价。评价结果表明，文化产业安全在2003年得分最低，之后八年小幅震荡。在2007年、2009年、2010年和2011年文化产业达到安全状态，2012年，其产业安全评估值有所下降。为进一步保障中国文化产业安全，应该完善文化产业发展环境、提升文化产业的国际竞争力、加强文化产业的产业控制力。范杨洲、周晓宏、贾强、惠光东（2016）认为维护文化产业安全是促进我国文化产业持续健康发展的必要保障。面对文化产业安全问题，应完善配套设施和管理体制，逐渐增强文化产业竞争力；调整文化产业结构，提高文化产业集中度；充分利用我国巨大的文化市场学习先进的技术，确保我国文化产业控制力；加强宣传教育，提高公众的产权保护意识；利用人口优势和政策优惠，增强文化创新能力。胡炜（2017）提出在开放的经济下如何保证文化产业的安全，如何实行战略部署，制定文化产业对外开放应当立足实际、戒骄戒躁、放眼全局，切实把握我国现有文化的发展水平制定文化产业对外开放战略措施，在我国文化水平具备一定竞争力的情况下，国家不宜采取保守措施，应当主动带领中国文化走出国门走向国际，与国外文化产业公平竞争，争取斩获有利的国外文化产业市场。黄妍妮、周晓宏、孔令池（2017）则从实证分析的角度，基于2001～2013年的数据，构建了文化产业安全评价体系对我国文化产业安全进行测度，实证研究文化贸易对文化产业安全的影响，研究结果表明我国文化产业安全度总体上呈上升趋势，文化贸易额对文化产业安全度有显著的正向关系，文化贸易额每增加1个百分点，就会推动文化产业安全度增加0.326个百分点。

1.2.2 国外研究现状

从国外来看，文化产业安全研究除着眼于意识形态安全以外，特别注重文化产业的国际政治战略功能研究。美国学者乔治·索罗斯（George Soros）指出，当文化融入产业，"成为一种舞台"，"上面就有了各种各样的政治和意识形态理论势力彼此交锋，而文化绝非什么心平气和、彬彬有礼、息事宁人的所在，要把文化看作战场，里面有各种力量崭露头角、针锋相对"。意大利共产党创始人之一葛兰西提出了"文化霸权论"，"文化霸权"指的是国家借助历史、政治和经济等力量，加强并运用文化力量制约和影响世界事务和其他国家内部事务。著名的美国国际关系理论家汉斯·摩根索提出"当今国际政治不仅以传统的政治压力和武力方法进行，而且在很大程度上是争夺人心的斗争"。1993年亨廷顿的"文明冲突论"表明未来世界国际冲突的根源将主要是文化的，而不是意识形态的和经济的，文明的冲突将主宰全球政治。他从文化本身深度为美国文化外交提供了强有力的理论基础，并昭示未来国际权利政治将从硬实力向软实力转移，国际交流的中心将从军事、经济和科技向文化转移。美国政治学家、宾厄姆顿纽约州立大学教授詹姆斯·彼得拉斯（James Petras）说得更明确："美国的文化产业有两个目标：一个是经济的，一个是政治的。经济上要为其文化商品攫取市场，政治上则要通过改造大众意识来建立霸权。"法国学者阿兰·德·伯努瓦（Alain de Benoist）从文化全球化角度深刻地揭示出资本主义销售的不仅是商品和货物，还包括标识、声音、图像、软件等，从而统治着想象领域，占据着交流空间。日裔美籍学者弗朗西斯·福山（FrancisFukuyama）指出，全球化使文化更直接与主权联结起来，发展中国家捍卫自己的文化也就是捍卫主权。美国学者约瑟夫·奈（Joseph S Nye）认识到美国统治全球的实力除了"硬实力"之外，还有一种"软实力"，即美国的文化和美国式的价值观在当今一个国家的文化中处于中心地位，别国就会自动地向它靠拢，倘若一个国家的价值观支配了国际政治秩序，它就必然在国际社会中居于领导地位。美国学者卡罗宁表明"如果说美国以往意识形态为构建政治交流的主要方式，那么现在取而代之的是对文化的认同"。安迪·C.普拉特（Andy C. Pratt）提出文化产业与以文化形式出现的物质生产中所涉及的各种活动有关系，它的巨大价值体现为涵盖内容的创意、生产输入、再生产和交易四个连环生产体系。大卫·赫斯蒙德夫认为文化产业通常是与社会意义的生产最直接相关的机构。

1.2.3 对已有研究的评述

纵观国内外研究现状，研究文化产业安全问题的文章主要着眼于意识形态安全和国际政治战略，提出了许多比较深刻的见解，为进一步研究提供了有益的参考和借鉴。但现有研究还存在一些不足。

第一，对文化产业安全没有明确、清晰的界定，部分研究把文化产业安全和文化产业意识形态安全画等号，这种窄化概念、忽略经济属性的做法，制约了文化产业安全研究领域的拓展，也直接影响了对保障文化产业安全实现路径的深入探讨。

第二，专门针对文化产业安全的论著很少，而在这些论著中，论及文化产业经济安全的则占了很小的比例，从意识形态属性和商品属性相结合的角度研究文化产业安全的更是凤毛麟角。

第三，缺乏定性与定量相结合的综合研究，大多限于定性式的描述分析，且缺乏调查研究分析。

第四，由于以上所指出的问题，已有研究所提供的维护文化产业安全的对策建议的可操作性有待提高。

2 文化产业安全的界定

2.1 文化产业的内涵

不同国家的产业政策中存在着文化产业、创意产业等不同的概念，尽管这几个概念经常互换使用，但各国在概念界定上的差异性隐含着政策导向的不同。世界各国发展文化产业的共同趋势在于加强文化产业与创意产业的相互融合，推动文化产业的兴起。因此，在进行文化产业政策的研究之前，有必要对文化产业的概念从实践的角度进行辨析。

2.1.1 国外对文化产业的界定

文化产业被称为低碳工业、朝阳产业，不断被世界各国定为支柱产业重点扶持发展。但国际上对文化产业的概念并没有统一的界定，鉴于不同的历史和文化背景，各国从不同的角度理解和使用这一概念。

美国将其定义为通过工业化和商品化的方式进行的文化产品和文化服务的生产、交换、传播；欧盟认为文化产业是制造、开发、包装和销售信息产品及其服务的产业，包括"各种媒介上所传播的印刷品内容、音像电子出版物内容、音像传播内容、用作消费的各种数字化软件等"。英国称之为"创意产业"（Creative Industries），是指"那些源自个人的创意、技能和才华，通过创造知识产权来制造财富、增加就业机会的活动"。法国沿用文化产业的概念，将文化产业定义为"传统文化事业中特别具有可大量复制性的产业"。联合国教科文组织（UNESCO）从文化产品的工业标准化生产、流通、分配、消费的角度将其定义为"文化产业就是按照工业标准，生产、再生产、储存以及分配文化产品和服务的一系列活动"。按照联合国教科文组织的定义，"文化产业"是指生产有形或无形的艺术性和创意性产品的行业。通过对文化资产的开发利用，文化产业可以提供以知识为基础的产品或服务，从而创造财富、增加收入。文化产业的产品具有共同的特点是都利用创意、文化知识和知识产权，生产具有社会文化意义的产品或服务。

2.1.2 我国对文化产业的界定

为适应社会主义市场经济发展的新形势，"文化产业"的概念在党的十五届五中全会上首次被提出，标志着文化产业对经济发展的贡献被党和政府所认可。区分文化事业和文化产业这一要求在党的十六大上被提出，强调要一手抓经营性文化产业，一手抓公益性文化事业，在文化产业发展中起到了里程碑的作用。国家文化软实力在党的十七大上被提出，增强、推动社会主义文化大发展大繁荣被提到战略高度，社会主义文化建设呈现出新一轮的高潮，对文化产业发展提出了新的要求。为应对国际金融危机爆发对经济社会的影响，国务院颁布了我国第一部文化产业发展专项规划——《文化产业振兴规划》，对新形势下文化产业的发展提出了新的指导思想、目标任务、重点项目、基本原则和扶持政策，标志着中央把发展文化产业提升为国家战略。2011年10月，提出了要在2016年内"推动文化产业成为国民经济支柱性产业"的历史使命，并提出文化产业要成为国民经济支柱性产业。党的十七届六中全会发布了《中共中央关于深化文化体制改革推动社会主义文化大发展大繁荣若干重大问题的决定》，党的十八大高度重视文化建设，明确了"文化软实力显著增强"要作为2020年实现全面建成小康社会的目标。

从2012年起，社会各个方面的力量在政府的主导下，共同实现建设"现代文化产业体系"的重大任务，人民的积极性广泛地被调动起来。在文化部的《"十二五"时期文化产业倍增计划》和国务院的《国家"十二五"时期文化体制改革和发展规划纲要》的引领下，各省市各自的文化产业发展规划纷纷出炉。为了推进文化体制改革，推动经营性文化单位转企改制走向市场，中央专门成立文化企业国有资产监督管理领导小组办公室。为了支持文化产业的发展，财政部、税务总局等国家部委纷纷出台相关政策。2012年，国家统计局推出重新修订的《文化及相关产业分类》统计制度，明确了文化产业的范围，并对我国文化产业进行了重新定义，提供了一个更为科学的、统一的标准，对规范文化产业具有重要意义。由此可见，促进文化产业发展已经成为国家的行动，文化产业的发展已经被提升到国家发展战略的高度，文化产业的发展面临着前所未有的机遇。

修订后的"文化及相关产业"的定义完善为"社会公众提供文化产品和文化相关产品的生产活动的集合"，并在范围的表述上对文化产品的生产活动（从内涵）和文化相关产品的生产活动（从外延）做出解释。

根据这一定义，文化及相关产业包括了四个方面的内容：第一，文化产品的生产活动，即以文化为核心内容，为直接满足人们的精神需要而进行的创作、制造、传播、展示等文化产品（包括货物和服务）的生产活动；第二，文化产品的辅助生产活动，这是为实现文化产品生产所必需的；第三，作为文化产品实物载体或制作（使用、传播、展示）工具的文化用品的生产活动（包括制造和销售）；第四，文化专用设备的生产活动，即为实现文化产品生产所需专用设备的生产活动（包括制造和销售）。其中文化产品的生产活动构成文化及相关产业的主体，其他三个方面是文化及相关产业的补充。具体到文化产业的分类，根据管理需要和文化生产活动的自身特点，修订后的《文化及相关产业分类》将文化产业分为10个大类，分别是新闻出版发行服务、广播电视电影服务、文化艺术服务、文化信息传输服务、文化创意和设计服务、文化休闲娱乐服务、工艺美术品的生产、文化产品生产的辅助生产、文化用品的生产、文化专用设备的生产（见表3-1）。这一分类以《国民经济行业分类》为基础，兼顾部门管理需要和可操作性，借鉴了联合国教科文组织的《文化统计框架—2009》的分类方法，在分类中更注重凸显文化产业的文化特征，将新生的文化业态和与文化产业定义较为符合的生产活动都纳入了分类。

表3-1 我国文化及相关产业分类

文化产业		具体内容
新闻出版发行服务	新闻服务	新闻业
	出版服务	图书出版、报纸出版、期刊出版、音像制品出版、电子出版物出版、其他出版业
	发行服务	图书批发、报刊批发、音像制品及电子出版物批发、图书、报刊零售、音像制品及电子出版物零售
广播电视电影服务	广播电视服务	广播、电视
	电影和影视录音服务	电影和影视节目制作、电影和影视节目发行、电影放映、录音制作
文化艺术服务	文艺创作与表演服务	文化创作与表演、艺术表演场馆
	图书馆与档案馆服务	图书馆、档案馆
	文化遗产保护服务	文物及非物质文化遗产保护、博物馆、烈士陵园、纪念馆
	群众文化服务	群众文化活动
	文化研究和社团服务	社会人文科学研究，专业性团体（的服务）：学术理论社会团体的服务、文化团体的服务
	文化艺术培训服务	文化艺术培训，其他未列明教育：美术、舞蹈、音乐辅导服务
	其他文化艺术服务	其他文化艺术业

文化产业		具体内容
文化信息传输服务	互联网信息服务	互联网信息服务
	增值电信服务（文化部分）	其他电信服务：增值电信服务（文化部分）
	广播电视传输服务	有线广播电视传输服务，无线广播电视传输服务，卫星传输服务：传输、覆盖与接受服务、设计、安装、调试、测试、检测等服务
文化创意和设计服务	广告服务	广告业
	文化软件服务	软件开发：多媒体、动漫游戏软件开发；数字内容服务：数字动漫、游戏设计制作
	建筑设计服务	工程勘察设计：房屋建筑工程设计服务、室内装饰设计服务、风景园林工程专项服务设计
	专业设计服务	专业化设计服务
文化休闲娱乐服务	景区游览服务	公园管理，游览景区管理，野生动物保护：动物园和海洋馆、水族馆管理服务，植物园管理服务
	娱乐休闲服务	歌舞厅娱乐活动、电子游艺厅娱乐活动、网吧活动、其他室内娱乐活动、游乐园、其他娱乐业
	摄影扩印服务	摄影扩印服务
工艺美术品的生产	工艺美术品的制造	雕塑工艺品制造、金属工艺品制造、漆器工艺品制造、花画工艺品制造、天然植物纤维编制工艺品制造、抽纱刺绣工艺品制造、地毯挂毯制造、珠宝首饰及有关物品制造、其他工艺美术品制造
	园林、陈设艺术及其他陶瓷制品的制造	园林、陈设艺术及其他陶瓷制品制造：陈设艺术陶瓷制品制造
	工艺美术品的销售	首饰、工艺品及收藏品批发、珠宝首饰零售、工艺美术品及收藏品零售

第三章 基于双重属性的文化产业安全问题研究

续表

文化产业		具体内容
文化产品生产的辅助生产	版权服务	知识产权服务：版权和文化软件服务
	印刷复制服务	书、报刊印刷、本册印制、包装装潢及其他印刷、装订及印刷相关服务、记录媒介复制
	文化经纪代理服务	文化娱乐经纪人、其他文化艺术经纪代理
	文化贸易代理与拍卖服务	贸易代理：文化贸易代理服务；拍卖：艺（美）术品、文物、古董、字画拍卖服务
	文化出租服务	娱乐及体育设备出租：视频设备、照相器材和娱乐设备的出租服务，图书出租，音像制品出租
	会展服务	会议及展览服务
	其他文化辅助生产	其他未列明商务服务业：公司礼仪和模特服务、大型活动组织服务、票务服务
文化用品的生产	办公用品的制造	文具制造、笔的制造、墨书或墨汁制造
	乐器的制造	中乐器制造、西乐器制造、电子乐器制造、其他乐器及零件制造
	玩具的制造	玩具制造
	游艺器材及娱乐用品的制造	露天娱乐场所游乐设备制造、游艺用品及室内游艺器材制造、其他娱乐用品制造
	视听设备的制造	电视机制造、音响设备制造、影视录放设备制造
	焰火、鞭炮产品的制造	焰火、鞭炮产品制造
	文化用纸的制造	机制纸及纸板制造：文化用机制纸及纸板制造、手工纸制造
	文化用油墨颜料的制造	油墨及类似产品制造，颜料制造：文化用颜料制造

续表

文化产业		具体内容
文化用品的生产	文化用化学品的制造	信息化学品制造：文化用信息化学品的制造
	其他文化用品的制造	照明灯具制造：装饰用灯和影视舞台灯制造；其他电子设备制造：电子快译通、电子记事本、电子词典等制造
	文具、乐器、照相器材的销售	文具用品批发、文具用品零售、乐器零售、照相器材零售
	文化用家电的销售	家用电器批发：文化用家用电器批发、家用视听设备零售
	其他文化用品的销售	其他文化用品批发、其他文化用品零售
文化专用设备的生产	印刷专用设备的制造	印刷专用设备制造
	广播电视电影专用设备的制造	广播电视节目制作及发射设备制造、广播电视接收设备及器材制造、应用电视设备及其他广播电视设备制造、电影机械制造
	其他文化专用设备的制造	幻灯及投影设备制造、照相机及器材制造、复印和胶印设备制造
	广播电视电影专用设备的批发	通信及广播电视设备批发：广播电视电影专用设备批发
	舞台照明设备的批发	电气设备批发：舞台照明设备的批发

2.1.3 文化产业的内涵分析

国外创意产业的蓬勃发展，引起我国对规划发展文化产业的兴趣。中国政府21世纪初启用文化产业概念以来，地方政府特别是发达地区陆续提出和运用文化产业概念。

2002年，我国台湾地区采用文化产业的概念，将其定义为"源自创意或文化积累，透过智慧财产的形式与运用，具有创造财富与就业机会潜力，并促进整体生活提升之行业"。香港大学文化政策研究中心认为，创意产业是一个经济活动群组，开拓和利用创意、技术及知识产权以生产并分配具有社会及文化意义的产品与服务，更可望成为一个创造财富和就业的生产系统。我国台湾和香港地区对文化产业的定义显然参考借鉴了英国政府文化媒体体育部创意产业工作组1998年的研究报告《创意产业规划图》。该报告将创意产业定义为"源于个人创造力、技能和才华，通过知识产权的生成和取用，可以创造财富并提供就业机会的产业"。文化中心北京将文化产业定义为以创作、创造、创新为根本手段，以文化内容和创意成果为核心价值，以知识产权实现或消费为交易特征，为社会公众提供文化体验、具有内在联系的行业集群。经济中心上海认为，文化产业是文化产业和创意产业融合发展的结果，是综合文化、创意、科技、资本、制造等要素的一种新业态，具有创新、融合、开放的产业特征。在我国各地的产业政策中尽管也存在着文化产业、创意产业的区别，但多数情形下称之为文化产业。国内有学者认为创意产业是文化产业发展到一定阶段、上升到新的阶段的必然结果和产物。

关于文化产业的内涵，有学者认为，文化产业不是传统意义上的文化产业，而是由"文化+智力（创意）+科技"这三者深度结合形成的产业集群，是文化与经济的融合发展。事实上，"文化产业"的称谓本身就包含了文化、创意和产业三个内容，三者共同构成了文化产业的内涵。文化与产业联姻，用创意作纽带。具体地说，其内涵表现在以下三个方面。

（1）以文化为基础

文化产业承载着文化内涵，能够突出体现文化本质，因而文化为创意划定了边界。文化产业中的创意必然来源文化元素或包含文化元素，并且创意并不是对传统文化资源的简单复制，而是借助科技与艺术手段对文化资源的创新与提升。

（2）以创意为核心

创意是思想、是灵魂，对文化产业的发展起到核心带动作用。创意决定了产业的内容、性质和运作方式。创意是由两方面构成的：首先是内容的创新；其次是形式的创新。创意表明文化产业是以人的创造性和智慧作为创意产品生产的核心要素。

（3）以经济和产业化为手段

文化产业以文化为基础，以创意为核心，但是文化与创意本身必须经历一个产业化的过程，才能够成为市场上供消费者消费的产品或服务。同时，文化产业的产业属性越来越明显，文化与创意的产业化推动生产力不断发展，而生产力发展又蕴含着新的文化，文化与经济呈现一体化发展的态势。这就赋予文化创意的经济属性，即其具备大规模市场化的潜力。文化与创意可以通过产业链的形成和延伸创造巨大的市场价值，同时有助于产业结构的优化、升级。

简而言之，文化产业的内涵是以文化为资源基础，在特定的经济水平、制度环境下，以创意为手段，以市场化、产业化为发展目标，从而为社会创造丰富的财富。文化产业并不是文化、创意与产业的简单结合，三者之间相互联系、相互渗透，形成一个互动的系统。值得注意的是，文化产业不具有单一的产业属性和产业形态，是跨行业、跨部门、跨领域融通的产业概念。它通过自身特定的运作方式,促成不同领域、行业的合作,是第二、第三产业充分发展、融合的结果,有助于产业结构升级。

在社会各界热议文化产业的同时,中央也在不断探索把发展文化产业的理念逐步融入实践。2006年9月,《国家"十一五"时期文化发展规划纲要》先后12次提及"文化创意",着手规划产业发展思路,文化产业开始进入国家宏观政策视野。2009年9月,国务院颁布的《文化产业振兴规划》强调:"文化产业要着重发展文化科技、音乐制作、艺术创作、动漫游戏等企业,增强影响力和带动力,拉动相关服务业和制造业的发展。"这意味着文化产业作为一种新型产业形态得到国家进一步的重视。2010年10月,"促进文化产业发展"写入《国务院关于加快培育和发展战略性新兴产业的决定》,将文化产业提升到国家重点发展的战略性新兴产业行列。

2.2 文化产业的双重属性分析

文化产业具有双重属性,即商品属性和意识形态属性;具有两个效益,即经济效益和社会效益,如图3-1所示。

从商品属性来看,文化产业是以文化作为资源进行生产,向社会提供文化产品和文化服务的产业形态,以追求经济效益最大化为目的。从这个意义上来讲,文化产业的繁荣发展能够极大地增强一个国家的硬实力。从意识形态属性来看,文化产业以价值观念为灵魂,具有巨大的社会效益,会对社会经济产生反作用,与国家政治发生相互作用,是国家文化软实力的重要来源。

随着文化与经济的日益融合,文化产业的双重属性和双重效益紧密结合,共同塑造着当今的物质世界和社会景观。正确认识文化产业的双重属性对于文化产业政策的制定与创新具有重要的理论与实践意义。

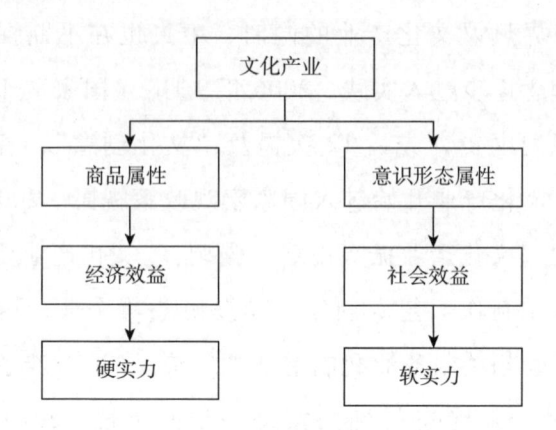

```
          文化产业
         /      \
    商品属性    意识形态属性
       |          |
    经济效益    社会效益
       |          |
     硬实力      软实力
```

图 3-1 文化产业的双重属性和两个效益

2.2.1 意识形态属性和社会效益

文化商品和服务的一个根本特征是，它们不像咖啡壶、汽车或银行卡那样只是具有一种实用功能，它们在本质上还是价值观的携带者。文化产业具有意识形态的特殊使命，属于上层建筑的范畴，能够反映社会的经济基础，体现社会的主体意志，对人们的思想、意识乃至行为产生潜移默化的教化功能；是传播文化诉求和政治诉求的有效载体，能够传承一个国家的价值观念和审美标准，附加思想性、观念性的内容。文化产品的传播和交流能够表达国家立场、价值主张、民族声音，展示国家形象、国民形象，开展文明对话，是推动国家文化软实力建设的、被广泛认同的重要途径。所以，美国学者约瑟夫·奈很早就认识到文化产品在实现国家意识形态方面的独特影响，他说："流行文化中当然不无琐屑与凑热闹的成分，但一个占据着流行文化传播通道的国家有更多的机会传达自己的声音并影响他国的选择则是千真万确的。"美国、日本、欧洲等发达地区高度重视文化产业在实现国家话语和国家利益方面的独特功能，并把发展文化产业作为增强国家文化软实力的重要战略，充分用其推广自己的意识形态和价值体系。可以说，一个国家文化产业的发展水平对一个国家意识形态的安全有着直接的、重大的影响。从一般意义上来讲，一个国家文化产业实力越强，这个国家的意识形态相对就越安全；反之，文化产业实力越弱，国家意识形态安全程度就越低。

2.2.2 商品属性和经济效益

文化产业是文化走向市场的产物，是文化创意的产业化，必然受市场经济规律的约束，具有商品属性。文化创意的产业化决定了文化产业要生存发展，必然以利润、产品的价值补偿和增值为目标，即必须追求经济效益。如果没有利润、不重视经济效益，产业就无法实现投入—产出，再投入—再产出的良性循环，就无法保证基本的生存，最终要在市场竞争中被淘汰。此外，文化产业的发展也要遵循资本的本性，只有重视产业的经济效益，才能吸引资本的投入，这是文化产业生存发展的物质基础与保证。

文化产业的商品属性带来的经济效益可以增强一个国家和地区的硬实力，而其文化软实力主要依托其意识形态属性和社会效益，以发挥其吸引力、影响力和渗透力，但这些软实力的发挥，要以文化产业的商品属性和经济效益为基础。如果无法保证文化产业生存发展所要求的基本利润，产业就无法生存，也无法发展壮大，更无法释放其所蕴含的社会效益。在此需要强调的是，必须重视文化产业的意识形态属性，只有创作、生产和传播陶冶情操、激励进取、开阔视野、启迪智慧、观念先进、内容科学的文化产品，才能更好地教育人民、引领风尚、服务社会、推动人类文明的发展和进步；才能获得我们所需要的文化产业社会效益。先进文化产品的意识形态属性能否产生更大的社会效益，取决于其商品属性如何。只有艺术性强、科技含量高、受众喜闻乐见、抓眼球、卖点大的先进文化产品，才能更多更广地得到传播，获得更大的经济效益，而在此过程中也能使其社会效益最大化。如果文化产业总赔钱，那就必然会使产品减少、市场萎缩，无论多么优秀的文化产品，也都会因为数量受限，而使其影响面大大缩减。

2.3 文化产业的基本特征

2.3.1 创意性

文化产业不同于一般产业，其生产的文化产品具有以内容为核心的特点。"创意为王"是文化产业的内在要求，不少国家认为文化产业和创意密不可分，如英国就直接将文化产业叫作创意产业，这表明了创意之于文化产业的特殊重要性。文化产业的内容生产与物质产品的生产差异较大，内容生产是一种高度个性化的生产，需要生产者具有较高的创意性。创意性既是市场经济供求关系的客观要求，又是对文化内部发展规律的遵循。

从文化生产者的角度来看，内容生产必然会受到生产者自身生活体验、文化背景、教育程度、民族习俗、宗教信仰等因素的影响，不可避免地带有生产者自身的理解和情感，所以文化产品的内容具有较强的主体性。生产者一方面想要通过文化产品实现经济效益，另一方面也希望自己的思想和才华为受众所认可和喜欢，而千篇一律的内容在文化市场上是没有吸引力的，生产者必须通过创意性思考使自己的文化产品能够独具特色、与众不同。

虽然文化产品也需要借鉴吸收前人的有益经验和成果，但其是一种创新性劳动，绝不能依靠简单的重复生产，而应以饱满的激情创作出文化市场上标新立异、独具匠心的高品质文化产品。文化产品具有自主知识产权，其生产是一个创新性研究与发明的过程，不可重复性、不可替代性是文化产品生产的重要原则。而物质产品具有标准性、可替代性，主要依靠重复的、大量的生产扩大规模，尽管物质产品的初始设计和更新换代需要创意思维，但其生产周期中的大部分劳动是较为简单的重复性劳动。

从消费者的角度来看，文化产品的使用价值在于提供同类产品所不具有的独特文化体验，因而文化产品的内容必须具有创意性。消费者在体验某种文化产品之后，往往会对与之类似的、缺乏新意的同类产品没有兴趣。试想一部小说或一部电视剧与已有的文化产品基本雷同，其生产的内容对于消费者而言就是没有使用价值的，这种产品是没有市场的。况且消费者的文化需求随着时代的进步和自身审美的发展不断变化，不同品位的消费者也需要不同风格的文化产品，文化产品的内容不能一成不变，而应当根据时代主题和消费者偏好将文化创意融入产品内容，经常性地更新产品内容、翻新产品形式以增强其吸引力，不断追求文化产品内容的新颖性、独特性、鲜活性。可以说，文化产品的创意性高低在很大程度上决定了其对于消费者的使用价值的大小，文化产业的生命力就在于创意性。因此，文化产品的生产方式和文化市场的消费需求都使文化产业追求创意，要关注产品内容、产品载体等方面的创新性。

2.3.2 高风险性

较一般的物质产品而言，文化产品市场需求的不确定性更大，对市场的预测难度也更大，所以文化产业具有高风险性。

从供给与需求的关系来看，文化产品、文化服务的供给与需求呈现出一种双向互动的关系。文化产业的实质是一种内容产业，文化产品和文化服务所指向的是人们精神层面的需求，而精神层面的需求弹性较大，这种需求的可替代性较强，人们对文化产品及服务的选择空间很大。一定时期人们的文化产品和服务的需求不仅受物质生活的影响，而且受当时社会风尚与文化潮流的影响，这种精神文化需求的产生和变化比物质产品需求更为复杂。文化产品和文化服务一方面受到社会文化潮流的引导，另一方面也影响和改变着文化潮流，即文化企业供给的创新产品和服务会培育文化市场的新需求。可见，文化产业中的供求关系具有一定的特殊性，既反映了传统经济中需求引致供给的模式，也体现了以创意文化供给创造新需求的模式。所以，文化产品及服务的供给和文化市场的需求是一种新型互动关系，这也使文化市场的需求更难以预测，增加了文化产业的风险性。

从文化消费需求的特点来看，文化产品及服务消费需求的不确定性和个体差异性较大。随着物质生活水平的日益提升，人们的精神文化需求也逐渐增加，但是这种需求的具体指向与影响因素是需要深入分析的。精神文化需求的弹性较强且处在不断变化之中，企业生产何种文化产品、提供何种文化服务来满足市场的精神文化需求是不确定的。而且，教育程度、职业背景、民族传统、区域文化、宗教信仰等对人们精神文化需求的影响较之对物质需求的影响更大，人们的精神文化需求呈现出明显的个体差异性。不确定性和个体差异性都将导致市场需求难以预测，使得文化产业的风险性增加。

从文化产品及服务的交易来看，由于文化产品自身特殊的生产过程和价值标准，在市场交易过程中出现价格和价值相背离的情形，这也导致了文化产业的高风险性。文化产业对创意的要求较高，文化产品的内容生产过程离不开创意思维和创新活动，而这其中所耗费的社会必要劳动时间则难以运用一般的经济学理论进行计算。文化产品及服务除了具有经济价值外，还包含艺术价值与审美价值，要准确评判这些非经济价值的难度较大。此外，受到审美水平、文化素质等因素的影响，一些娱乐性强而艺术价值不高的文化产品可能在市场上受到追捧、价格高于其真正价值，而艺术价值较高的文化产品也可能因为市场营销、文化认同等原因遭到冷落，使其价格低于其真正价值，这种价格偏离于价值的情形势必会增加文化产业的市场风险。

2.3.3 可持续发展性

内容生产是文化产业的核心，其生产所需的资源主要是人力资源和智力资源，而不是像一般经济产业高度依赖于物质资源的消耗。虽然文化产品的生产过程也有制造流程，但可以通过提升创意、优化设计增加产品附加值，把对自然资源的消耗程度降到最低。在消费过程中，消费者对文化产品的体验一般不会对生态环境造成破坏，不会对大气、水源、土壤造成污染。不同于一般的物质生产部门，文化产业的发展壮大主要依赖于人力资源、创意要素、高新技术的投入，而对物质资源的需求相对较少，其发展并不会造成自然资源的大量消耗。文化产品的生产主要是内容生产，其消费主要是体验消费与精神消费，所以其生产过程和消费过程基本上不会对生态环境造成不良影响。可见，与其他经济产业相较，文化产业对物质资源的消耗更低，对生态环境的破坏更小。

除此之外，作为内容产业，文化产业发展所需的文化内容资源是可持续的，是不会枯竭的。其实，文化产品的生产及消费过程也是一个生成新的文化内容资源的过程。比如，迪士尼动画片的生产及消费为相关的文化产业带来了新的文化资源，随着迪士尼动画片的热映，迪士尼电影、迪士尼玩具、迪士尼主题公园纷纷应运而生。可见，文化产品的生产开发和消费利用并不会使文化资源日趋枯竭，反而能促进新的文化资源的生成。

就文化产品的需求来说，它会随着经济水平的提高而不断增加，物质生活水平提高后人们对于精神文化方面的需要更加迫切。在产业结构转型升级和加强生态文明建设的背景下，文化产业低环境污染、低资源消耗、高智力含量的特点使之具有蓬勃的活力，是名副其实的 21 世纪可持续发展产业。文化产业可持续发展的特点已逐渐成为世界各国的共识，加之制造业、冶炼业、加工业等传统产业消耗资源、破坏环境等弊端随着经济的发展日渐凸显，不少发达国家纷纷制定相关的文化产业战略，将文化产业作为未来可持续发展的重要产业大力建设。

2.3.4 外部性

文化产业的外部性是指某一个体的文化产品消费行为会通过一系列社会互动对其他人群产生正面效应或负面效应，从而影响整个社会的价值观念和行为模式，但这种影响并不是通过市场价格机制来体现的。要注意的是，文化产品既可能发挥正外部性，也可能发挥负外部性。

依据文化产品外部性方向的不同，可将具备正外部性的文化产品称为公益品，将具备负外部性的文化产品称为公害品。正外部性的文化产品除了带给消费者本人精神享受、情操陶冶等正能量外，还可以增加其他群体的效用，即促进社会的福利。正外部性的文化产品会带来"社会化收益"，消费这种文化产品并将其中正确的价值观念和行为准则传播出去，则会对其他人群施加积极正面的影响；正外部性的文化产品也会带来"同伴效应"，具有正能量的、富有创意的文化产品会激发其他文化产品、其他文化活动的创造和开展；正外部性的文化产品还会带来"未来效应"，优秀的文化产品中蕴含着一个时代优秀的思想文化，这种思想文化在文化产品的消费和接纳中一代代传承，推动后代产生更多有价值的文化和有创意的文化产品。负外部性的文化产品，例如低俗、媚俗、迷信、虚假的文化产品，它们的危害不仅限于对消费者个人精神世界的毒害和价值观念的误导，还会破坏社会风气、降低文化品位。

2.4 文化产业安全内涵界定

文化产业是21世纪的朝阳产业，自20世纪90年代以来，已成为全球发展最快的产业之一，目前文化产业已成为许多发达国家国民经济的重要支柱产业。美国文化产业年产值约占美国GDP的25%，其产品出口已经超过航空航天业，成为全美第一大贸易出口产品；日本的娱乐业产值也仅次于汽车工业；加拿大的文化产业规模超过农业、交通、通信及信息产业。即使在金融危机席卷全球的同时，全球的文化产业仍然逆势上扬，文化创意产品与服务的世界出口额仍保持自2002年以来每年14%的增长态势。因此，文化产业生存安全对文化产业安全有着十分重要的意义。

在很长一段时间内，我们国家把文化作为一种事业，忽略了文化的产业属性。进入21世纪以后，党和政府发展文化产业的思路逐步明晰，公益性文化事业和经营性文化产业的划分，以及文化管理体制的市场化转型给我国的文化产业带来了勃勃生机，在政策的大力推动下，我国的文化产业正在以迅猛的速度发展。但是，与我国其他产业门类相比，我国文化产业起步晚、起点低，计划经济的色彩浓厚，在国际文化市场上处于明显的劣势地位。文化产业是否具有发展能力，文化产业是否发展安全，事关文化产业的产业安全。

正如安全与威胁是相互对立的，文化产业安全和文化产业威胁也是相互对立的。文化产业发展与生存受威胁的程度越深，文化产业发展与生存越不安全，即文化产业的安全度越低。因此，判断我国文化产业的安全度，既可以从文化产业受威胁的程度加以反推，也可以通过建立产业安全度评价指标体系直接评价文化产业的安全度。在通常情况下，第一种判断方法在把握文化产业安全现状、预警文化产业安全状况方面要优于第二种方法，以便为促进文化产业安全，及时采取应对措施具有现实意义。

伴随着经济的全球化，发达国家凭借经济、军事、政治等优势，大力输出本国的价值观念、意识形态、政治文化等，给中国的文化产业带来巨大冲击。在规模经济及技术垄断日益占据首要地位的全球化过程中，中国的文化市场面临着被西方跨国文化产业集团垄断的危险。在开放经济条件下，中国的文化资源不再为中国文化产业所独有，全球化的生产方式使传统上对物质资源的争夺转变为对文化资源的争夺。以美国为首的西方文化产业大国的"文化帝国主义"和"文化霸权主义"的全面入侵，西方文化以产业形态对中国文化的影响，构成了现实的中国国家文化安全问题。事实上，文化领域已经成为国际政治斗争和意识形态较量的主战场。在经济全球化的背景下，如何在融入现代世界体系的过程中保持和发展本国本民族的优秀文化自然成为中国文化发展必须回答的重要问题。

3 我国文化产业发展现状

3.1 我国文化产业发展历程

文化产业是通过人们创造性的劳动，把知识、信息和意象等文化资源转化为具有交换价值的文化娱乐产品和服务的产业。因此在中国文化诞生的那一天，广泛意义上的中国文化产业也随之诞生。中国文化产业和中国文化一样源远流长，中国文化为中国文化产业的发展奠定了深厚基础。随着中国文明在文明形态的冲撞和交融中不断发展，中国文化产业也经历了由萌芽到发展的历程，并在这样的发展过程中，形成中国特色社会主义的文化产业。回顾中国文化产业发展的脉络对于理解当今中国文化产业发展的特征和把握未来中国文化产业发展的趋势有重要意义。

从中国文化产业的根源来看，早在夏商周之前，具有实用功能的艺术品的出现代表了宽泛意义上的中国文化产业的诞生。中国古代生产力水平的发达，决定了古代中国的文化产业发展水平远远高过其他国家，艺术表现形式和内容都极其丰富。屈辱的近代是植根于小农经济的中国文化产业第一次受到外来文化的彻底冲击，对中国文化产业的发展而言是一次不小的打击，却以暴力形式拉开了中国文化产业现代化的进程。随着新中国的成立，在党中央和国务院的领导下，中国人民解放思想，建设中国特色社会主义文化产业。发展中国特色社会主义的文化产业如今已经成为国家经济结构转型的重要战略选择。

我国文化产业的发展历程是与改革开放的进程相伴而行的。在改革开放以前，各类文化组织是事业单位，各种文化活动按照严格的计划方式进行资源配置，文化的生产和消费都是有计划、有组织的。在这个时期，文化单位不以创造经济效益为目的，文化活动不是能够独立产生经济效益的产业经济活动，这与当时我国实行的计划经济体制是紧密相关的。改革开放以后，随着我国的计划经济向市场经济的转型，文化领域也逐步放宽严格的计划管制。改革开放使中国社会经济发生翻天覆地的巨变，为文化产业的发展提供了良好的思想基础和物质条件，文化产业得到发展。回顾我国社会经济与文化产业自身的发展轨迹，我国文化产业发展历程大致可以划分为以下三个阶段。

3.1.1 中国文化产业的起步阶段（1978～1991年）

党的十一届三中全会后，我国步入了社会主义现代化建设新时期，改革开放的伟大历史进程孕育了我国文化产业的起步发展。在这一阶段，社会力量参与文化经营活动的浪潮开始冲击体制内的文化事业单位，多种所有制形式开始参与文化领域的建设，以娱乐业和广告业为代表的营业性文化活动蓬勃兴起。从总体上看，这一时期我国的一部分文化事业开始向文化产业逐步转变，文化产业处于起步的发展阶段。表3-2统计了1978～1991年中国文化产业发展的重要政策及事件。

表3-2 1978~1991年中国文化产业发展的重要政策及事件统计

时间	政策及事件	意义及内容
1979年	广州东方宾馆设立了我国第一家音乐茶座	标志着国内文化市场的兴起
1985年	发布《关于建立第三产业统计的报告》	文化艺术第一次明确了"产业"的身份
1987年	发布《关于改进营业性舞会管理的通知》	文化经营活动首次被确立为文化事业的合法组成部分
1988年	发布《关于加强文化市场管理工作的通知》	第一次提出了"文化市场"概念
1988年	发布《文化部关于加快和深化艺术表演团体体制改革的意见》	首次提出实行艺术表演团体"双轨制"改革方案
1991年	发布《文化部关于文化事业若干经济政策意见的报告》	第一次提出了"文化经济"概念

1979年,广州东方宾馆设立了我国第一家音乐茶座,标志着国内文化市场的兴起,也被视为1949年新中国成立以后中国文化产业发展的起点。此后,以营业性舞会为代表的娱乐业如雨后春笋般在各地涌现,这一举动在一定程度上突破了传统的文化管理体制和理念的束缚,开辟了社会力量兴办文化的新道路。虽然这种文化经营模式直至1987年相关政策出台后才被政府部门所认可,却是中国文化产业的实践发展迈出的历史性的一步。

1985年,国务院转发《关于建立第三产业统计的报告》,文化艺术作为第三产业的组成部分被纳入第三产业生产统计的项目之中,文化艺术第一次在国民经济统计指标体系中明确了"产业"的身份,表明其也具有"产业"性质。

1987年,文化部、公安部和国家工商行政管理局共同发布了《关于改进营业性舞会管理的通知》,在政策层面正式认定了营业性舞会的合法地位,这意味着文化经营活动首次被确立为我国文化事业的合法组成部分。

1988年,文化部和国家工商行政管理局共同发布了《关于加强文化市场管理工作的通知》,该文件第一次提出了"文化市场"概念,且对文化市场的管理范围、任务、原则与方针等做出了明确规定,将文化市场管理纳入法治化的程序,标志着"文化市场"的法律地位在我国正式得到认可。

1988年,国务院批转的《文化部关于加快和深化艺术表演团体体制改革的意见》中,首次提出在文艺表演单位的组织运行机制上进行改革,倡导逐步实行艺术表演团体"双轨制"的改革方案,即对少数能够代表国家、民族艺术表演水准的、具备特殊历史文化价值的艺术表演团体实行全民所有制,由政府文化部门负责主办;而在大多数艺术表演团体实行多种所有制,鼓励社会力量参与主办。"双轨制"改革方案是艺术表演团体组织运行机制的重大创新,促进了该阶段我国文化产业的兴起萌芽。

1991年,国务院批转的《文化部关于文化事业若干经济政策意见的报告》中,明确提出了"文化经济"这一概念,并在之后党的十四大报告中进一步强调要"完善文化经济政策"。国内学界对文化产业的研究也是从对文化经济相关研究中逐渐发展而来的。

1978~1991年的这十余年,我国文化事业在改革潮流中逐渐显现出一定的经济效益和商品属性,但文化资源仍高度集中在政府文化管理部门,计划经济思维在文化单位中依然浓厚,强调计划和管控还是国家文化管理的基本价值取向。随着我国经济体制改革的推进,国家政策开始出现放松对文化外围行业管理的倾向,文化领域出现了以"双轨制"为代表的市场化改革方案。

3.1.2 中国文化产业的形成阶段（1992~2000年）

党的十四大确立社会主义市场经济制度后，我国文化产业的增量不断扩大、存量不断优化，文化产业的发展进程开始加速。在建立社会主义市场经济体制的宏观改革环境下，我国政府部门在文化领域开始由"办文化"向"管文化"逐步转变、由"直接管理"向"间接管理"逐步转变。国家根据文化产业发展的形势适时制定了一系列相关政策，改革涉及文化经营体制、文化管理体制、文化投资体制等领域。从总体上看，这一时期发展文化产业已经成为社会各界的共识，我国文化产业的基本格局已然形成。表3-3统计了1992~2000年中国文化产业发展的重要政策及事件。

表3-3　1992~2000年中国文化产业发展的重要政策及事件统计

时间	政策及事件	意义及内容
1992年	邓小平同志南方谈话和党的十四大召开	为文化产业的发展营造了良好的社会经济环境
1992年	出版《重大战略决策——加快发展第三产业》	我国政府机构首次使用"文化产业"这一概念
1996年	出台《关于进一步完善文化经济政策的若干规定》	进一步完善了国家文化经济政策
1998年	文化部文化产业司正式成立	文化产业的发展受到中央政府的高度重视和支持
2000年	通过《中共中央关于制定国民经济和社会发展第十个五年计划的建议》	文化产业发展议题首次被纳入国民经济和社会发展计划中

1992年，邓小平同志南方谈话以及党的十四大的胜利召开对于推进我国改革开放具有重要意义，为文化产业的发展营造了良

好的社会经济环境。党的十四大报告高度重视社会主义精神文明建设，并明确提出要"积极推进文化体制改革，完善文化事业的有关经济政策"。改革开放的深化推进促进了我国文化体制改革，也为我国文化产业的发展注入了活力。同年，国务院办公厅编著出版了《重大战略决策——加快发展第三产业》这本书，"文化产业"这一说法在该书中得到明确，这是我国政府部门首次使用"文化产业"这一概念，说明文化产业及其相关经济政策已经引起了有关政府部门的关注。

1996年，国务院出台《关于进一步完善文化经济政策的若干规定》，进一步完善国家文化经济政策，改革文化事业经费投入机制，对于建立与社会主义市场经济制度相适应的文化产业政策和经费投入机制发挥了重要作用。

1998年，在国务院机构精简改革的背景之下，文化部新设了"文化产业司"这一新部门，其主要任务是研究拟订文化产业发展战略及政策，推动文化产业建设发展并协调文化产业发展过程中的重大问题。这说明文化产业的发展受到了中央政府的高度重视和支持，并成立专门组织负责管理文化产业的发展。

2000年，党的十五届五中全会通过了《中共中央关于制定国民经济和社会发展第十个五年计划的建议》，明确要求"完善文化产业政策，加强文化市场建设和管理，推动有关文化产业发展"。这是文化产业发展议题首次被纳入国民经济和社会发展计划中，说明此时我国政府已有意识地运用相关产业政策扶持和促进文化产业发展。

1992~2000年的这八年，我国文化产业的基本格局发生了很大的变化，具体表现为以下几个方面。第一，文化产业的商品属性和经济效益开始显现。20世纪90年代以来,我国大众文化产品越来越丰富,文化产品市场日益繁荣,文化产品的策划、投资、创作、宣传、发行等环节都打上了商业的烙印,文化产品的商品化带来了文化产业的繁荣和发展。第二,社会力量日益参与到文化产业的建设之中。我国文化体制改革极大地推动了社会力量对文化产业的经营和投资,1997年在文化艺术、娱乐、音像书刊领域,非国有文化部门主办的文化经营机构占据整个行业的88.6%,而国有文化部门主办的文化经营机构仅占10%左右。第三,文化要素市场开始逐渐孕育和成长。在我国文化产业发展的起步阶段,文化要素市场的发展一直滞后于文化产品市场和文化服务市场,但在1992年后,随着社会主义市场经济制度的建立和完善,以文化中介市场、文化资金市场、文化人才市场、文化产权市场等为代表的文化要素市场得到了逐步发展。

3.1.3 中国文化产业的快速发展阶段(2001年至今)

加入世界贸易组织后,我国文化产业迎来了国际化发展的重要战略机遇期,文化产品和服务正式步入世界市场。在我国文化产业与外国文化产业直接交锋的激烈竞争环境下,我国开展了一系列卓有成效的改革积极应对竞争。在这一阶段,国有文化事业单位的体制改革已经走进实质性推进阶段,优化文化产业发展格局、完善文化市场的相关政策措施相继出台,中国文化产业发展的障碍性因素正在逐步清除。从总体上看,这一时期我国文化产业的创造活力得到有效激发,文化产业的整体实力和国际竞争力明显提升,开始进入快速发展阶段。表3-4统计了2001年至今中国文化产业发展的重要政策及事件。

表 3-4 2001 年至今中国文化产业发展的重要政策及事件统计

时间	政策及事件	意义及内容
2001 年	正式加入世界贸易组织	我国文化产业开始逐渐融入世界文化市场
2002 年	党的十六大对深化文化体制改革做出了重要战略部署	第一次将"文化事业"和"文化产业"做出了明确区分
2006 年	颁布《关于深化文化体制改革的若干意见》	文化体制改革开始步入攻坚阶段
2009 年	颁布《文化产业振兴规划》	中国第一部关于文化产业发展的专项规划
2012 年	党的十八大进一步深化了对发展文化产业的理论认识	从国家发展战略的高度指出文化产业应成为国民经济支柱性产业
2014 年	出台《关于加快发展对外文化贸易的意见》	对国家的对外文化贸易工作进行了全局性部署
2016 年	颁布《"十三五"国家战略性新兴产业发展规划》	第一次将数字创意产业纳入国家战略性新兴产业发展规划

2001 年 12 月 11 日，我国正式加入世界贸易组织，我国文化产业开始逐渐融入世界文化市场。加入世贸组织后，我国文化产业的发展可谓是机遇与挑战并存：一方面，我国文化产业迎来了走出国门、走向世界的重要发展契机；另一方面，我国新生的文化产业将与成熟的国际文化产业展开全面较量。

2002 年，党的十六大对深化文化体制改革做出了重要战略部署，首次将"文化事业"和"文化产业"做出了明确的区分，论述了"文化事业"和"文化产业"相互联系又相互区别的辩证统一关系，明确要求要积极发展文化事业和文化产业，进一步完善文化政策，支持文化产业发展。这是我国文化产业发展历程上一次重大的理论突破。

2006年，中共中央、国务院颁发了《关于深化文化体制改革的若干意见》，对文化产业的范围、界限做出了明确划分。为贯彻落实《关于深化文化体制改革的若干意见》精神，同年于北京召开了全国文化体制改革工作会议，文化体制改革开始步入攻坚阶段。全国选定了89个试点地区及170个试点单位，文化艺术、新闻出版、广播影视等文化领域的改革有序推进，国有文化事业单位逐步转企改制。

2009年，为贯彻落实党的十七大关于文化建设的精神，国务院颁发了《文化产业振兴规划》，这是我国首部关于文化产业发展的专项规划。该规划提出了文化产业发展的五个"进一步"目标，并结合目标明确了八个文化产业发展的重点任务。该规划的出台进一步凸显了文化产业在国民经济中的重要性，也为促进文化产业发展描绘了蓝图、提供了思路。

2012年，党的十八大进一步深化了对发展文化产业的理论认识。《十八大报告》从国家发展战略的高度指出文化产业应成为国民经济支柱性产业，在文化产业发展策略上提出要促进文化和科技融合，大力发展新型文化业态。

2014年，国务院出台了《关于加快发展对外文化贸易的意见》，对国家的对外文化贸易工作进行了全局性的战略部署。政府部门通过搭建对外文化贸易促进平台对我国文化出口予以政策和资金支持，推动国内文化企业赴境外投资合作等举措有序推进对外文化贸易工作，支持文化出口工作和文化产业转型升级发展。

2016年，国务院颁布《"十三五"国家战略性新兴产业发展规划》，第一次将文化产业中的数字创意产业提升到国家战略的高度，为数字创意产业进行顶层设计，制定发展规划，明确了"十三五"时期我国数字创意产业在技术、内容、设计、融合这几个方面的发展方向。

2001年至今，我国文化产业经受了市场经济的洗礼和国际竞争的考验，文化机制和文化资源在优胜劣汰的市场净化过程中得到整合和优化，文化产业开始步入快速发展轨道。第一，文化产业集团化发展的进程加速。2001年后，我国一批文化单位走上了强强联合的道路，涌现出各类大型文化产业集团，集团化的运营模式极大地增强了我国文化产业在与国际文化产业同台竞争时的优势。第二，我国新兴文化产业呈现迅猛发展之势。我国信息产业一直以数倍于GDP的速度增长，北京"申奥"成功极大地带动了体育文化产业的发展，动漫产业、网络游戏等新兴文化产业发展态势强劲，我国文化产业结构不断优化调整。第三，文化产业的国际化程度不断提升。在2003年至2016年，我国文化产品进出口总额由60.9亿美元增长至885.2亿美元，增长了近14倍；文化服务进出口总额由10.5亿美元增长至256.9亿美元，增长了近24倍，可见我国对外文化贸易的规模在日益扩大。

3.2 我国文化产业发展现状

3.2.1 文化产业发展总体概况

2016年我国文化及相关产业实现了快速发展，按照《文化及相关产业分类（2012）》和《文化及相关产业增加值核算方法》的规定和要求，经核算，文化及相关产业增加值为30785亿元，比2015年增长13.0%，增加值占GDP的比重为4.14%。2016年文化及相关产业保持平稳快速增长,比重稳步上升,对促进经济转型升级、平稳健康可持续发展发挥了重要作用。经国家统计局核算,2015年全国文化及相关产业增加值为27235亿元,比同期GDP名义增速高4.6个百分点;占GDP的比重为3.97%,比2014年提高0.16个百分点。

相对于文化产业的总体增长,文化产业构成相对稳定。2016年我国文化制造业实现增加值11889亿元,比上年增长7.6%;文化批发零售业实现增加值2872亿元,增长13.0%;文化服务业实现增加值16024亿元,增长17.5%。文化制造业、文化批发零售业和文化服务业增加值占文化产业法人单位增加值的比重分别为38.6%、9.3%和52.1%,与2015年相比无明显变化。

2004~2016年我国文化及相关产业增加值年平均增长率为18.36%,比同期GDP增长率高出5个百分点,文化产业增加值占GDP的比重由2004年的2.152%逐年提高到2016年的4.140%。如图3-2所示,文化产业增加值及其占GDP的比重在2004~2016年稳步提升。2004~2007年,文化产业增加值增长率一直保持在较高水平,其中2007年增长率最高,突破25%达到了26%;由于受到金融危机的影响,2008~2009年文化产业增加值增长率有所降低,分别为18.20%和12.63%,但到2010年又迅速回升,重回高增长率水平,达到28.60%;2011年文化产业增加值增长率有所回落,降为21.96%,但仍保持在20%以上,这与我国整体经济增长速度的放缓有关;2012年文化产业增加值增长较为迅速,为34.07%,但是需要注意的是这与新的文化产业分类标准的实施有关。2012年后,我国经济发展进入新常态,整体发展速度放缓,因此文化产业增加值增长率保持平缓增长。

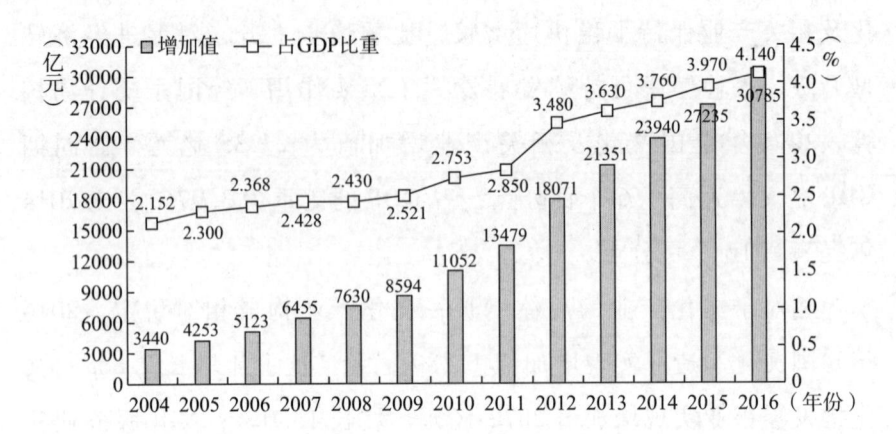

图 3-2　2004~2016 年我国文化产业增加值及其占 GDP 的比重变动情况

注：2004~2011 年数据按照 2004 年修订的《文化及相关产业分类》标准统计；2012~2016 年数据按照新修订的《文化及相关产业分类 (2012)》标准统计。

资料来源：根据网上公开资料整理。

3.2.2　分行业发展比较

（1）新闻出版业

2016 年新闻出版产业增长较快。全国出版、印刷和发行服务实现营业收入 23595.8 亿元，较 2015 年增加 1939.9 亿元，增长 9%。其中，出版图书 90.37 亿册（张），增长 4.32%，占全部数量的 17.61%；刊发期刊 26.97 亿册，降低 6.29%，占全部数量的 5.26%；印刷报纸 390.07 亿份，降低 9.31%，占全部数量的 76.03%；录制音像制品 2.76 亿盒（张），降低 6.12%，占全部数量的 0.53%；出版电子出版物 2.91 亿张，增长 35.57%，占全部数量的 0.57%。

图书品种继续保持增长。2016 年全国共出版图书 49.9884 万种，与 2015 年的 47.5768 万种相比，增加了 2.4116 万种，增长 5.07%。其中，初版新书增加 1989 种，增长 0.76%。文化、科学、教育和体育类图书增加 9944 种，增长 5.16%；文学类图书增加 4846 种，增长 9.75%；少年儿童读物增加 7006 种，增长 19.12%；天文学、地球科学类图书增长 1.21%；航空、航天类图书增长 3.45%。这反映出内容创作与出版的繁荣。

图书、报纸、期刊总印数增长趋缓。2016 年全国图书总印数为 90.37 亿册，较 2015 年增长 4.33%；期刊总印数为 26.97 亿册，下降 6.29%；报纸总印数为 390.07 亿份，降低 9.4%。全国印刷复制实现营业收入 12711.6 亿元，增长 3.8%。出版物发行整体效益有所改善。2016 年，全国新华书店系统、出版社自办发行单位出版物总购进 207.78 亿册（张、份、盒）、2857.11 亿元，与上年相比数量增长 2.31%，金额增长 7.03%。[①]

（2）广播电视业

2016 年广播电视业收入保持了较快的增长，由 2015 年的 4634.56 亿元增长到 2016 年的 5039.77 亿元，增长率达到 8.74%；广播电视从业人员由 2015 年的 90.07 万人，增长到 2016 年的 91.93 万人，增长率为 2.07%，与 2011 年增长率 4.2% 相比有所回落，但仍保持增长势头。

广播节目综合人口覆盖率由 2015 年的 98.2% 增加到 2016 年的 98.4%，增长 0.2 个百分点。其中，广播节目制作时间由 2015 年的 7718163 小时增加到 2016 年的 7820296 小时，增长率为 1.32%，较 2011 年增长率 0.93% 高出 0.39 个百分点。

电视节目综合人口覆盖率由 2015 年的 98.8% 增长到 2016 年的 98.9%，增长 0.1 个百分点；电视剧播出集数由 2015 年的 686.36

---

① 国家新闻出版广电总局：《2016 年全国新闻出版业基本情况》。

万集增加到688.64万集，电视节目制作时间由2015年的3520190小时增加到3507217小时；数字电视用户由2015年的19776万户增加到2016年的20157万户，增长率为1.93%，较2015年3.31%的增长率有所回落。①

（3）电影业

2016年中国电影票房收入再创新高，国内票房总收入达到287.47亿元，较2015年271.36亿元增长5.94%，成为继美国之后的全球第二大电影市场。2016全国电影综合收入为492.83亿元，与2015年440.69亿元相比增加了11.83%。2016年电影故事片厂为31个，与2009~2016年保有数持平；全年生产故事影片772部，较2011年的685部，增长12.7%，高出2011年增长率1.7个百分点；2016年生产动画片49部，较2011年的51部有回落势头；2016年生产科教片67部，较2011年的96部有所回落；2016年生产纪录片32部，比2015年略低；2016年生产特种影片24部，较2015年的17部增长了41.18%，增长较快。

电影业的高速增长吸引了大量资本跨界涌入，2016年，电影票房数据逐步回归理性，创作格局更加丰富，类型更加多样，可以创作多种体裁类型的电影满足广大消费者的需求。

（4）动漫产业

如图3-3所示，2016年国产电视动画片产量依旧出现下滑，全国制作完成的国产电视动画片共330部，共计119895分钟，比2015年的405部和134011分钟减少75部，分钟数下降10.5%。

---

① 《中国统计年鉴2016》（光盘版），中国统计出版社、北京数通电子出版社。

2016 年创作生产数量排在较前的是广东省、江苏省、浙江省。[①] 2016 年，国内近百家动画电影制作企业制作并公映的影片有 49 部，也出现了很多口碑不错的作品，比如《大鱼海棠》《熊出没之熊心归来》等。

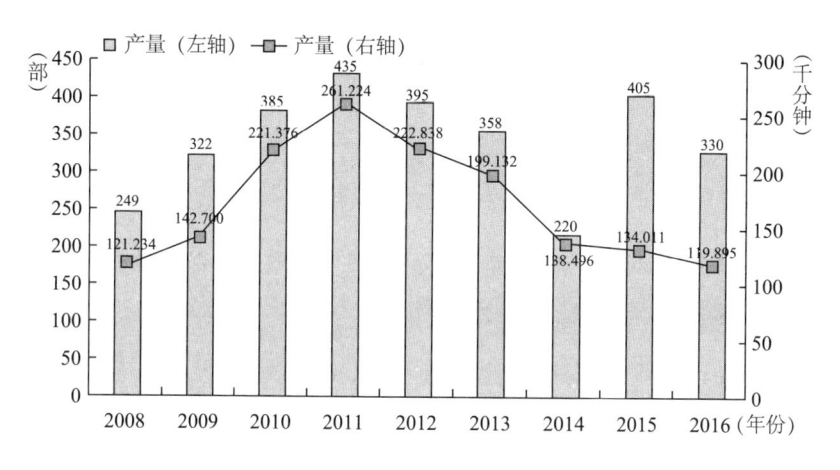

图 3-3　2008~2016 年国产电视动画片产量

资料来源：《国家新闻出版广电总局关于 2016 年度全国电视动画片制作发行情况的通告》。

（5）艺术品经营业

2016 年春艺术品拍卖市场全年成交金额达到 244 亿元，同 2015 年的 257 亿元相比，有所下降。2015 年，受经济持续低迷及证券市场震荡影响，部分高净值人群财富缩水，拍卖市场遇冷，2016 年市场成交额出现好转，市场呈现逐渐回暖趋势（见图 3-4）。

在全球一级市场中，画廊总交易额为 195 亿美元，占全球一级市场的 48%，在中国艺术品市场中，画廊也是一级市场的重要组

---

① 数据来源：根据公开资料整理。

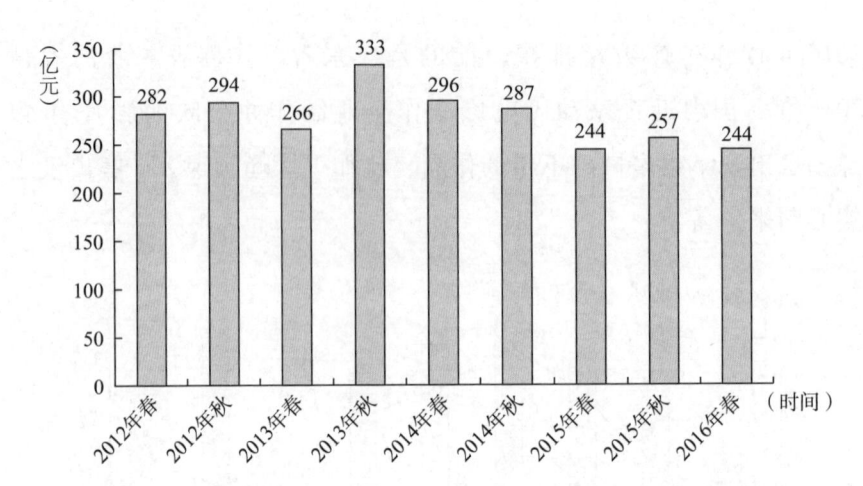

图 3-4 2012~2016 年艺术品拍卖市场成交金额变动情况

资料来源：根据公开资料整理。

成部分，但与西方国家相比仍有一定的差距。从雅昌数据可知，2017 年我国画廊约有 4399 家，画廊地域分布主要以北京、山东、上海为主，北京地区约有 1280 家，占比 29.10%，山东地区占比 11.87%，上海占比 9.96%。中国画廊发展历史较短，老牌画廊比重低，国际上 50% 以上的画廊经营年限在 20 年以上，而我国画廊经营年限在 20 年以上的只有 3%，经营年限在 10 年以上的占 75%。画廊销售作品售价在 5 万元以下的达 52%，作品销售额在 50 万元以上的只有 5%。

（6）游戏业

2016 年，中国游戏市场实际销售收入为 1655.7 亿元，较 2015 年 1406.71 亿元，同比增长 17.7%，与 2015 年增长率 37.7% 相比，略有下降，但是规模却在不断扩大。中国游戏市场实际销售收入主要由三部分构成：客户端游戏市场实际销售收入、移动游戏市场实际销售收入和网页游戏市场实际销售收入。其中，2016 年客户端游戏市场实际销售收入为 582.5 亿元，市场占有率为

35.2%；移动游戏市场实际销售收入为819.2亿元，市场占有率为49.5%；网页游戏市场实际销售收入为187.1亿元（见图3-5），市场占有率为11.3%。①

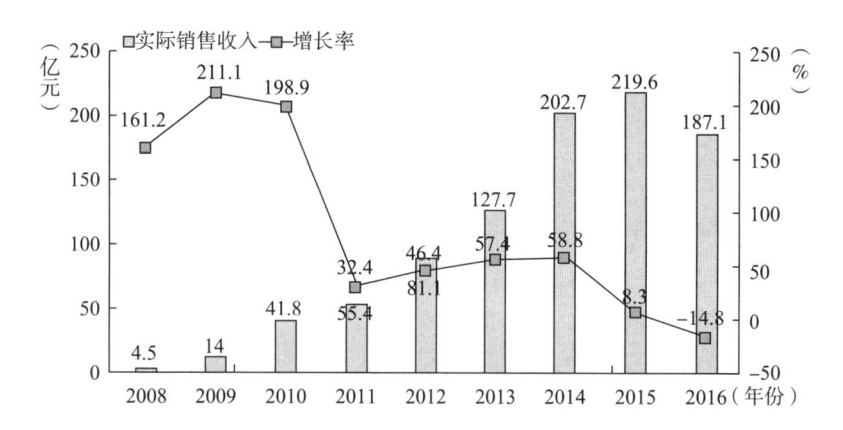

图3-5 2008~2016年中国网页游戏市场实际销售收入和增长率情况

资料来源：中国音数协游戏工委（GPC）、国际数据公司（IDC）、伽马数据（CNG中新游戏研究）：《2016年中国游戏产业报告（摘要版）》，2016。

2016年，中国网络游戏市场实际销售收入主要由客户端网络游戏市场实际销售收入582.5亿元、网页游戏市场实际销售收入187.1亿元和社交游戏市场实际销售收入57.95亿元构成。2016年网页游戏用户量达2.75亿人，已经连续三年出现下降，用户规模于2013年达到最大值3.29亿人。相比较而言，移动游戏市场规模和用户增长率更为迅速，2016年中国移动游戏市场实际销售收入与2015年514.6亿元同比增长了59.2%，跟2015年增长率87.2%相比增长速度下降（见图3-6）；移动游戏用户数达到5.28亿人，比2015年4.55亿人相比，同比增加了6.04%。国家

---

① 中国音数协游戏工委（GPC）、国际数据公司（IDC）、伽马数据（CNG中新游戏研究）：《2016年中国游戏产业报告（摘要版）》，2016。

新闻出版广电总局批准出版国产游戏约3800款,其中移动游戏约占92.0%,网页游戏约占6.0%,客户端游戏约占2.0%。移动游戏的快速发展得益于智能手机的普及以及游戏的多样化。移动游戏市场规模的迅速扩大及用户的大幅增长,带动了整个中国游戏产业在2016年的增长(见图3-6)。①

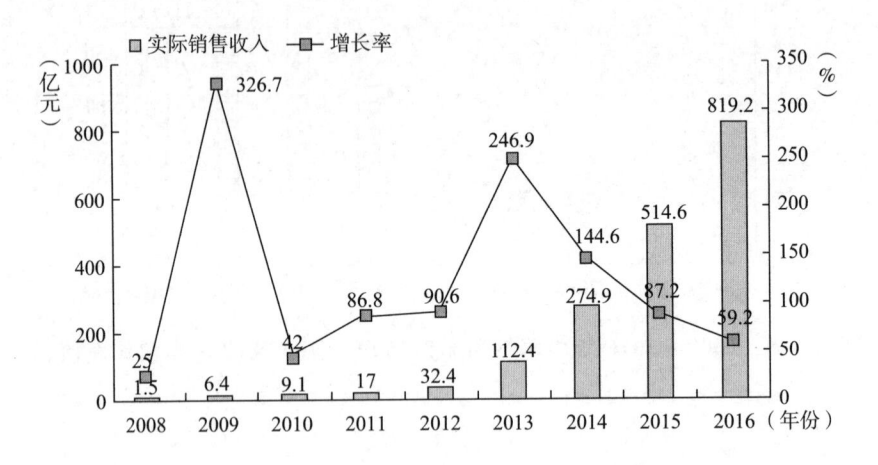

图3-6 2008~2016年中国移动游戏市场实际销售收入和增长率情况

资料来源:中国音数协游戏工委(GPC)、国际数据公司(IDC)、伽马数据(CNG中新游戏研究):《2016年中国游戏产业报告(摘要版)》,2016。

(7)网络新媒体业

截至2016年12月,我国网民规模达7.31亿人,全年共计新增网民4299万人,手机网民规模达到6.95亿人,互联网普及率为53.2%,较2015年底提升2.9个百分点,经过几年迅速发展,网民规模逐渐趋于稳定,互联网行业整体向规范化、价值化发展。②

---

① 中国音数协游戏工委(GPC)、国际数据公司(IDC)、伽马数据(CNG中新游戏研究):《2016年中国游戏产业报告(摘要版)》,2016。
② 中国互联网络信息中心发布第39次《中国互联网发展状况统计报告》,第33页。

2016年中国电子商务市场整体交易规模达20.2万亿元,同比增长23.6%,与2011年23%的增长率相比,变化不大。2016年中国网络购物市场交易规模为4.7万亿元,在整个电子商务交易市场中占比为23.3%。

截至2016年,我国搜索引擎用户规模达6.02亿人,较2012年增长了15490万人,年增长率为6%,在网民中的渗透率为82.4%。手机搜索用户数达4.78亿人,使用率为77.1%,用户规模较2014年底增长4870万人,增长率为11.3%。搜索引擎的收入主要来自广告,2016年互联网广告营业收入已超过报纸,而在搜索引擎市场份额中,百度仍然稳居2016年搜索市场广告业务第一名。

我国网络视频用户规模一直保持着稳定的增长势头,从2007年底的1.61亿人逐步增长到2011年底的3.25亿人,再到2016年的5.45亿人,平均每年增长达到3800万人左右。截至2016年12月,中国网络视频用户超过5.4亿人。2012年视频行业整体市场规模达到609亿元,与2015年的390亿元相比,同比增长56.2%。

2012年手机首次超过台式电脑成为第一大上网终端;截至12月底,我国手机网民规模将近6.95亿人,较2015年增长约7550万人,手机网民规模占总体网民规模的比重由2015年的90.1%提升到95.1%。全国4G用户2016年增长3.4亿户,总数超7.7亿户,三大运营商移动、联通、电信4G用户分别为39100万人、6367.9万人、7952万人。易观智库的数据显示,2016年我国移动互联网市场规模达到6050亿元,2015年中国移动互联网市场规模达到3981亿元,增长率为86.5%(见图3-7)。

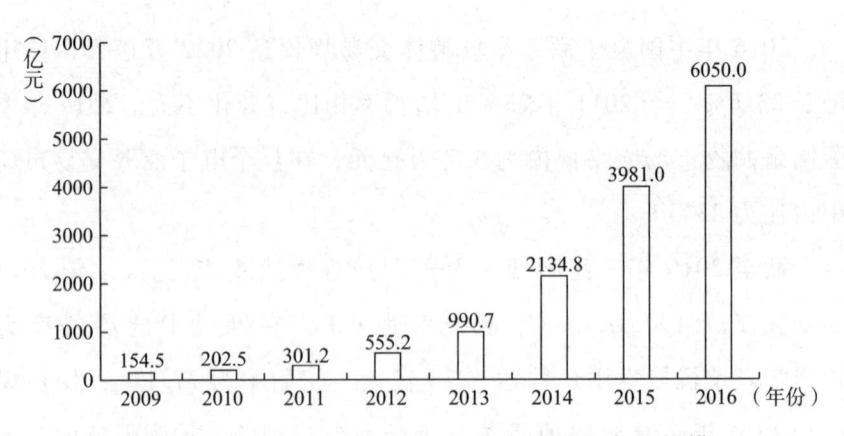

图 3-7 2009~2016 年中国移动互联网市场规模

资料来源：根据公开资料整理。

（8）广告业

2016 年我国广告业营业额达 6489 亿元，与 2015 年的 5973 亿元相比，增长 8.64%，增长速度逐渐放缓，从 2013 年开始我国广告业发展进入个位数增长。广告业营业总额占 GDP 的比重跟往年比变化不大，2016 年广告经营额占 GDP 的 0.87%。从广告业业态看，2016 年全国广告经营单位达 87.5 万家，从业人员有 300 多万人，无论是产业规模还是经营额都有较大幅度增长。

在不同媒体投放类型中，电视占据绝对比重，连续四年保持在 85% 以上；随着报纸、杂志的规模精简和平台转移，尤其报纸媒体花费占比在四年间持续下降，杂志再缩至 1%（见图 3-8）。与 2015 年相比，电台拿到了电视媒体 2% 的占比花费，成为广告投放增长潜力最大的媒体，电台媒体成为 2016 年传统媒体的大赢家，汽车及有关产品、零售服务、房地产和金融业行业带动了这一媒体的迅速发展。①

---

① 尼尔森：《2016 年全媒体广告市场观察》，数据期限：2016 年 1 月 1 日至 2016 年 10 月 31 日。

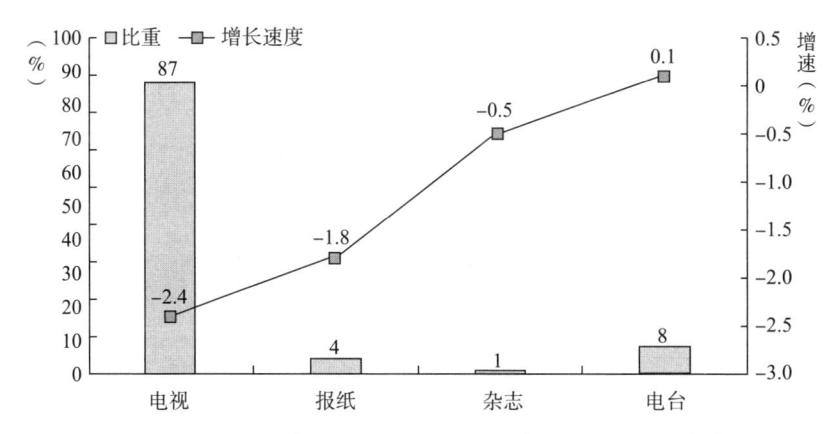

图 3-8　2016 年 1 月 1 日至 2016 年 10 月 31 日广告花费占比及各媒体增长速度

资料来源：尼尔森网联 AIS 全媒体广告监测。

(9) 文化旅游业

在"一带一路"倡议的助力下，文化旅游产业将大有作为，文化旅游需求不断增长，旅游人数稳步增加。2016 年国内旅游人次由 2015 年的 40 亿人次增加到 44.4 亿人次，增长率为 11%，与 2015 年增长速度基本持平；国内旅游总花费由 2015 年的 34195.1 亿元增加到 2016 年的 39390 亿元，增长率为 15.2%，较 2015 年增长速度略快，增长近 2.4 个百分点；人均国内旅游花费由 2015 年的 857 元增加到 2016 年的 888.2 元，增长率为 3.64%。国际旅游外汇收入由 2015 年 1136.5 亿美元增加到 2016 年的 1200 亿美元，增长率达 5.59%；出境旅游人次由 2015 年的 12786 万人次增加到 2016 年的 13513 万人次，增长率为 5.69%。与 2015 年入境外国游客 2598.54 万人次相比，2016 年入境人数为 2815.12 万人次，同比增长 8.33%。[①]

国内游中，乡村旅游成为国内旅游主战场和居民消费重要领

---

① 《中国统计年鉴 2017》（光盘版），中国统计出版社、北京数通电子出版社。

域，年接待游客 12.4 亿人次，与去年 11.88 亿人次相比，同比增长 4.34%。红色旅游发展再上新台阶，年接待游客 11.47 亿人次，增长 11.7%，综合收入达到 3060.9 亿元，同比增长 17.2%。假日旅游持续火爆，国庆长假接待游客 5.93 亿人次，同比增长 12.8%，累计旅游收入 4822 亿元，同比增长 14.4%。国内旅游消费占居民消费总量达 10% 左右。[①]

在星级饭店方面，到 2016 年末，全国共有 11685 家星级饭店，其中有 9861 家完成了 2016 年的财务状况表填报，9861 家星级饭店拥有客房 142 万间，床位 248.3 万张；拥有固定资产原值 5174.5 亿元；实现营业收入总额 2027.3 亿元；上缴营业税金 66.9 亿元；全年平均客房出租率为 54.7%。在 9861 家星级饭店中：五星级饭店有 800 家，四星级饭店有 2363 家，三星级饭店有 4856 家，二星级饭店有 1771 家，一星级饭店有 71 家。全国 2254 家国有星级饭店 2016 年共实现营业收入 483.7 亿元，上缴营业税 13.1 亿元。全国外商和港澳台投资兴建的 379 家星级饭店，2016 年共实现营业收入 246.2 亿元，上缴营业税 6.3 亿元。[②]

（10）演出产业

2016 年，我国演出市场继续保持增长势头，全年艺术表演团体演出场次 230.6 万场，较 2015 年的 210.78 万场，同比增加 9.4%；演出总收入为 469.22 亿元，比 2015 年的 446.59 亿元增长 5.07%，其中票房总收入约为 168.09 亿元。演出场次中专业剧场演出 35.1 万场，占总场次的 17.5%，票房收入为 61.2 亿元，占票房收入的

[①] 数据来源：根据公开资料统计。
[②] 国家旅游局政策法规司：《2016 年中国旅游业统计公报》，http://www.cnta.gov.cn/zwgk/lysj/201711/t20171108_846343.shtml。

45.3%；演艺场馆演出52.3万场，占总场次的26%，票房收入为27.8亿元，占总票房收入的20.6%；旅游演出8.9万场，占总场次的4.4%，票房收入为32.7亿元，占总票房收入的24.2%；乡村演出95.1万场，占总场次的47.3%；公共服务演出9.5万场，占总场次的4.7%；演唱会产出票房收入13.3亿元，占总票房收入的9.9%。[①]

2016年全国演出市场虽呈现整体发展态势，但是各地演出市场的发展和增长幅度有较大不同，表现出区域发展的不平衡，如表3-5所示。

表3-5 全国部分省份演出场次对比

省份	人口数量（千万人）	人均收入（万元）	演出场次（万场）
第一组 河南 山东			
河南	9.5	4.2	46.27
山东	9.9	6.8	8.43
第二组 浙江 江苏			
浙江	5.6	8.4	28.9
江苏	8.0	9.5	8.8
第三组 安徽 湖北 湖南			
安徽	6.2	3.9	45.9
湖北	5.9	5.5	3.9
湖南	6.8	4.6	5.5

资料来源：《2016年中国演出市场年度报告》。

3.2.3 区域文化产业发展

（1）区域文化产业增加值比较

文化产业作为21世纪最具发展潜力的产业之一，成为国民经济新的增长点，其在区域经济增长和区域产业结构调整中的重要

---

① 数据来源：根据公开数据整理。

作用已为越来越多的人认识。文化产业增加值占 GDP 的比重从 2012 年的 3.48% 提高到 2016 年的 4.07%，占比呈逐年增高的趋势，表明文化产业对推动国民经济发展具有越来越重要的作用。由表 3-6 的数据可知，2016 年全国不同区域文化产业都有不同程度的增长，其中增长较快的省份有浙江、福建、陕西、甘肃；从文化产业增加值来看，东部地区文化产业增加值普遍较高，其次为中部地区、西部地区和东北地区；从文化产业实现营业收入来看，2016 年东部地区规模以上文化及相关产业企业实现营业收入 32857 亿元，占全国的 74.9%，中部地区为 7039 亿元，占全国的 16%，西部和东北地区占比较少，分别为 8%、1.1%。从增长速度来看，西部地区增长速度最快，增长速度为 16.3%，高于东部 11.6% 的增长速度。一方面，各地区文化产业都有进一步的发展。另一方面，区域间文化产业发展水平差距较大，并且区域内部的发展水平也有显著差异。如东部地区，北京市 2016 年文化产业增加值占 GDP 的比重为 14.3%，山东省只占 3.94%；中部各地区文化产业发展相对较为均衡；西部地区，陕西省发展势头较好，文化产业增加值占 GDP 的比重为 4.14%，而宁夏回族自治区只占 2.35%；东北三省文化产业发展相对也较为均衡。

表 3-6 区域文化产业增加值占 GDP 的比重

单位：亿元，%

地区	2016 年 增加值	2016 年 占 GDP 比重	2015 年 增加值	2015 年 占 GDP 比重	2016 年较 2015 年 增长率
东部地区 北京	3570.5	14.3	3072.3	13.4	16.21

续表

地区	2016年 增加值	2016年 占GDP比重	2015年 增加值	2015年 占GDP比重	2016年较2015年增长率
天津	802.28	4.49	784.42	4.74	2.27
河北	-	-	960.36	3.22	-
上海	-	-	1632.68	6.5	13.47
江苏	3488.00	4.58	3167	5	10.14
浙江	3200	5.8	2490	5.81	28.51
福建	-	-	1050	4.1	24.64
山东	2481.00	3.94	2481	3.94	18.26
广东	4256.63	5.26	3648.8	5.01	7.02
海南	195.87	4,84	110.29	3	23.57
中部地区					
山西	-	-	268.65	2.1	-
安徽	976.31	4	833.71	3.79	17.10
江西	-				
河南	-	-	1111.87	3.0	-
湖北	-	-	853.78	2.89	-
湖南	1911.26	6.1	1707.18	5.9	11.95
西部地区					
内蒙古	525.5	2.82	432	2.42	21.64
广西	511.76	3.89	424.22	2.52	20.63
重庆	615	3.47	540.48	3.44	13.79
四川	1323.78	4.02	1200	4	10.31
贵州	398	3.39	344	3.28	15.7
云南	-	-	425.05	3.12	-
西藏	34.5	3.01	-	-	

续表

地区	2016年 增加值	2016年 占GDP比重	2015年 增加值	2015年 占GDP比重	2016年较2015年增长率
陕西	802.52	4.14	711.93	3.95	31.40
甘肃	181.17	2.8	157.09	2.31	26.02
青海	-	-	54.76	2.27	-
宁夏	75	2.35	64.94	2.23	37.93
新疆	-	-	-	-	-
东北地区					
辽宁	-	-	-	-	-
吉林	-	-	162.29	1.14	-
黑龙江	-	-	481.2	3.2	-

注：(1) 区域划分采用国家统计局划分方法；
(2) "-"代表该项数据缺失。
资料来源：由于《中国文化文物统计年鉴》自2011年不再统计2010年及以后各年文化产业增加值，故以上数据来自各省人民政府网站、文化厅网站、统计局网站年报、通告等。

(2) 各省市文化产业发展指数比较

中国省市文化产业发展指数由中国人民大学文化产业研究院发布，本届"2017中国文化产业系列指数发布会"在中国人民大学举行，对2017年中国各省、自治区、直辖市的文化产业发展情况进行了排名，公布了综合指数、生产力指数、影响力指数、驱动力指数排名前十的省市，具体数据如图3-9、图3-10、图3-11、图3-12所示。

2017中国省市文化产业发展指数表明，从综合指数排名来看，全国各省市综合指数排名与2016年相比有一定幅度的变动，北京凭借文化产业影响力和驱动力的优势依旧保持第一的位置；上海凭借文化产业的社会影响、市场环境和公共环境的优势排名第二；湖南通过加大文化资源投入和提升社会影响排名第七；河北在经济影响和社会影响方面有一定提升，2017年进入全国前十名。在

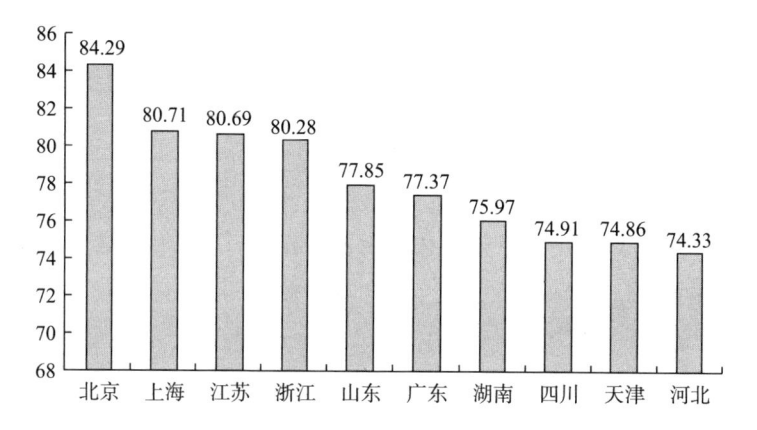

图 3-9 中国省市文化产业发展指数——综合指数

资料来源：《中国省市文化产业发展指数（2017）》，http://www.ce.cn/culture/gd/201801/19/t20180119_27812243.shtml。

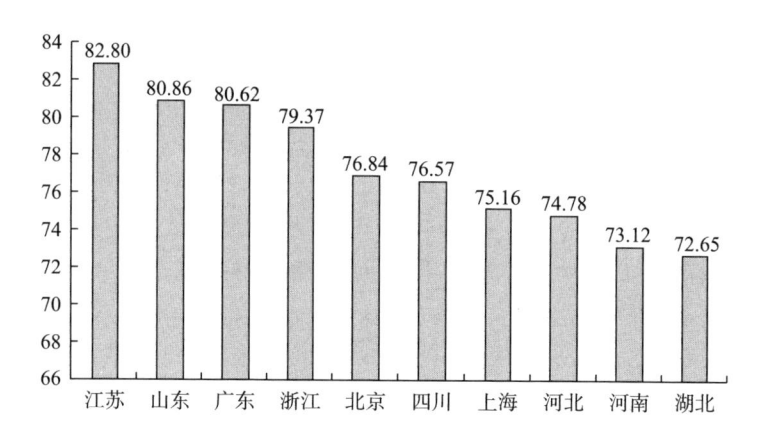

图 3-10 中国省市文化产业发展指数——生产力指数

资料来源：《中国省市文化产业发展指数（2017）》，http://www.ce.cn/culture/gd/201801/19/t20180119_27812243.shtml。

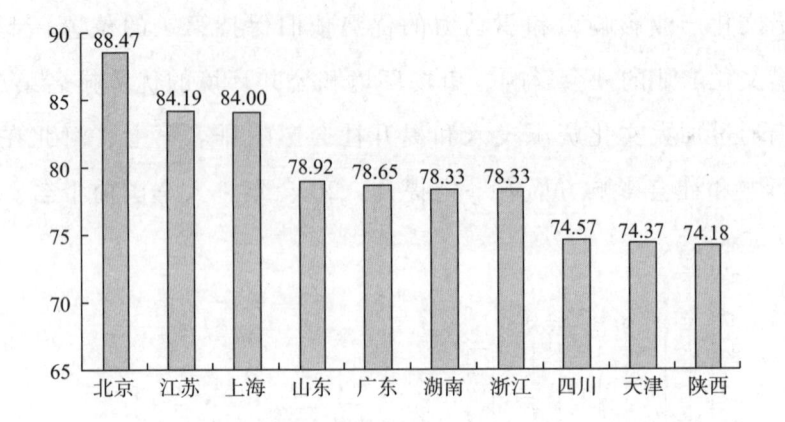

图 3-11 中国省市文化产业发展指数——影响力指数

资料来源：《中国省市文化产业发展指数（2017）》，http://www.ce.cn/culture/gd/201801/19/t20180119_27812243.shtml。

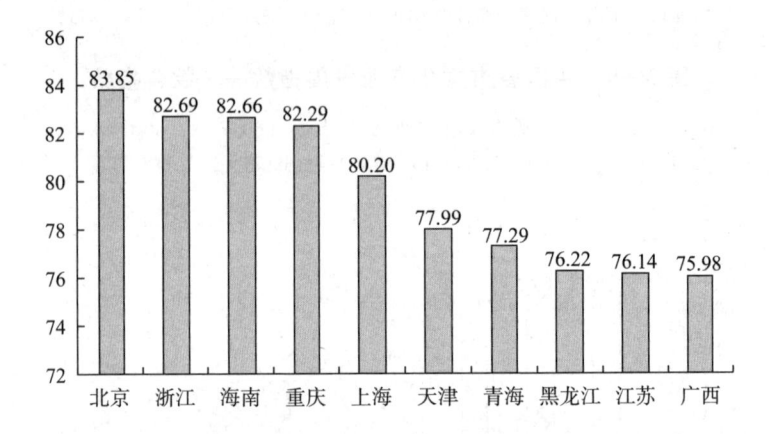

图 3-12 中国省市文化产业发展指数——驱动力指数

资料来源：《中国省市文化产业发展指数（2017）》，http://www.ce.cn/culture/gd/201801/19/t20180119_27812243.shtml。

综合指数排名前十的省市中，除四川、湖南以外，其余省市都位于东部地区。从数值来看，全国省市文化产业的均值达到了74.10，比2016年的73.71有一定增长，文化产业保持上升发展态势。从增速来看，2017年指数增速略高于2016年指数增速。

在三个分指数方面，第一个分指数是生产力指数，排名与2016年相比整体上变化浮动较小，排名前十名的省市中，除了四川、湖北、河南外，其他省市均来自东部地区。从增速看，北京、江苏、湖南、湖北、浙江的得分增速分列生产力增长率前五名。

第二个分指数是影响力指数。从排名来看，跟2016年相比整体上有一定的变化，东部地区文化产业经济影响和社会影响优势比较明显，前十名的省市中有七个来自东部沿海发达地区。从增速看，江苏、湖南、山东、河北、北京分列影响力增长率前五名。

第三个分指数是驱动力指数。从排名来看，和2016年相比，有较多的省份上升幅度较大，比如黑龙江、山东、湖北、陕西、广西等。从增速看，黑龙江、海南、山东、重庆、云南分列增长率前五位。

3.2.4 文化企业

文化企业是文化产业的主体，文化产业的发展程度归根结底取决于文化企业的发育水平。我国并没有专门对文化企业进行界定，文化企业也就是通常所指的文化市场经营机构。文化市场经营机构指经文化市场行政部门审批或已申报登记并领取相关许可证的、从事文化经营和文化服务活动的机构，包括内资企业、港澳台商投资企业、外商投资企业；其中内资企业又包括国有企业，集体企业，股份合作、联营企业，有效责任、股份有限公司，私营企业，个体经济以及其他。

党的十八大以来，我国发展进入新时代，文化企业发展更加注重集约化经营，实现集约化经营更要注重从企业的发展质量和综合效益出发。近年来，全国文化市场经营机构总量变化逐渐稳定，从业人员数量也基本上不变，文化市场的规模化水平有所提高（见图3-13、图3-14）。

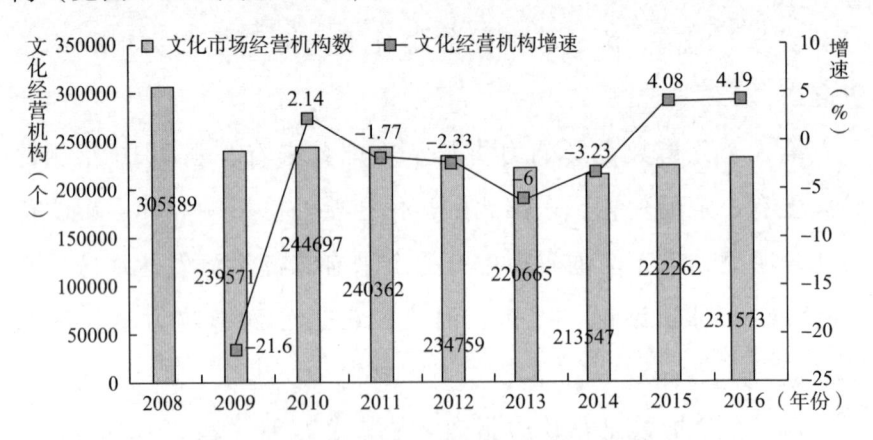

图3-13 历年文化经营机构数及其增速

资料来源：历年《中国文化文物统计年鉴》。

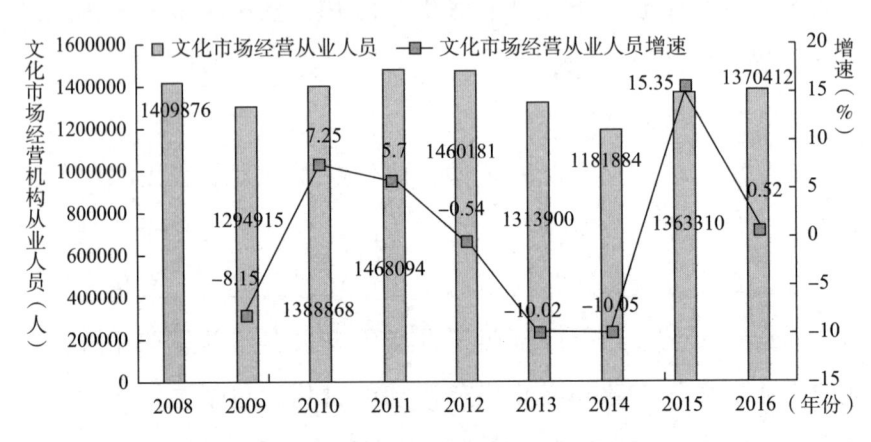

图3-14 文化经营机构从业人员数及其增速

资料来源：历年《中国文化文物统计年鉴》。

2015年，全国文化经营机构数达到231709个，比上年减少9311个。2015年我国文化经营机构基本情况如表3-7所示。

表 3-7　2015 年全国文化经营机构基本情况

2015 年	文化市场经营机构（个）	从业人员（人）	营业收入（万元）	利润总额（万元）
按城乡分				
城市	83598	720371	22838853	7965993
县城	93228	653781	5356224	1616637
县以下	54883	190508	1461269	438280
总计	231709	1564660	29656346	10020910

资料来源：中国经济网。

3.2.5 文化产业园区

根据文化部发布的《国家级文化产业示范园区管理办法试行》的定义，文化产业园区是"进行文化产业资源开发、文化企业和行业集聚及相关产业链汇聚，对区域文化及相关产业发展起示范、带动作用，发挥园区的经济、社会效益的特定区域"。

（1）我国文化产业园区发展概况

文化产业园区是文化产业发展的重要平台和载体，有利于发挥政府在文化产业发展方面的引导作用，对于促进文化产业更快更好的发展、完善文化产业区域布局、提升文化产业的竞争力有重大的意义，体现在示范引导、理念创新、促进资源整合、促进当地经济发展、发挥产业集群优势等方面。

随着经济的发展及政府的不断重视，自 2004 年开始截至目前，文化部开展了六批国家文化产业示范基地命名和五批国家级文化产业示范（试验）园区命名。全国共有文化部命名的 10 家示范园区、12 家试验园区和 339 家示范基地。成规模的文化产业园区不到 3000 家，各省及副省级以上城市受官方认定的文化产业园区达到400家以上。其中，东北部地区有32家，东部地区有261家，中部地区有152家，南部地区有78家，西部地区有50家。园区主要涵盖演艺、动漫、艺术创意与设计、文化休闲娱乐、文化旅游等领域。

我国的文化产业园区的整体情况可以分为如下六大区域：一是以北京为中心，北京、天津、河北三省市组成的环渤海区域；二是以上海为中心，上海、浙江和江苏三省市组成的长三角区域；三是以广州、深圳为中心的珠三角区域；四是以昆明、成都、大理为中心，云南、贵州和四川三省组成的云贵川区域；五是以西安和重庆为中心的陕西和重庆二省市组成的陕渝区域；六是以郑州、开封、武汉、长沙为中心，河南、湖北和湖南三省组成的中部区域。

（2）文化产业园区的类型

文化产业园区在我国的发展还处于萌芽期，因而对其的分类很少。结合我国的实际情况，借鉴国外发达国家的经验，可以划分为科技和文化有机结合型、产业型、艺术型、休闲娱乐型、地方特色型、文化地产和文化商业区型六种。

第一，科技和文化有机结合型。这种类型的产业园区实现了高科技产业和文化产业的有机结合，用高科技改造和完善传统文化产业，用文化赋予科技产业以灵魂，提升科技产业。北京的清华科技园和中关村科技园等是这方面的典型代表，谷歌中国总部、网易和搜狐都落户在清华科技园，而新浪和腾讯落户在中关村科技园。

第二，产业型。这种类型的产业园区具备相对完善的产业链条，产业集群效应明显。产业型园区又可以分为独立产业型和依托产业型。独立产业型文化产业园区的文化产业集群相对成熟和完善，原创能力强，具备较为完整的产业链，协同效应和规模效应明显。如占地面积60多万平方米的北京798艺术区，形成了包括设计、出版、展示、演出、艺术家工作室等相对完善的产业链，并在此基础上，聚集了包括精品家居、时装、酒吧、餐饮、蛋糕等延伸性服务业链条。依托产业型文化产业园区主要依托高校或科研院所，形成了相对完善的文化产业链条。如依托于清华大学的清华科技园，依托于上海师范大学的上海虹漕南路创意产业园，依托于同济大学的现代设计产业园区等。

第三，艺术型。这种类型的产业园区的本质是创作型，具备很强的原创能力，但是产业化运作能力相对较弱。如北京的宋庄小堡画家村，其领域已经由原来单纯的架上油画艺术发展到如今的雕塑艺术、观念艺术、新媒体艺术、摄影艺术、独立制片人，自由音乐人、自由作家等。此外，青岛的达尼画家村等也属于此种类型。

第四，休闲娱乐型。这类文化产业园区把消费者的文化和休闲旅游需求进行有机结合，能够有效地满足当地居民及外来游客的文化消费需求。深圳华侨城、北京长安街文化演艺集聚区都是这方面的典范。

第五，地方特色型。这类文化产业园区建立在当地独特的、稀缺的、独有的文化资源之上的，如河南省开封的宋都古城文化产业园区、北京市的潘家园古玩艺术品交易区、高碑店传统民俗文化创意产业园等。

第六，文化地产和文化商业区型。这类文化产业园区把文化产业和地产、商业等传统产业相结合，赋予这些传统产业以文化的灵魂,用文化提升传统地产业和传统商业。典型代表是万达广场把影院和商业相结合,凤凰文化广场把文化和商业进行结合。

(3) 文化产业园区建设存在的问题

一是运营状况不佳。统计数据显示,在全国超过2500家的文化产业园区中,目前有70%以上的文化产业园区处于亏损状态,真正盈利的不超过10%。分析运营现状的原因,北京大学文化产业研究院常务副院长陈少峰在"2014年第十一届中国文化产业新年论坛"上说:"我国目前的文化产业园区难以盈利的真正原因在于,文化产业园区运营商没有真正把园区定位为文化产业的集聚区,并没有明确做文化产业园的目标,只是利用利好政策来做事。比如先行圈地,然后尽快地把地卖掉、把房子出租等。最后,文化产业园区有的成了普通物业,有的成了普通商业,有的成了艺术家的工作室,有的成了文化交流的活动场所。"此外,不恰当的商业模式也是运营不佳的重要原因。

二是定位与园区特色问题。文化产业园区的定位问题,包括功能定位和产业定位两个方面。目前我国普遍存在混淆文化园区和文化集聚园区的现象。在产业定位方面,许多园区未能根据区域经济的特点和园区所在地的历史、地理、社会、文化条件确定产业类别,未能形成良好的产业链,更谈不上产业链之间的良性循环。

三是人才和资金的问题。文化产业园区的人才需要有较高的综合素质,他们既需要一般的文化企业人才所具备的素质,又要有园区管理的整体观念和产业集聚的战略眼光。我国文化产业园区的文化企业人才总体而言数量不足、结构失衡,尤其是缺乏高层次、具有创新思维的高级管理人才。

文化产业园区从建设到运营都离不开资金的支持。许多文化产业园区不是没有良好的规划，甚至不是缺乏优秀的商业模式，而是因为缺乏足够的资金，导致迟迟不能运营。目前，我国文化产业园区尚未形成类似于项目池和资金池之类的平台，项目和资金之间缺乏有效的对接。这就导致有些优秀的项目缺乏资金的支持，有些大资金和文化产业投资资金又找不到良好的、安全的投放点。

五是扶持引导政策措施不到位的问题。对于文化产业园区，在税收减免、土地使用、市政配套、基础设施建设等方面缺乏具体扶持政策。部分园区和基地还存在多头管理、恶性竞争等问题。这些倾向和问题已影响文化产业的健康、科学发展，需要引起相关部门的高度重视并及时加以解决。

3.2.6 文化贸易

现阶段，文化贸易已成为国际贸易的重要组成部分。通过文化贸易不仅可以获得丰厚的利润，而且借此能够巩固和提升本国文化的影响力。伴随着中国经济的快速发展，中国文化贸易也保持了持续快速的发展。

2002年我国文化产品出口额为122.4亿美元，到2016年出口额增长到786.6亿美元，年均增长率为13.2%。文化服务出口中的文化娱乐和广告服务出口额为54.3亿美元，同比增长31.8%；文化体育和娱乐业对外直接投资39.2亿美元，同比增长188.3%。从我国核心文化产品出口情况看，新闻出版业在图书、期刊、报纸和音像制品、电子出版物的实体出版方面得到发展，其中，图书、期刊、报纸出口额从2015年的5726.74万美元增长到2016年的5886.67万美元。音像制品、电子出版物出口额从2015年的136.76万美元增长到2016年的156.43美元。而在版权出口方面，2009年输出4205项，2016年输出11133项，引进输出比例也由

2003年的15∶1缩小到2016年的1.5∶1。2014年电视节目出口总额为27225.71万美元，2015年增长到51331.91万美元，2016年下降到36909.13万美元。① 电影产业作为我国海外销售额最大的文化产品，2009年国产片海外销售业绩达43281万美元，2010年获得25.9%的增长，销售额为54953万美元，2011年受欧洲经济衰退影响，很多海外买家谨慎挑选华语影片，致使销售额有所下降，为31625万美元。2016年网游产业的出口势头可谓强劲，出口收入由2015年的53.1亿美元一跃至2016年的72.3亿美元，同比增长36.2%。动漫产业在财政资金的大力支持下，出口规模稳步增长，2015年全国动漫产品出口收入为14.2亿元，2016年增长至16.8亿美元。② 其中，视觉艺术品出口所占比重最大，占我国核心文化产品出口总额的一半以上，主要出口市场为美国、德国和英国。2016图书出口为5407.37万美元，与2015年的5221.67万美元相比同比增长3.56%，主要出口市场为中国香港和美国。③ 2016年，我国文化服务贸易中的文化娱乐和广告服务出口额为54.3亿美元，同比增长31.8%；文化体育和娱乐业对外直接投资达39.2亿美元，同比增长188.3%，增速迅猛。

根据联合国贸发会议（UNCTAD）相关统计数据，2009年我国文化产品出口额为797.15亿美元，2010年增长至1017.75亿美元，2011年出口额再增长26.78%为1290.33亿美元，2012年达1506.45亿美元，2015年达1685.07亿美元。我国文化产品核心内容的进出口总额整体处于上升趋势，但仍存在一些问题。

---

① 根据《中国统计年鉴2014-2017》公布的"文化和体育"数据整理计算得出。
② 根据公开数据整理计算得出。
③ 数据来源：国家统计数据。

(1) 产品贸易结构不均衡，缺少国际竞争力

视觉艺术品作为低附加值的劳动密集型产品，是我国文化产品出口的主要部分，而知识密集型的文化产品如新型媒介产品、印刷品等出口额虽有所增长，但占总出口的比重仍然较小。联合国贸易发展会议《创意产业 2010 报告》显示，2008 年，中国超越美国成为世界上最大的文化产品（不包括文化服务）贸易出口国，出口额达 848.07 亿美元，占全球市场 20.8% 的份额。由于文化产品出口的大幅上涨，2008 年中国成为世界上文化产业顺差最大的国家，达 790 亿美元。[1] 2016 年全年文化产品进出口总额达到 885.2 亿美元，其中出口 786.6 亿美元，顺差 688 亿美元。但出口结构不合理：一是高科技、高附加值文化产品所占份额较少；二是文化服务出口比例偏小，而文化服务出口额所占比重很少，文化贸易产品结构较不均衡。[2]

(2) 文化产品出口份额有待提高

我国核心文化产品出口额占出口总额的比重远远落后于发达国家。2016 年我国文化产品进出口额占我国贸易总额的 0.36%，出口额仅占总出口额的 0.57%。主要的出口市场有美国、中国香港、英国和日本。从发达国家的发展情况来看，近年来美国文化产品出口规模已超越航天工业，跃居其出口贸易的首位；而韩国的文化产品出口贸易额早在 2004 年就与其汽车的出口额相当，日本的动漫及周边产品出口也已成为日本一个重要的文化品牌并占领绝大部分的世界动漫市场。从中也可以看出，我国的文化产品

---

[1] United Nations Conference on Trade and Development: Creative Economy Report 2010.
[2] 《我国文化产业贸易额十年增长 2.7 倍》，中情网，http://www.askci.com/news/201211/23/111821_08.shtml。

贸易，尤其是文化产品出口份额亟待提高，发展潜力巨大。[①]

4　我国文化产业安全存在的问题

4.1　一些文化产品供给的市场价值与社会价值发挥存在冲突

随着我国文化产业体制改革的不断深入，文化产业市场化程度不断提高，提供健康积极、符合公众消费需求和审美的文化消费品是值得关注的问题。当前，一些企业和生产者为了获取利润而提供一些低俗的文化产品，不可避免地产生了文化产品供给的市场价值导向与文化产品的社会价值发挥的冲突，具体体现为以下几点。

一是文化"繁荣"存在于低俗的娱乐业当中。文化产业的繁荣往往伴随着一个国家、民族的精神面貌和文化水平的提高，这是由于文化本身的特点所决定的。在我国文化产业不断发展的过程中，一些文化的"繁荣"出现在了低俗的娱乐业中，其之所以"繁荣"，是为了迎合经济利益的需求，是仅仅以经济利益为导向和最终目标而形成的。

二是浅薄的仿古剧过于泛滥。文化产业的发展以服务大众为宗旨，同时为了使作品具有艺术性可进行一定的改编和加工，但必须有一定的限度，不能过度改编、篡改历史。这样会有两种不良的后果出现。一是使青少年对历史出现错误认识而影响正常的

[①] 《我国文化产业贸易额十年增长2.7倍》，中商情报网，http://www.askci.com/news/201211/23/111821_08.shtml。

教学活动。因为当被篡改的历史以作品的形式出现在青少年面前的时候，其影响力远大于教材所带给他的冲击。二是在历史剧的改编过程中，为了起到一定的效果，往往对历史已经定性的一些人物重新塑造，从而使我们的认知发生了错误，这是对历史的不尊重。

三是个别文化缺乏独创性。从我国文化产业发展现状来看，一些文化产品还是注重重复旧有的成功模式，创新性依然不强，其主要原因可能是经济、市场尝试的高额成本。文化产业展示给人们的应是人们所没有接受过的内容，是新鲜的信息，是人们所渴求的知识，如此才会赢得观众，获得经济效益，实现社会价值，形成文化产业的生产、销售、再生产的资本良性循环。走独立自主的道路是我国文化产业的首要任务，是我国文化产业安全的保证，是我国文化产业强大的必经之路。

4.2 文化产业发展结构不合理，产业竞争力不强，缺乏国际市场开拓能力

从国内市场来看，我国文化产业结构不合理主要表现在以下几个方面。

第一，文化产业规模偏小，条块分割和市场壁垒问题日益凸显。当前，我国文化产业领域普遍存在"小、弱、散"状况，整体缺乏骨干文化企业和知名文化产业品牌。文化产业方面的大企业大都在做媒体和平台，中小企业却在做内容，由于不注重挖掘时代的闪光点和人性的内涵，作品缺乏打动人灵魂的力量，所以文化产业内知名文化品牌较少，缺乏市场竞争力。同时，我国文

化企事业单位对文化市场的重视和调研不够，市场开拓意识不强，营销能力尚显不足，尚未形成与市场经济体制相适应的营销模式，导致文化产品市场占有率低，即使是优质产品也难以形成产业链，产品附加值未能得到有效挖掘。我国在文化产业发展中缺少自己的优势项目，未形成像美国的好莱坞、迪士尼，日本的索尼等规模的龙头企业。此外，我国的历史文化积淀十分深厚，是文化产业纵深发展的关键，但是由于地域的分割和差距，导致文化产业的模式零散，无法发挥规模优势，抑制了产业规模和规模效益。

第二，区域发展不平衡，产业发展同质化趋势明显。一方面，从总体来看，我国区域文化产业发展格局与区域经济发展基本相同，呈现一种从东到西、从城市到农村逐步展开的分梯度、非均衡发展态势。东部沿海地区、大城市不论是文化原创、技术水平、产品包装还是市场营销已经基本与国际接轨，发展较快、水平较高；而广阔的中西部农村地区的文化产业发展相对较为滞后，文化产业在地区经济中所占比例亟待提高。我国农村人口众多，具有广阔的消费市场前景，然而文化产品的供给却很贫乏，如何开拓农村文化产品和服务消费市场是一个具有重大意义的问题。另一方面，由于各地政府都把文化产业作为破解地区发展难题的钥匙，自觉充当文化经济发展的主角，纷纷制定文化经济发展规划，设立文化产业发展专项基金，建立文化产业园区，制定各种优惠政策招商引资、吸引人才，政府成了文化产业的"大老板"。地方政府之间竞争日趋激烈，"文化立市""文化强省"等几乎成为所有地方的发展路径，一些地方政府以数量、以速度为标准，一哄而上、重复建设、浪费资源。

第三，文化产业发展中的技术力量薄弱，运用现代高科技手段开发文化资源、改造传统文化产业、创新文化表现形式的能力不足，导致低技术含量文化产业比重偏大，技术投入产生的附加值不高。以电影业为例，与美国相比，不仅中国电影业、演出业在制作、加工、欣赏都还停留在传统技术的基础上，与发达国家存在着很大的技术差距，而且这一差距也广泛体现在文化产业的各个部门，以至于中国部分文化产品在生产、制作过程中，使用的仍然是发达国家已淘汰下来的生产设备。

第四，文化产业生产结构与市场需求结构不相适应。供求平衡是市场存在和发展的原则，文化产品作为商品在市场中流通，受到需求变化的影响。虽然文化产业在我国市场中所占的比重越来越大，但其发展仍然赶不上文化精神需求的增长速度。随着我国人均GDP的不断攀升，居民对文化产品的消费能力呈现出多层次、多形式、多样性的特点。但是，在我国目前的文化产品市场中，质优价廉的大众文化产品无论在数量上还是质量上，都还不能很好地满足人民群众日益增长的精神文化需求。这也表明了中国文化产业的市场专业化程度不高，对群众需求把握不到位。

从国际市场来看，我国文化产业与国际市场接轨力度不够，文化产品缺乏国际竞争力，文化产业对外贸易一直处于逆差。在全球经济一体化背景下，文化与经济已紧密结合在一起。但是，我国自加入WTO以后，文化产业政策并没有完全与WTO的协定接轨，在文化产业的开放方面采取保守和谨慎的态度，这也使得在保护本国文化产业安全的同时也丧失了一些发展机遇。目前，我国文化经济总体上处于低端产业、外围产业发展较快，而高端产业、核心产业发展并不理想的阶段；文化产业的平台建设、渠道建设成绩很大，但内容创新还远远不够；中国文化产品确实已经走到国外,但真正为境外消费者接受和欣赏的,主要还是以传统文化为要素、风格和载体的产品,而反映当代中国生活和经验的故事、文本、影像和符号,却并未获得广泛认同,跨国之旅仍步履维艰。

4.3 文化市场体系尚不完善,主要生产要素的供给、利用效率不高

文化市场是文化产业不可或缺的重要组成部分,而完善的文化市场体系是文化产业迅速发展的必备条件。任何产品的生产都离不开要素(资源、资本、人才、技术等)的投入。文化产业主要生产文化产品,提供文化服务,因而也离不开这些要素的投入。健全的文化市场能够促进各类文化产品和文化要素的自由流动,实现文化资源的优化配置,提高人民群众文化消费水平,拓展文化产业的发展空间。当前我国人民群众的文化消费还处在很低的水平,文化市场发育不完善是一个主要制约因素。

第一,丰富的文化资源未得到有效利用。我国有极为丰富的文化资源。历史文化资源中重要历史人物、重大历史事件不胜枚举;民族文化资源中 56 个民族的文化资源多姿多彩,极为丰富;现代文化资源中各种社会思潮、思想流派异彩纷呈。中国文化不仅仅只有功夫、剪纸、方块字、唐装汉服,而且包括中华文明绵延数千年的生命力以及现代中国蒸蒸日上的活力。我国是文化资源大国却不是文化产业强国,在发展文化产业的过程中对文化资源的开发保护不够,也没有有效地将文化资源向产业化转化。例如韩国向联合国教科文组织成功申报"江陵端午祭"为人类传说

及无形遗产著作,而端午节纪念屈原本是中国的传统节日;流传久远的《花木兰》的故事,许多人对此熟视无睹,但被好莱坞加工成动画片后,在世界范围内取得了票房丰收;国宝大熊猫和中国功夫被好莱坞善加利用,制作成动画片《功夫熊猫》,出口到中国赚得盆满钵满。至于已经被市场开发利用的文化资源,大部分是"产业"多于"文化","资源"多于"资本",文化附加值和经济附加值不够。中华民族五千年来形成的深厚文化积累、多样文化形态,是宝贵的文化资源,如何通过发展文化产业等途径,把我国令人称羡的文化资源优势转变为文化产业优势,是一个亟待解决的现实课题。

第二,文化产业投融资机制有待进一步完善。文化产业投资是文化产业资本形成的重要途径和长足发展的根本动力,而我国文化产业的投融资制度尚不完善,制约了我国文化产业的发展。资本具有逐利性,投资主体除了受主观意愿的影响外,会考虑投资的风险收益特征进行投资决策,而文化产业投资较大以及收益的不确定性等因素都会使很多投资机构望而却步。众多的中小文化企业很难得到自身发展所需的资本,这就需要进一步完善相关的投融资机制。同时,文化投融资体制落后,未突破投资主体单一的政策桎梏,多元化、市场化、社会化的文化投融资渠道严重不畅,导致外资及民间资本难以进入,缺乏必要的法律保障。虽然国家对文化产业投资进行了部分改革试点,但同时也规定了很多的限制条件,如非国有资本不得投资广播、电视业等。对于大部分地区来说,由于在文化企业产权、经营、利润分配等问题上,国家还没有相应的政策规定,资本市场对文化企业的投资还持观望态度。对于上市的文化企业来说,上市融资成为企业募集社会资本的最有效的方式，但国有股份不能在资本市场上流通，企业不重视股票的股息和红利，在这种情况下股民的收益得不到保障，社会资本的积极性受到压制。

第三，文化产业专业人才匮乏。文化产业作为一个知识密集型产业，其健康稳定的发展一定程度上取决于人才。文化产业的特殊性使得文化产业需要的人才也具有特殊性，既需要大量的艺术家，也需要熟悉市场经济与文化经营两门学科的文化经营者。目前，我国文化产业的大多数经营者中存在知识面狭隘、年龄结构不合理、跨学科人才少的特点，在实际工作中，他们仍以传统的文化管理手段来经营，知识更新慢，缺乏现代企业管理和资本运作方面的知识和实践经验。在文化产业中，文化投资者和经营者的素质是十分重要的，文化经营者自身的品格和素质都能够直接影响经营的成败，也影响着为社会提供的文化产品的质量。近年来我国文化产业吸纳的就业人数不断增加，但人才队伍还不强、专业拔尖的人才不足、文化管理和市场营销人才不多、创新型人才比重更低。我国文化产业不但存在人才缺乏的现象，而且还存在文化经营者观念滞后的现象。由于传统体制的影响，许多的文化经营者对待文化产业的观念还很落后，没有认清文化产业发展的必然性，总是纠缠于能否产业化等文化产业的合法性问题上，严重影响了文化产业的发展。

第四，技术支撑力量落后。文化产业是现代工业文明的产物，科学技术的进步会给文化产业带来深刻的变化。我国文化产业生产技术和生产方式落后，拥有自主知识产权的技术很少，并没有形成自身独立的制造技术体系，这样就很难实现这些技术向文化产业领域的扩散。例如，我国文化传播手段落后，演出业、影视业、出版业等诸多文化产品的传播,仍停留在传统技术基础上,运用高新技术创新不够,与发达国家存在较大差距,文化产品缺乏吸引力和竞争力。又比如,我国拥有很庞大的网络游戏市场,也有世界规模最大的网络游戏运营商,但是具备自主知识产权技术且具备市场竞争力的网络游戏却很少,在很大程度上依赖进口。在文化产业的发展中,具备有吸引力的内涵是根本,而与时代同步的技术是手段。离开了雄厚的技术力量支撑,文化产业不可能得到快速、高效发展。

4.4 文化管理体制弊端逐渐显现,有待进一步深化改革

由于文化产业是一个集政治、经济、文化诸属性于一身的特殊产业,加之我国文化产业的发展是建立在数十年来计划配置资源的文化事业基础上的等原因,政府行为在文化产业发展中仍然必不可少:一方面,文化产业的经济效益和社会效益的平衡统一需要政府进行管理调控;另一方面,文化产业的发展需要政府进行指导和干预。但是,伴随文化体制改革的深入,原有的文化管理体制弊端逐渐显现出来。

一是在对文化企业管理上政企不分、产权混淆,文化企业难以成为真正的市场主体。由于历史原因,我国的文化产业单位基本上是政府部门的附属组织。近年来,虽然剥离了许多文化产业组织与政府的依附关系,但是政府"管""办"不分、统包统揽现象依然存在。表现在文化管理上,政府与文化经营单位之间责、权、利尚未理清,难以形成真正的市场主体和法人实体。部分国有事业单位在资产管理和运营机制上仍存在漏洞,相应的改革工作受到诸多外部因素干预,改制后难以摆脱事业性质的烙印,市

场主体地位不明确，无法实现文化资源的有效配置。如深圳市作为文化体制改革综合试点城市，2003年将原属事业单位的深圳市新华书店改制为深圳发行集团，属国有一类企业。集团总经理既是企业的法人代表，同时在行政级别上又与政府一致，企业在市场竞争中可以享受事业单位的待遇，没有真正实现企业化经营。

二是在文化产业宏观管理方面缺乏统一性、协调性，"多头领导、条块分割"现象严重。在文化产业运营上，政府职责与市场作用划分不明确，导致文化产业行政化或非产业化。一方面，我国政府对文化产业宏观管理的科学指导和相关经验尚有不足，在经历了前一个阶段文化产业高速发展的积累后，地方政府主导的发展模式开始显现出大量低水平建设和泡沫化的不良倾向，各地区文化市场分割明显，各自为政。另一方面，目前多数地区尚未建立统一高效的文化产业管理体制，文化、广播电视、出版、旅游等相关部门管理分散，文化市场多头执法，行业之间无法交流和共享资源，甚至于出现部门垄断和行业分割的现象。由此，我国文化产业发展难以形成合力，没有形成"大文化、大产业"的发展趋势，产业集约化程度偏低。

4.5 文化产业政策、法规体系有待进一步完善

缺乏完整的文化产业政策体系，这是我国文化产业发展面临的重要问题之一。科学合理的文化政策体系应该包括市场准入、退出、资本市场、投融资、财税、对外贸易、土地、"走出去"等等各项内容。事实证明，20世纪90年代以来，英国、法国、加拿大、澳大利亚等各国陆续制定本国的文化政策和文化发展战略，有力促进了本国文化产业快速发展和国际竞争力的迅速提升。尽

管我国高度重视文化产业的发展,密集出台了《文化产业振兴计划》《中共中央关于深化文化体制改革推动文化大发展大繁荣的决定》《国家"十二五"时期文化产业倍增计划》等一系列方针、政策与规划。但从整体上看,我国文化产业政策尚缺乏顶层设计和系统设计,很多文化产业政策内容缺失或者不规范,政策之间缺乏稳定协调性,尚未建立一整套完整而又切合实际的文化产业配套政策,对文化产业的发展支持力度不够,具体表现在以下几个方面。

首先,我国的文化产业在宏观和微观上虽都有一定的政策,但缺乏从产业角度考虑的政策。其次,相关产业政策缺乏稳定性和连续性。政策的稳定性和连续性能保证相关市场主体稳定的政策预期,从而有利于其长期发展。再次,产业政策缺乏前瞻性。在文化产业这样一个发展瞬息万变的新兴产业里,实践中的新问题、新情况的出现要求产业政策一定要有前瞻性,否则将不能适应实践的变化,造成产业发展中的问题,甚至使其成为产业发展的阻力。例如在艺术产业中,社会上已经出现了民营的非营利艺术机构,而在相关的政策条款中却没有此类机构的应有地位,这必然导致微观主体的无所适从。最后,文化产业政策的决策和执行过程中科学化、民主化和法治化程度有待进一步提高。在我国文化产业政策制定过程中,在运用先进科学的技术方法方面仍略有不足,缺乏实地调查、数据分析等实证研究,往往选择一个方案执行,若发现错误再重新选择另一个方案;政策制定和实施的公开性、透明度不足,缺少社会公众的广泛参与;文化产业政策过程缺乏合理程序,法治监督机制有待进一步健全。

我国文化产业发展所需的法规体系建设相对滞后。长期以来,我国对文化产业的管理主要依靠行政措施，自 2002 年党的十六大首次将文化划分为文化事业和文化产业以来，国家对文化产业的管理制定了一系列法律法规，并采取积极有效的产业政策扶持文化产业的发展。但是，我国文化立法仍然比较薄弱，立法涵盖面依然不够，文化产业发展缺乏强有力的法治保障，许多政策条例和部门规章不能适应市场发展中出现的新情况、新问题，不能完全适应未来文化产业化需要。例如，我国缺乏一部大力促进文化产业发展的基本大法，以及一些诸如出版法、电影法、文艺演出法等文化产业领域内的基本法律，使地方文化立法受到诸多限制。另外，在相关法律法规的缺失下，文化资源分配的公共性和公平性问题凸显，由于政策法规的不完善以及市场管理力量的不足，我国文化市场出现管理失控，产生负面效应等问题时有发生。现有法律法规不能完全适应未来文化产业发展的需求，相对滞后的法律法规建设导致国家出台的相关文化产业政策难以彻底执行，具体项目的开展、实施和监督无法与国际标准接轨。例如，在音像制品方面，虽然国家下大力气治理音像业的盗版，但据统计，我国盗版音像制品占整个音像制品市场的 90% 左右。主要原因包括：一是有关法律法规对非法音像制品经营行为处罚力度不够，在一定程度上给不法分子以可乘之机；二是音像市场执法力度不够，管理体制不顺，非法音像制品仍然充斥市场，知识产权受到侵害；三是互联网的出现和发展，给文化产业的知识产权保护，特别是版权保护，提出了许多新的课题。未来产业发展将对现有政策法规提出新的要求，对传统法规进行修订以及出台适应时代要求的新政策，加快法律法规的统一部署和规划对促进文化产业健康、有序地发展不无裨益。

5 保障文化产业安全发展的战略选择

5.1 坚持正确导向,始终把社会效益放在第一位

文化产业不仅具有经济属性,更具有意识形态属性,文化产业的兴盛和文化形态的转型密切相关,改变着人们的审美趣味和价值观念。在发展文化产业的过程中,必须正确处理文化产业的经济效益与社会效益的关系,始终把社会效益放在首位,注重社会责任和文化使命的承担,力争实现社会效益和经济效益俱佳。社会效益和经济效益的有机结合是文化产业持续繁荣发展的关键。

经济效益服从社会效益,绝不能为追求经济效益而放弃社会责任、损害社会效益。当然,把社会效益放在首位,并不是说可以降低对经济效益的要求,而是说在追求经济效益的最大化时,绝不能偏离社会效益这个根本方向和目标,要最大限度地实现经济效益和社会效益的良性互动,切实保证文化产业科学发展。因此,在文化产业经营过程中要注意把握好以下几个方面:第一,文化产业所开发的是文化产品,它与物质产品的形态不一样,不能忽视文化产品的文化层面的社会效益;第二,在开发文化产品时,要同时考虑社会效益和经济效益,也就是不能忽视其文化属性的层面及其所体现的社会效益;第三,当经济效益与社会效益发生冲突时,就需要解决如何才不会导致冲突,由此也就需要优先在产品的文化内涵上进行提升,而不是只考虑经济上的效益。总之,把社会效益放在首位,是对文化产业做出通盘考虑时首先关切文化产品的社会影响,而不是拿社会效益与经济效益进行对

比。社会效益的优先性，是指对文化内涵的思考应当优先于追求经济结果的实践。

为使文化产业在确保社会效益第一、社会效益和经济效益俱佳，必须使社会主义核心价值体系体现在文化产品创作、生产、传播的各个环节。社会主义核心价值体系是当代中国社会思想领域的主流价值观念，是意识形态的本质体现，是中国社会主义基本政治制度的灵魂，是一种积极向上的主旋律思想。社会主义核心价值体系是兴国之魂、是社会主义先进文化的精髓，决定着中国特色社会主义前进的方向。这一价值体系的四层含义[①]对当代中国针对性非常强，对于维护文化产业的安全发展和提升国家文化软实力非常重要。因此，在文化产品的生产创作中，应坚持以社会主义核心价值体系为指导，并将这种思想贯穿于文化产品创作、生产、传播的各个环节，创作更多符合社会主义核心价值体系的主旋律作品。

5.2 加快文化产业结构调整，提高文化产业国际竞争能力

要调整和优化文化产业结构，应按照构建结构合理、门类齐全、科技含量高、富有创意、竞争力强的现代文化产业体系的要求，改造提升传统文化产业，加快发展新兴文化产业，鼓励企业

---

① 社会主义核心价值体系是党的十六届六中全会首次明确提出的一个科学命题。社会主义核心价值体系在中国整体社会价值体系中居于核心地位，发挥着主导作用，决定着整个价值体系的基本特征和基本方向。社会主义核心价值体系包括四个方面的基本内容，即马克思主义指导思想、中国特色社会主义共同理想、以爱国主义为核心的民族精神和以改革创新为核心的时代精神、以"八荣八耻"为主要内容的社会主义荣辱观。

兼并重组，培育产业集群，构建区域文化产业集聚优势，推出适销对路的文化产品和服务，着力打造知名品牌，促进文化产业更多地参与国际市场竞争。

一是调整文化产业规模结构，提高集约化经营程度，加快文化产业从单纯依赖数量、规模扩张的粗放型增长方式向更多依靠质量、效益提高的集约型发展方式转变。走规模化、集约化之路是文化产业做大做强的根本途径，这已为发达国家发展文化产业的具体实践所证实。一方面，要鼓励规模经营和专业化协作，促进文化产业各行业形成适合自身特点的组织结构；另一方面，组建文化产业集团要注重资源的有效整合，加强优势互补，要按照市场配置资源的原则实现文化产业集团的内在整合重组。要善于研究和借鉴发达国家文化产业集团发展的成功经验和运营模式，不断改进和优化我国文化产业集团的发展模式。同时，要支持"专、精、特、新"中小文化企业发展，构建富有活力的优势企业群体和协作配套体系，提高产业整体效益。

二是在发展文化产业时凸显区域特色，采取差异化发展战略，优化文化产业区域结构，促进文化经济资源在全国合理配置，形成东中西部优势互补、良性互动的文化产业发展格局。我国人口多、底子薄，地区之间、城乡之间发展不平衡，在发展文化产业时要考虑到我国的国情。一方面，我国农村人口占总人口的大多数，他们对文化产品及服务的需求将形成广阔的市场；另一方面，我国对农村的文化产品供给不足。因而需要进行精细化的目标市场的定位，要以差异化的战略进行文化产品的研发、生产和拓展。此外，我国东西部经济发展水平和资源禀赋不同，要根据具体情况充分发挥比较优势发展特色文化产业：东部地区经济发展水平在全国最好，要充分运用市场机制在促进文化产业发展中的作用，注重文化创新；中部地区要充分利用丰富的历史文化资源推动文化产业的发展；西部地区要利用政府的扶持政策和富有特色的民族文化资源发展文化旅游业。

三是充分利用先进技术和现代生产方式，提升文化产业技术结构，将促进传统文化生产和传播模式改造，推进产业升级，延伸产业链，拓展新型文化产品和服务，提高文化产业整体技术水平和竞争实力。

四是依托我国悠久的历史文化资源，积极推动我国文化产业"走出去"，提升参与国际市场竞争的能力。世界文化的多样性和信息传播的全球性要求我国在进行文化发展的时候要突出自己的个性，形成本国文化独特的竞争优势。我国文化产业发展应顺应这一趋势，推动中华文化"走出去"，实现由注重国内市场向注重国内和国际两个市场转变，提高产业外向度和文化产品输出能力。一方面，要科学谋划，制定长期规划，有计划、有步骤、有重点地开展文化传播和交流，提高我国文化产业的国际竞争力、文化产品的国际影响力；另一方面，要遵循市场规律和文化传播规律，研究如何克服文化差异、思维差异、语言差异，以其他国家民众乐于接受的方式、能够理解的语言、喜闻乐见的媒介开展文化传播，积极推进文化产品和思想观念的对外传播。

5.3 建立健全现代文化市场体系，推动生产要素的流动和有效利用

一是完善文化市场准入和退出机制，鼓励各类市场主体公平竞争、优胜劣汰，积极有序开放文化市场。继续推进国有经营性

文化单位转企改制，加快公司制、股份制改造，对按规定转制的重要国有传媒企业探索实行特殊管理股制度。鼓励非公有制文化企业发展，降低社会资本进入门槛，允许参与对外出版、网络出版，允许以控股形式参与国有影视制作机构、文艺院团改制经营。支持各种形式小、微文化企业发展。在坚持出版权、播出权特许经营前提下，允许制作和出版、制作和播出分开。

二是构建多层次文化产品和要素市场，促进文化资源在全国范围内流动，完善市场的规范化管理。一方面，鼓励金融资本、社会资本、文化资源相结合，促进统一市场建设，逐步消除行业垄断和地区分割；另一方面，进一步加强文化市场的规范管理，主要措施包括：完善文化中介机构管理办法，规范中介行为；加强文化市场管理，在全国大中城市组建文化市场综合执法机构，实行统一执法；完善文化经济政策，扩大政府文化资助和文化采购，加强版权保护等。

三是持续完善市场化的文化产业投融资机制。要建立和完善多渠道投资文化产业的体制和有效的筹资机制，形成国家、集体、社会、个人广泛参与的综合性的投融资格局。鼓励社会力量以参股、购股、合伙经营等方式投资兴办中小型的文化企业；鼓励和支持符合条件的中小文化企业在创业板上市；鼓励外资投资我国文化产业。通过投融资机制的建立和完善，争取实现投资主体的多元化、融资渠道的社会化、投资方式的多元化、项目建设的市场化，为文化产业的发展提供资金支持。

四是实施人才强国策略，培育大量的文化产业专门人才。这可以从以下几个方面努力。第一，实施人才引进工程，制定完善的人才引进机制。重视引进的人才，完善各项政策和待遇以吸引和聘用一些国外的人才来中国工作。不断地优化国内的文化建设与研究环境，为引进的人才提供良好的学习、生活和工作环境。第二，加强高等院校对文化产业专门人才的培养。国家要对文化产业的人才培养给予专项的政策和资金支持，确保文化产业教育的发展。建立文化产业培训基地，利用高校的教学资源优势为社会和企业培养各方面的文化和管理人才。学校通过开设文化事业管理、文化艺术管理等专业，运用多种方式的教学手段，培养具有现代产业理念及工作技能的复合型文化人才，为文化产业可持续发展提供源源不断的人才。第三，重视文化产业工作者的培养和培训。文化企业要加大对员工的培训和投入，支持和鼓励创新，加强与国外的交流学习，比如人才的输出学习和优秀人才的引进、积极学习国外先进的人才管理经验等。

五是加大对于文化产业的科技投入，使文化产业能够借助新科技手段，创作生产数字化、娱乐活动信息传播化、造就生产需求的不断平衡、不断创新。随着通信技术和互联网技术集成化在文化生产、运作和营销中的普遍运用，人们对于消费品质量和产量方面日益增长的需求促使文化产业不断地进行创新，从而生产出更多的满足人们需要的文化产品。首先，政府应不断加大科技投入，关注和支持高科技、新媒体及其相关产业的发展，及时地对这些技术进行更新和创新，使科技创新和文化生产紧密结合在一起，不断地提高文化产品的技术含量，开发出技术含量高、市场占有率高、应用性强的文化产品，确保在文化产品生产和发展中，我国的文化产业能够在技术水平上具有较大的竞争力。其次，要发挥本国科技人才的才智，在引进国外先进技术的同时也要提高本国的自主研发能力，研制出属于自己的高科技技术，进而使本国的文化产品拥有较高的科技含量,在市场竞争中处于有利地位。

5.4 深化文化管理体制改革,构建现代公共文化服务体系

我国文化产业政策存在的诸多问题根源在于文化管理体制。因此,如何在文化不同行业之间实现统一管理、统一执法,形成各政策主体相互协调的机制,已成为我国文化产业健康发展的重要条件。深化文化管理体制改革应从以下几个方面展开。

一是树立科学合理的文化产业管理理念。正确的思想认识关系文化产业管理体制的优化构建。首先,需要划分好政府在文化产业中的地位和职能,保证政府在文化产业发展过程中起到积极作用,这是文化产业体制改革的重点问题,政府在文化产业发展过程中应保证其管理权利,做好市场监管、文化产品质量监督等工作,协调好文化企业与各单位之间的关系,处理好文化市场上的纠纷,保证文化产业的健康发展。其次,企业应充分认识到市场的作用,积极融入市场,在市场中接受挑战并保证自身独立的经营权。最后,确立在党的领导和政府的管理下自律地发展文化事业的方针。从管理体制到经营模式都需要进行优化与变革,思想变革将会更好地引领文化企业的进步。

二是正视新技术发展的融合趋势与文化政策的部门化分割的矛盾,推动建立统一的文化管理体制。文化产业发展不但受到经济、社会、政治和意识形态等方面影响,也与科技进步直接相关。不同于以往的技术革命,数字技术具有消解差异、重构存在、融合各种技术和产业的巨大潜能。然而,我国文化管理的主体,却

是政府的不同部门，如国家广播电视总局、工业和信息化部、体育总局、文化和旅游部分别管理文化演出业、新闻出版广播电影电视业、互联网通信业、体育与旅游业。在分行业垂直管理的体制下，行业政策的区隔非常明显。行政区隔无法处理文化产业的外溢效应，大量相关产业、外围产业可能处于文化产业政策之外。可以说，分行业纵向垂直管理是计划经济体制的管理方式，十多年来国家已经开始改革。数字技术在文化领域的广泛应用，再次提出了建立统一的文化管理体制、制定统一的文化产业政策的要求。要加强关于文化行政管理部门大部制改革的理论研究，继续探索深化文化行政管理体制改革的实践路径，优化文化产业主体的横向协调机制，统筹产业规划和产业政策的制定和实施，减少政策协调成本，提高政策实施效率。

三是建立完善的公共文化服务体系，从全局上调控我国文化产业的发展方向。主要措施包括建立公共文化服务体系建设协调机制，统筹服务设施网络建设，促进基本公共文化服务标准化、均等化；建立群众评价和反馈机制，推动文化惠民项目与群众文化需求有效对接；整合基层宣传文化、党员教育、科学普及、体育健身等设施，建设综合性文化服务中心；明确不同文化事业单位功能定位，建立法人治理结构，完善绩效考核机制；推动公共图书馆、博物馆、文化馆、科技馆等组建理事会，吸纳有关方面代表、专业人士、各界群众参与管理；引入竞争机制，推动公共文化服务社会化发展。

5.5 加强文化产业立法，进一步完善产业政策体系

第一，加快文化产业的立法，完善相关的法律、法规。美国、

日本、韩国等国家的文化产业之所以发达，得益于一套比较科学合理完善的文化或文化产业的法律法规。我们完全可以借鉴发达国家的经验，研究制定适合我国国情的《文化产业促进法》，为文化产业的发展提供法律保障，建立一个公平、公正的环境。一是建立相关的法律法规保护我国的文化资源。一方面，确保文化资源规范有序的开发；另一方面，要注重对文化遗产及自主知识产权等方面的保护。二是根据文化产业发展要求，结合应对国外文化扩张及世贸规则，制定文化产业法律法规，营造有利于文化产业发展的法治氛围。三是建立健全知识产权保护体系，加大知识产权的保护和宣传力度，形成尊重创新、保护创新的发展环境。四是充分认识文化的经济属性，从法律上确立文化的经济属性，理顺文化产业的管理体制，推动文化行政审批制度的改革，从而打破目前文化产业条块分割、职能交叉、管理分散的管理模式，用法律、法规来明确、约束、规范部门与部门之间的边界行为，更好地节省国家资源，实现文化资源的共享，维护人民群众的文化权益。

第二，进一步完善文化产业政策体系。首先，文化产业相关管理部门要完整透彻地理解文化产业政策制定和运作的基本规律，使文化产业政策既在总体上符合社会主义市场经济的原则宗旨和体制走向，又要着眼产业幼稚性特征和文化安全需要（甚至是意识形态的需要）。通过政策调控、引导市场主体的文化导向，限制其把利润作为文化产业发展的最高原则，使文化产业以大众传媒的形式，以产业运作方式表现当代中国主流文化精神。要充分发挥政府在文化产业政策体系中的支撑作用，用政策手段调整、规范和建立合理的政府与市场关系，进一步发挥市场在资源配置汇总中的主导性作用。其次,文化产业政策的制定要考虑文化产业的群体特征。文化产业实质上包含了多个细分行业群体,它们的发展具有文化产业的共性,遵循文化产业发展的一般规律,但每一个行业都有自己的特殊规律。而且,每个行业所处的发展阶段又不尽相同:有的处在产业形成阶段;有的处在产业成长阶段;有的发展已经比较成熟。因此,需要根据不同细分行业的特点,制定行业性政策,体现行业发展的特殊要求。政府需要根据产业结构演变规律,精心选择主导产业,合理安排产业发展序列,对主导产业实施扶持政策,对弱质产业实施保护政策,对投资过热的产业采取一定的限制政策,对衰退产业采取调整和援助政策,以促进文化产业各行业的协调发展。再次,要不断完善文化产业政策内容体系。文化产业的幼稚性和经济转轨特征等决定了我国当前的产业政策包括三大板块:结构政策、产业组织政策和产业发展政策。结构政策包括产业结构高级化的目标、主导产业的选择和产业发展的序列等;产业组织政策应允许社会市场主体进入若干意识形态属性较强的产业领域,并支持在文化产业领域提高市场集中度;产业发展政策包括产业技术政策和产业布局政策等。最后,要构建文化产业政策评价体系。由于产业和产业之间存在着各种投入产出关系,某一文化产业政策有若干项子政策,各种不同的文化产业之间会有各不相同的政策,甚至在同一行业里,不同的市场主体享受不同的产业政策,如何厘清子政策和各文化产业政策之间相互促进或者相互制约的关系,进而对整个文化产业政策体系进行客观评价,就成为完善和创新文化产业政策体系的关键所在。

第四章
产业融合视角下北京金融产业安全问题研究

1 引言

金融产业安全是中国经济面临的重要课题。2017年，习近平总书记强调："保持经济平稳健康发展，一定要把金融搞好。"在会议中，明确提出"确保不发生系统性金融风险"，并再次强调"金融安全是国家安全的重要组成部分"，这些都体现了国家对金融产业安全的高度重视，充分说明了金融产业安全的重要地位和意义。

金融业在北京经济发展中占比较大，在资源配置、风险控制等方面发挥了不可或缺的作用。随着经济的发展，北京金融业的综合实力不断增强。到2015年底，北京金融业资产规模达到111.5万亿元，位于全国首位。金融业在北京经济发展中的功能不断增强，已经成为北京第一支柱产业。数据资料显示，"十二五"期间北京金融业对经济增长的平均贡献率达到23.7%。[①] 在传统金

[①] 《北京市"十三五"时期金融业发展规划》。

融机构不断发展的同时，北京市各种新兴的金融业态形式也不断涌现，其中很多都涉及产业融合。

产业融合现象自20世纪70年代后不断增加，主要表现为产业原有的边界变得模糊乃至消失，也体现在不同产业的企业之间存在大规模的业务交叉，企业间并购重组和战略联盟的现象不断增加。随着产业融合在全球范围内蓬勃发展的态势，我国金融业也逐渐显现出外部与内部的融合趋势，如金融控股公司、跨行业部门的金融合作，尤其是互联网金融业的发展，使金融服务成本大幅下降，不仅推动了传统金融业的发展，也为社会提供了更多的新型金融服务。

尽管不少研究已经表明产业融合能有效推动产业成长与经济增长，具有对产业升级、规模经济、打破边界建立各产业联系等方面的有利效应，但与此同时，产业融合也将对金融产业安全带来巨大的冲击。自2014年开始，以P2P为代表的我国互联网金融业引发了多次危机，比如，借款人失踪、资金去向不明、平台支付困难、无法正常运营等。这些事件使学者对产业融合引发的金融风险关注加大，对金融产业安全的维护提出了更高的要求。

金融产业融合是一个动态的演进过程，目前我国金融业融合程度还不够高。与全国相比，金融产业融合是超前还是滞后了，产业融合对金融产业安全的功能和作用如何发挥。当前，北京产业安全度如何，如何在推动金融产业融合的同时维护金融产业安全。理解金融产业融合和金融产业安全的内在规律，测算北京金融产业融合度和金融产业安全度，这些正是第四章研究的主要内容。第四章通过对北京金融产业融合和产业安全的分析提出相应的措施，这对提高北京乃至我国金融产业竞争力，促进产业结构调整和升级，维护金融产业安全和经济发展都具有很强的现实意义，为金融市场的参与者与决策制定者提供有参考价值的思路。

2 金融产业融合和产业安全理论分析

2.1 金融产业融合理论分析

2.1.1 金融产业融合界定和内涵

(1) 产业融合含义

产业融合的研究最早从技术领域展开。美国学者 Rosenberg（1963）在美国工业史机械工具的演化规律研究中，将同一技术向不同产业扩散而导致专业化的现象定义为"技术融合"。随后学者们从不同的角度对产业融合内涵进行了界定。例如，Yoffie（1997）认为产业融合是"为了适应产业增长而发生的产业边界的收缩或消失"。日本学者植草（2001）则认为产业融合是通过技术革新和放宽限制降低行业间壁垒，加强不同行业企业间的竞争合作，并指出除信息通信业外，金融业、能源业、运输业等产业融合也在快速发展。我国学者马健（2002）认为由于技术进步和管制放松，技术融合发生在产业边界和交叉处，通过资源整合后改变了原来产品和市场的特征，使企业之间竞争合作关系也发生改变，从而导致产业之间界限的模糊乃至消失。周振华（2003）提出产业融合意味着传统产业边界模糊化和经济服务化，产业间建立起新型的竞争协同关系，产生了复合经济效应。目前虽然对于产业融合概念无统一的界定，但从不同视角的直观阐释加深了对这一概念的深层次认识。根据现有研究，第四章认为关于产业融合的含义可以从两个方面来理解。

从狭义上看，产业融合是指为了适应技术变革，在某一特定产业经济活动中，逐渐拥有了原来属于其他某一产业经济活动的现象，由此导致的产业边界收缩或消失。

从广义上看，产业融合是指由于技术进步引起的产业动态发展过程，在这个过程中，产业内部或者同一产业内的不同行业之间，相互交叉、相互渗透，使原有产业的边界变得模糊。这种产业动态发展过程是两种产业或多种产业的融合发展过程，也是推进产业的变革与社会生产发展的过程。

在产业现代化进程中，产业融合随着信息技术发展而不断深入。不能将产业融合简单地理解为几个产业叠加在一起，而是一种在原有产业基础上的创新发展，具有自身的特殊性质。产业融合起源于技术融合，但随着技术进步产业融合领域不断拓展。

（2）金融产业融合界定

产业融合不仅出现在信息通信业，近几十年来，金融创新正在模糊金融部门以及相关行业间的原有界限，这也标志着金融产业融合在加速发展。20世纪80年代以来，随着信息技术在金融领域的普及和金融监管的放松，在美国、欧盟、日本等经济发达地区，通过直接进入、并购、合资公司、战略联盟等方式，各种全能型金融机构、金融控股集团等混业组织形式开始涌现，银行业、证券业与保险业之间的边界趋于模糊，混业经营成为当时金融产业融合的代表。

随着混业经营的发展，突破金融行业边界与规制的创新业务层出不穷，近年来金融业与其他产业之间融合成为关注的焦点问题。也正是因为此，产融结合、互联网金融、金融科技等新兴概念逐渐为大家所关注。通过金融企业的并购、战略联盟、提供相关的服务等，金融业向其他行业渗透，如金融租赁业、汽车金融业。金融机构针对其他行业提供的新型业务，其他行业集团下属的财务或金融服务公司等也都是产业融合的结果，这些成果在行业分类上有的可能并不属于原有的金融企业。

第一，产融结合。产融结合是实体企业与金融企业采用参股、持股、控股和人事参与等形式进行的一种融合形式。大多数学者认为只有企业参股金融机构的比例较高，才说明企业在经营中发生了战略转移，而其他情形一般被认为是企业的一种短期投机行为。尽管每个国家有自己的制度背景，但是从发展的角度来看，产融结合仍然是国内外大型企业集团快速扩张的主要方式。根据网站资料，目前在全球500强的企业中，80%的企业在不同程度上选择了产业资本和金融资本相结合的发展方式。从我国来看，据统计，2007年至2014年，上海和深圳股市共发生了1255起产融结合事件，截至2014年末，一共有581家A股上市公司发起了850例产融结合，平均每家公司持股了1.5家金融机构，进行产融结合的公司数量占沪深两市上市公司总数的22.23%。可以看出，产融结合也成为我国企业在激烈的市场环境中扩大发展规模的重要形式。

第二，互联网金融。互联网金融是指通过互联网、移动通信等技术完成资金的融通、支付和信息中介等交易的一种新的金融模式，由于这种模式与传统的商业银行间接融资和资本市场的直接融资都存在差异，导致在金融业边界存在模糊。目前，互联网金融的基本企业组织方式为网络小贷公司、第三方支付公司和金融中介公司。[①] 在我国，近年来互联网金融交易规模快速增长。有资料显示，到2015年末，我国互联网金融总交易规模达到12万亿

---

① 《2018年中国互联网金融行业现状研究分析与发展趋势预测报告》。

元，占当年GDP总量的20%左右，排在全球首位。[①] 从产业的概念出发，互联网金融业是指从事上述活动的一系列企业的组合，这些企业可能采用不同的商业模式。互联网金融业是互联网业和金融业融合的产物，它具有动态特征，并且是一种围绕关键信息和同一活动而形成的新型产业形态。目前，互联网金融以自身特有的竞争优势，在零售金融领域等占据了重要地位。同时，互联网金融正在逐渐向公司金融、跨境服务等领域寻求发展机会。当前，互联网金融仍处于初级发展阶段，互联网与金融业的融合还只是在某几个环节，未来它们之间的融合可能拓展到产业链上的各个环节。2015年7月18日，在中国人民银行等十部委联合发布《关于促进互联网金融健康发展的指导意见》中，第一次对互联网金融的行业定位进行了规范，将互联网金融界定为金融中介，其重要功能是服务小微企业、扩大就业。

第三，金融科技。金融科技（FinTech）是指以改善和变革原来业务体系中的某些要素为目标，例如，采用金融云代替原本的终端计算，通过大数据为目标客户画像等，由此而形成的一种经济产业。金融科技起源于美国，但是由于监管政策较为严格，在美国并没有得到大规模发展。近年来，中国金融科技呈现出非常强劲的发展态势。特别是，自2016年以来，国内对金融科技的关注甚至超过了互联网金融。相比互联网金融，金融科技更加关注技术等在金融活动中的运用情况。从行业角度来看，物联网、云计算、大数据、人工智能、区块链技术等都是金融科技的重要组成部分。目前，金融科技更多的是传统的金融业务与新技术的融

---

① 《2017互联网金融行业发展白皮书》。

合,例如智能投顾、信用风控,采用先进的科技手段,提升服务效率,为传统金融业的发展提供保障和动力。从这个角度来看,金融科技企业仍然属于传统金融业,但是,随着大数据、物联网、云计算、区块链以及人工智能等新技术在金融业的深入应用,金融科技将加速改变金融业的业态格局。

由此可见,随着金融内外环境的变化,金融业内部以及与其他行业之间不断交叉、渗透、互补发展,导致资金、技术、产品和市场的结合而带来的行业间界限模糊。可以说,金融产业融合是经济发展到特定时期的产物,是产业融合在金融领域的特殊表现。金融业内部以及相关行业之间边界的模糊并不是说各行业随着时间的推移逐渐变得相同,相反,这意味着行业内及行业间整合的增加以及多个先前不相关的实体之间出现了交集。换言之,通过技术的革新和行业间壁垒的降低,金融产业融合使得原本不相关的企业之间的竞争合作被加强,从而在产业间形成了一种新的协同合作关系,有利于实现更大的复合经济效应。

因此,与产业融合类似,金融产业融合也可以从狭义和广义两个方面进行理解。从狭义角度来看,金融产业融合是指为了适应技术变革,金融产业经济活动中逐渐拥有了原属于其他某一产业经济活动的现象而导致的产业边界的收缩或消失。从广义上看,金融产业融合也是产业创新性、破坏性的动态发展过程。在这个过程中金融业内部或相关行业之间相互交叉、相互渗透,打破了原有产业的边界,使金融业内部或与其他多种产业融合发展,提高金融服务效率,优化金融资源配置,推进产业的变革。

(3) 金融产业融合

金融产业融合是经济发展到特定阶段的产物,是市场作用的结果，但离不开政府规制。在这个发展过程中，金融管制的放松是其发展的一个外部条件，但鉴于金融风险的不确定性和传染性，金融产业融合过程中容易导致风险的扩大和经济的动荡，又需要监管改革和政府干预等行为规范市场发展。

从行业角度来看，金融产业融合涉及两个或两个以上不同行业，其中至少一个是金融业或其子行业。因此，从这个角度来看，金融产业融合可以分为两种类型：行业外部融合和行业内部融合。外部融合是指现代金融业或子行业与科技、文化、零售业等相关其他行业间的融合；内部融合指现代金融业内部各子行业之间的融合，主要表现形式为混业经营的发展。金融产业外部融合是金融业向第一、第二、第三产业和上、中、下游整个产业链的覆盖延展，逐步扩展产业空间，是一种行业间的功能互补和链条延伸。

从产业创新阶段和产业融合过程来看，金融产业融合涉及资金、技术、产品、市场等在不同产业之间的相互交叉与渗透，导致产业之间界限的模糊。从这个角度看，可以将金融产业融合区分为资金融合、技术融合、产品融合、市场融合。金融产业融合过程也是金融不断创新的过程，通过创新使得金融的业务形态和商业模式发生改变，以寻求新的发展优势。

从行为主体来看，金融产业融合是通过企业扩展来实现的。通常来说，从企业角度来看，产业融合是企业多元化经营、企业兼并重组等行为结果。但是，由于金融作为生产型服务的特殊性，众多企业经营中都会涉及金融问题，并不是企业涉及金融业务就能达到金融产业融合，金融产业融合是一个过程，只有单个企业行为发展为普遍行为，并影响了产业间关系，导致很多问题在现有产业分类基础上不能很好地解决，才涉及产业融合问题。产业融合是一个量变到质变的过程。

从融合结果上看，金融产业融合具有层次性，在不同阶段表现出不同的形式。金融产业融合的最终结果是新兴产业的出现或原有产业的消失，但这是一个过程，金融产业融合在初期可以在现有产业分类基础上通过产业政策调整等措施规范发展。

2.1.2 金融产业融合动因分析

影响产业融合的因素较多，涉及政治、经济、技术、产业和企业等不同层面，第四章基于金融业固有特性、外部条件、信息技术和企业行为角度分析金融产业融合的原因。

（1）信息技术发展是金融产业融合的基础

信息技术的发展使不同产业之间资产通用性大幅度提高，产业间技术壁垒明显降低，为不同产业的融合发展提供了可能性，并创造了物质条件。随着技术的进步，以前产品和服务的技术手段被改变，先进技术的应用降低了生产成本，又为产业融合提供了动力。同时，为了适应新兴技术的变革要求，产业间的渗透又会促使产业结构调整，从而实现资源的优化配置。此外，技术引起了需求结构的升级发展，不同产业能够生产出具有相同功能或者具有替代属性的产品，这也加速了产业融合。从这个意义讲，信息技术的迅速发展促进了产业结构升级，产业结构的升级又为信息技术的普及运用提供了条件，两者的发展过程又促进产业融合发展。

自20世纪80年代以来，随着信息技术在美国、欧盟和日本等发达地区金融领域的普及，银行、证券和保险业之间的技术性壁垒不断下降。由此，相同技术基础的出现为银行业、证券业与保险业的交叉发展提供了可能，导致三个行业之间的边界逐渐变得模糊，金融业内部融合成为当时金融业发展的潮流。金融内部融合的发展又进一步加速了信息技术的深入，信息技术在金融业中变得越发重要，这也为金融与信息技术行业本身以及其他产业之间融合创造了条件。目前，金融业与互联网业的融合已经成为国际关注的焦点。金融业与其他行业的融合也是以信息技术的发展为基础的。随着越来越多的融合型产业或业务的出现，又会对技术创新带来更大的影响。因此，信息技术的发展是金融产业融合的基础，也是拉动金融发展的新增长点，反之，技术的创新又离不开金融的支持，两者相互促进，促进金融产业融合。

（2）企业对效应的追求是金融产业融合发展的内在动力

产业融合的主体实际上是产业中的企业，产业融合通常是依托企业多元化经营战略等活动而引发的，从这个角度来看企业的范围扩张是产业融合的驱动力。直观来讲，两个企业在各自的领域中都表现非常突出，具有较高的市场占有率和顾客忠诚度。这个时候，企业想继续在本产业中追求更高的利润变得非常困难，因而为追求更大的效应，企业试图突破发展空间的限制，向产业外扩张寻求发展。而不同的产业具有各自的生产特点、技术水平等，为更好地进入其他领域融合发展则成为企业跨产业发展的有利方式。通过创新业务等方式重组市场结构与产业组织，进而深刻地影响了整个经济系统，促使许多新的边缘行业的出现及成长，拓宽了经济系统的发展空间，并催生了大量新产品和服务。由此可见，产业融合使原本的市场分工向企业内部分工转化。这种转换是企业追求效应的结果，通常都有利于降低企业的交易成本。在这个融合过程当中，企业集团、跨国公司则成为推动产业融合发展的重要力量。

随着全球经济一体化的发展，金融机构之间的竞争也日益白热化，传统的获利优势可能不再存在，必须致力于经营绩效的提升，才能使获利增加，提升竞争能力。随着信息技术在金融业的广泛应用，金融与相关企业资产整合速度加快，这也使生产成本与交易成本下降，受利益驱动又进一步促进了相关企业的融合发展。以信息技术为基础的金融服务体系促进了金融的全球化发展，由此也带来了消费者对金融产品和服务的多样化需求，这也成为金融产业融合发展的重要推动力。产业融合发展有助于金融和相关企业改变原有的经营模式，以需求为导向，不断创新金融服务项目，推出特色化的金融产品，在满足客户多样化需求中与客户建立互信共赢的合作关系，扩展金融服务并从中获利。再者，随着金融创新的发展，越来越多的实物资产具备金融资产的表现形式，这也是促进金融产业融合的一个重要因素。

（3）金融业固有特性是产业融合催化剂

第一，产业关联和耦合。两个或多个产业之所以会发生融合，必然是因为它们有共同的特点。具有共同特点的两个产业才有融合在一起的可能性。产业融合不是简单的产业和产业合并，而是从技术、产品、业务、市场等各个方面的互相渗透，甚至是重构。但是，这一切融合的最基本条件是由于产业之间具有内在的关联性特征，使得产业和产业之间才能有进一步渗透、融合的机会和可能。可以说，金融业在这个方面具有特殊的优势。从金融业的作用来看，其本质就是为其他产业提供专业的、现代化的金融服务，从而提高经济运行效率。随着经济效率的提高，产业发展进程加快，这又为金融业带来了更大的市场需求，并对金融服务水平提出了新的标准，这又促使金融业进一步发展。因而，金融产业与其他产业之间存在着众多的耦合性,金融是其他产业发展的重要根基和资源,而通过与其他产业融合可实现金融资源配置的优化和效率。

第二,资本通用性。相对于其他产业部门而言,金融业是直接经营货币资产的部门。金融资产具有的无形特点决定了资本在金融业内部和不同产业之间转换的成本远低于实物资产。同时,随着经济发展,非金融产业部门的资产机构中金融类的资产比例不断上升,这也促进了资本在不同产业之间自由转移和交易费用的降低。随着金融业的发展,金融资产在不同产业之间的转移速度加快,同时,由于金融产品的多样化和复杂化,清晰界定金融资产的产业归属难度加大。因此,金融资本的特殊性使得金融业内部以及各产业之间的融合变得更加便利,这也是金融产业融合快速发展的重要原因。

第三,信息依赖和不对称。信息可以说是金融业发展的重要资本,因而金融业对信息和技术相关的产业具有很高的依赖性。由于金融产品时效性很强,金融的数字化存储的发展,导致金融业在与信息技术等产业相互融合发展中具有特殊的优势。例如,金融和互联网业的融合发展表现出强大的适应性和渗透力。同时,信息也可以被视为金融业的一种特殊产出。通常来讲,金融企业对信息的收集和整理能力越强,即信息生产成本越低能更好地降低逆向选择的风险,提高信贷质量,获得更多的利润,从而提高企业的绩效水平。然而,金融业具有很强的信息不对称性。有效减少储蓄和投资者之间信息不对称是金融业的一个重要功能,也是金融发展的本质要求。市场信息的不对称往往造成交易成本较高。金融产业融合有利于降低企业之间的信息成本,同时更好地减少市场信息的不对称。因而，在追求效益的驱动下，金融产业融合提供了众多创新模式，信息透明程度更高，降低交易成本。

（4）放松管制为金融产业融合提供了外部条件

严格的管制有利于产业的规范发展，但同时也给产业发展带来了限制。管制的放松为产业发展提供了更多的可能性，也为产业融合提供了机会。伴随管制的放松，其他产业的业务更有可能参与本产业的竞争，这种交叉发展促进了两个产业逐渐融合。不同产业之间存在着进入壁垒，产生进入壁垒的原因既有经济、技术方面的因素，也有政府管制的因素。放松管制，比如，产业原本的价格、准入、投资、服务等方面的限制被取消或要求降低，使得产业壁垒在一定程度上得以降低，为不同产业之间的渗透、交叉、融合发展提供了可能性。产业之间的这种交叉发展，又进一步破坏了原本产业间的界限，使两者之间的竞争合作关系被改变，从而形成新的竞争优势，产业界限进一步模糊化。

金融市场的高风险性和外部性等特征决定了金融监管在行业发展中具有不可或缺的地位。可以说，金融监管是金融稳定发展的内在要求。金融机构正是在金融监管改革变化中寻求利益的最大化。20世纪70年代以来，随着生产国际化和资本国际化，单一的银行业务已经不能满足金融机构对高额利润的追求。同时，受当时经济形势影响，放松业务范围的限制成为当时金融业发展的需要，于是各种允许法案应运而生，使金融机构的业务交叉和跨地区发展成为可能。金融机构各种创新不断突破既定的金融管制，致使许多业务界限变得模糊起来，这为金融产业融合提供了发展的客观条件。金融市场的相继开放，各国进一步放松对金融市场的管制，金融市场之间的联系更加紧密。可以说，现代金融业的快速发展乃至金融产业融合的发展都离不开金融管制的放松,但与此同时,金融体系风险日益积累,探索与金融发展水平相适应的监管手段和方法也一直是监管改革的要求,进而又反过来影响金融产业融合和发展。

2.2 金融产业安全理论分析

2.2.1 金融产业安全的界定

(1)产业安全与区域产业安全

改革开放以来,国内学者也越发关注产业安全问题。产业安全的动态特征决定了产业安全概念是发展的,它会随着社会经济环境的变化而发生改变。目前学术界对产业安全的定义仍存在差异,但基本上强调以下几个方面:第一,关注外资进入对产业构成的威胁和产业发展中的本国控制权;第二,关注产业的国际竞争能力,本国企业能否在国际市场中占据较大的市场份额;第三,关注特定环境或事件对产业发展带来的影响,从而引发有关安全问题。由于产业安全是在开放经济条件下出现的新问题,依据产业的不同,绝大多数人认为产业安全应重点关注关系国计民生的战略性支柱产业、高新技术产业以及竞争力相对弱小的幼稚产业,产业安全更多体现在国家层面。在具体产业的研究中,重点衡量的是该产业在参与国际竞争中的安全状态。不难看出,现有产业安全的研究更侧重产业的外部安全性,从宏观层面强调本国参与国际竞争中的经济地位。

随着理论与实践的发展,我们应以更加全面、积极的态度去面对产业安全问题。从根本来看,产业安全是指特定行为体自主产业的生存和发展不受威胁的状态,它包括为产业生存安全和产业发展安全，可以通过评价产业受威胁的程度反推产业安全度。在开放经济中，产业的生存和发展问题在受外部冲击的同时，受技术进步、产业融合等其他因素的影响相关行业之间的关联性加剧了行业之间的竞争和风险的传递。因此，第四章认为产业安全可以理解为以下两个方面：一是在开放经济条件下，一国或地区产业对来自国内、国际各种不利因素是否具备足够的抵御和抗衡能力，维持本产业可持续发展；二是产业在参与国际竞争的同时，能够有效控制发展方向和发展速度，保持各产业部门均衡、协调发展。在产业安全中，我们不仅要强调产业的控制问题，更要注重产业整体的生存和发展能力。

我国区域经济发展极其不均衡，不同地区产业发展表现出明显的差异性。从区域角度来看，区域产业安全是国家产业安全的一个缩影，也是国家产业安全的基础，但同时又与国家产业安全有区别，它更强调区域产业发展的可持续性和区域产业发展的协调性。

(2) 金融产业安全

改革开放以后，我国利用外部资本较好地发展本国经济，金融业也得到了快速发展。但与其他产业类似，金融在使用外资过程中的许多问题也逐渐显现，金融产业安全问题备受关注。金融业作为现代服务业，有其行业的特殊性，但从本质上来看，金融产业安全关注的也是金融产业的生存和发展问题。金融产业安全是指一国或地区在经济社会发展中，金融产业的生存和发展不受威胁的状态。金融业是整个国民经济系统中的一个子系统，涉及领域广，产业关联性强，在促进生产、拉动消费方面起着重要的作用，应该将金融业和其他产业及整个国民经济发展体系结合起来，从系统的角度看待金融产业安全问题。

因此，金融产业安全的理解要注意以下几个问题。首先，在开放经济中，金融运行的动态稳定状况，并在可预期未来不受威胁。其次，金融业具有参与国际竞争能力的态势，金融业市场份额提高，金融创新能力增强。最后，面对技术进步等经济环境变化时，金融产业能有效控制自身发展方向和发展速度，保持各产业部门均衡、协调发展。

区域金融产业安全是指在一定地理范围内的金融产业安全问题，如某省或某一地区金融业在发展过程中不受破坏和威胁的一种状态，保持本产业可持续发展，并与其他各产业部门均衡协调发展。从区域角度来看，金融产业安全侧重于在维持国际竞争的同时如何保持金融和区域经济及其他产业部门的均衡协调发展。基于此，在理解区域金融产业安全的时候，要重点关注这两个方面：一方面，在开放经济条件下，金融产业生存环境、要素条件、市场需求、供给结构之间处于平衡和持续增长的状态，具有充分的抵御和抗衡不利影响的实力；另一方面，在经济发展中，金融业运行主体具备主导其运行状态、控制发展方向、保持合理速度、协调发展程度的能力，通过金融业的良好运行，可以实现区域内金融资源的优化配置。

2.2.2 金融产业安全性质

随着我国产业结构调整和产业升级的加快，金融业在国民经济发展中作用日益加强。从现阶段来讲，金融产业安全应成为维护产业安全和国家经济安全的关键。归纳起来，产业安全主要有战略性、综合性、紧迫性、系统性、层次性、动态性及策略性等几个基本特征。金融产业安全与金融产业的特性紧密相关，金融产业安全也是动态的、发展的、可持续的安全。从金融特性出发，金融产业安全重点应关注以下几个问题。

（1）动态与静态的均衡

经济运行是一个连续变化过程，在这个过程中，金融各个部门运行也不是一成不变的，它不仅受之前运行状态的影响，而且也要根据当时的环境做出调整。例如，通常经济增长较快，信贷规模会不断扩张，可是信贷扩张到一定程度就有可能使银行业不良资产大幅度上升，这个时候不论从政策角度还是从行业发展安全角度都会开始控制信贷规模。随着信贷规模的收缩，经济发展放缓，经济发展有可能进入低潮。这也因为各种外部经济环境对金融业的影响往往具有滞后性，并且在市场经济条件下市场的作用也表现出明显的滞后性。从这个角度来看，由于经济运行的连续变化，金融产业的安全程度也总是在不断发展变化。随着技术的进步、制度的创新、政策的调整，金融市场结构和组织发生变化，其在国际上的竞争力和发展状态也会发生变化。因而，金融产业安全状态是在不断调整中获得的，是在金融稳定运行基础上的动态均衡。

（2）整体和局部的均衡

金融产业安全可以看作一项复杂的系统工程。从金融系统角度来看，它涉及资金的集中、流动、分配和再分配中的各个环节，又涉及金融机构、中央银行、监管机构各个不同部门，还涉及资金的需求方和资金的供给方等其他产业部门。因此，从这个角度来看，金融系统中的任何一个因素都会对金融产业安全带来影响。例如，经济、政策、法律和社会等外部环境的改变，金融供给、需求结构变化等都会影响金融产业安全状态。可以说，金融产业安全是金融系统内部各个子系统共同作用的结果，金融系统内任何一个子系统的不安全都有可能导致整个金融体系的不安全，而整体的安全也不能保证子系统内的绝对安全，金融产业安全是系统整体与局部的动态均衡。

（3）内部与外部的均衡

金融系统并不是独立运营，金融产业安全既受到国际经济环境恶化、宏观经济形势变化、经济政策的调整等外部因素的制约，又受到金融机构经营状态、金融市场机构等内部因素的影响。因此，金融产业安全不能孤立于国内外宏观环境外，应综合考虑内外部因素（宏观经济、产业发展水平、金融内部发展等），金融产业安全是内部与外部安全的均衡。从金融和其他产业部门的关系来看，由于任何产业部门的发展都离不开资金支持，金融产业安全问题可以通过资金链很容易地传导到国民经济其他各个部门，同时，其他产业的安全也是金融产业发展的重要基础，如果国民经济中某个产业安全出现问题，特别是关联性强的重要产业，也会对金融产业安全造成重大威胁。在分析金融产业安全问题时，既要考虑国际、国内宏观经济因素，又要充分体现金融内部发展在不同时期的特殊问题。同时，不仅要重视金融体系内部自身建设，也要重视对金融生态环境的改善。

（4）国家与区域的均衡

国家金融产业安全在国家经济安全中具有越来越重要的地位，已经成为国家安全的重要组成部分。从区域角度上看，经济和金融活动虽然在地域上反映各地区的综合情形，但是由于金融资本具有高度的流动性，区域活动势必关联整个国家的经济金融活动。尽管金融活动具有地域特征，但更多地表现为一种全国性的资源配置活动。从现实看，金融活动往往集中于几个主要的金融中心。如国际上集中在纽约、伦敦等，我国集中在北京、上海、深圳等。因而，国家金融产业安全并不是区域金融产业安全的加总。一般来说，国家金融产业安全并不能保证地区的金融产业安全，但国家金融产业不安全很难保证地区的金融产业安全。同时，地区的金融风险很有可能引发系统性的金融风险，导致国家金融产业不安全。因此，从区域空间的角度来看，地区的金融产业安全既要关注国家金融产业安全，又要重视区域性金融产业差异。

2.2.3 影响金融产业安全的因素

在开放经济中，金融产业安全是国家、社会、学者等共同关注的一个重要问题。金融产业安全是我国经济社会稳定发展的重要基础条件。但是，目前我国在经济金融运行中仍存在许多不利因素。前文已经提到，金融产业安全具有动态性、系统性特征，影响因素非常复杂。金融产业安全内涵应该与本国的国情相适应，随着国内外环境的变化，金融产业安全的影响因素主要包括以下方面。

（1）对外开放和开放程度

在开放经济中，金融产业安全不可避免地会受到来自外部各种因素的影响。通常，对外开放程度高的地区，一方面，吸引外资流入，经济发展加快，金融活动更加频繁，金融效率不断提高，有助于提高本地区金融产业竞争力；另一方面，经济金融活动对外部依赖加大，金融体系将直接受到来自外部的各种冲击，这有可能加大金融体系的脆弱性，成为威胁本国金融产业安全的重大来源。

目前我国处于经济转型的关键时期，在开放过程中金融体系会面临一系列的外部冲击。这主要体现在以下方面。第一，金融服务业的对外开放程度加大，外资金融机构的准入限制放松。相比于国内金融机构而言，外资金融机构在管理、技术等方面具有优势，如果大规模进入将会直接影响我国金融产业控制力。第二，资本账户开放程度进一步加深，资本自由流动的限制逐渐减少。资本大规模流进或流出，将对我国金融市场带来直接影响。例如，短期资本大规模流入容易造成资本市场的动荡，乃至经济的泡沫，这都导致潜在的金融风险增加。第三，经济对外依存加大，金融风险传染速度加快。经济开放程度不断深化，我国经济较高的对外依存度导致国际市场对产业安全的影响加大。同时，金融风险在国际和国内的传导性增强，国际金融风险乃至金融危机对国家经济和金融的影响加大。

（2）经济形势和结构调整

经济运行稳定不仅可以推动金融产业的快速发展，还能有效提高国家和地区的金融产业安全能力。宏观经济出现问题会影响金融产业的发展，而且容易引发金融危机，这都会在很大程度上降低金融产业安全水平。例如，经济不景气可能导致企业经营困难，不良贷款的大幅上升，经济过热可能导致资产泡沫，容易引发货币危机，财政赤字过高可能降低政府应对金融风险的能力。因此，由于金融在市场经济中具有核心作用，稳定的宏观经济为金融产业安全提供了较好的经济条件。

我国正处于产业结构变革的重要时期，金融资源在不同行业间分配不协调等造成行业的隐形风险增加，不利于金融产业安全。如果资金过度集中在某个行业，容易造成行业间发展不均衡，引起部分行业产能过剩，以及价格普遍上涨，甚至引发资产泡沫。

从微观主体来看,在产业结构调整和经济发展中都依赖企业行为,金融产业安全也受这些企业行为影响,目前来看,企业的高负债仍然是银行不良资产的主要原因。

(3) 金融结构和市场体系

金融市场化程度对金融企业的竞争能力有着直接的影响,很大程度上决定了金融资源的配置效果。我国金融市场化建设仍在不断完善的过程当中,必然存在各种不协调的因素,例如,利率市场化程度不高,资本市场作用尚未很好发挥等,这些都会直接影响金融产业安全程度。第一,国内金融市场的规模仍较小,特别是资本市场运作效率不高,容易受到各种冲击。股票市场、债券市场等都还处在发展的初级阶段,各项相关的法律法规还不健全,融资效益相对较低等问题没有得到根本改善,资本市场的功能未能充分发挥。第二,在金融机构体系中,国有企业改革仍在探索过程中,金融企业经营管理上还存在许多不足。例如,金融资产质量直接影响金融企业抵御风险的能力,我国商业银行仍存在大量的不良资产。第三,金融结构失衡,间接融资占比仍然较高,导致银行信贷比例较高,银行业聚集了大量的信用风险。同时,资金大量流向国有大型企业,针对中小企业的金融服务仍较为缺乏。整体而言,国内金融市场和金融机构能否抵御得住各种金融风险的冲击是维护金融产业安全的关键因素。

(4) 科技进步和金融创新

科技进步是金融业快速发展的重要推动力量。随着技术水平的提高,金融服务的智能化水平得到了普遍提高,这极大地提高了金融服务效率,但同时金融发展对科技的依赖性也不断增强。伴随技术的提高,金融创新也不断增强,这一方面有助于金融业的发展，但同时也会产生相关的金融问题。通常来讲，金融创新过程是对金融要素进行优化组合，以及对金融资源进行优化配置的过程，这会提高金融服务水平。例如，金融工具创新的最初目的是为了分散或者规避金融风险。但是，金融创新的过度和不足都容易引发金融风险。次贷危机的爆发很大一部分原因就是金融创新导致的。因此，应该辩证地看待科技和创新对金融产业安全的影响。

同时，科技和创新离不开高素质的金融人才。由于金融的专业性和技术性较强，在人才需求上不仅需要具有金融专业知识，还需要具有法律和管理等相关专业的技术人才。通常来看，人力资源发展水平越高、专业化程度越强，金融产出效率相应会越高，而且有利于金融新兴产品和技术的创新，从而提高金融产业安全程度。

（5）政策和信用环境

政策环境是金融体系运行的外部条件，有效的金融监管是维护金融产业安全的重要保障。由于金融体系是整个社会的货币中介和信用中心，同时金融具有高风险性和内在脆弱性，所以一旦金融风险爆发，很容易扩散到全社会，产生非常严重的后果。同时，市场的不透明增加了金融业无序竞争和不公平竞争行为。优良的政策环境，特别是有效的金融监管，可以为金融发展创建稳定的外部条件，有效维护金融秩序，提高金融业应对风险的能力，促进金融产业安全。目前，我国现行金融体制中还存在很多问题，不确定因素较多，金融监管效率不高，这些也反映了我国金融产业安全所需要的金融基础还不够牢固。

信用环境是社会中与信用有关的各种关系和因素的总和。随着社会发展，信用环境对金融业的影响越来越大，也是维护金融产业安全的重要外部因素。社会信用体系的完善有助于减少失信行为，防范信用风险，维持稳定的金融秩序。例如，过度使用金融衍生工具容易造成信用透支或者信用放大，从而引发金融市场风险。我国目前社会信用体系建设仍处在完善过程中，信用缺失的现象较为严重，违信现象大量存在，这都不利于维护金融产业安全。

3 北京金融产业融合趋势分析

根据前文产业融合的界定，从产业发展角度来看金融产业融合的直接表现为金融业与各产业之间的关联性发生改变，两个产业之间的关联度越强，则存在产业融合的可能性越大。目前，计算产业关联度的常用方法主要有两种。一是利用投入产出表，由此计算产业间的直接消耗系数、完全消耗系数、影响力系数和感应度系数等，分析产业间相互依存关系。虽然这种方法科学、严谨，但对数据要求较高，中间产品、中间投入的年度数据难以获得。二是利用相关性分析，计算行业之间的相关系数，比如灰色关联分析法。金融业与相关产业融合发展是一个动态过程，影响因素非常多，很难全面把握，可以把它们之间的关系看作一个灰色系统。在统计数据不多、数据灰度较大、数据分布特征难以把握的情形下，灰色关联方法分析具有明显优势。

结合数据的可获得性，第四章采用投入产出方法和灰色关联法测算我国和北京金融产业与各产业之间的关联性，从而分析目前金融产业融合趋势，为金融产业融合发展和金融产业安全提供相应的实证依据。

3.1 基于投入产出法

投入产出分析是利用国民经济各部门中间产品、中间投入这些跨部门信息直观反映各部门之间供给与需求关系,揭示产业之间的技术经济联系与依存程度,这也直观体现了产业部门之间的融合趋势。

第四章行业划分根据《国民经济行业分类》(GB/T4754 – 2017)。考虑到数据的可获取性和行业分类标准的变化(2002年之后部门分类进行了调整),第四章选择了2002年、2005年、2007年、2010年、2012年和2015年的全国和北京的投入产出表作为基础数据来源(其中,北京仅计算到2012年),选择直接消耗系数和直接分配系数反映金融业与其他产业之间的关联情况,由此分析金融业与相关行业的融合趋势。

3.1.1 全国测算结果和分析

根据数据处理结果,第四章计算了我国2002年、2005年、2007年、2010年、2012年和2015年金融业与第一、第二、第三产业及细分行业的直接消耗和直接分配系数(见表4 – 1、表4 – 2、表4 – 3)探讨金融产业融合趋势。

由表4 – 1可以看出,就全国整体水平而言,金融业与第一产业直接消耗系数非常低,说明金融对第一产业的拉动作用并不显著;金融业对第二产业的拉动作用大于第一产业,但整体水平并不高;金融业与第三产业的直接消耗系数较高,在0.2左右,2012年达到了0.27,拉动作用明显。金融业与第三产业具有较高的直接关联度,金融产业的发展直接带动了第三产业自身的扩张。

表4-1 中国金融业与三次产业直接消耗和分配系数

产业		2002年	2005年	2007年	2010年	2012年	2015年
直接消耗系数	第一产业	0.00000	0.00000	0.00000	0.00000	0.00001	0.00001
	第二产业	0.09993	0.10144	0.06434	0.06264	0.06638	0.04553
	第三产业	0.19252	0.16837	0.18201	0.20728	0.27553	0.23110
	总和	0.29245	0.26982	0.24635	0.26992	0.34192	0.27664
直接分配系数	第一产业	0.01579	0.01029	0.00831	0.00796	0.01236	0.01021
	第二产业	0.30715	0.23695	0.36720	0.40192	0.67241	0.90985
	第三产业	0.39389	0.29086	0.36772	0.37765	0.57455	0.55279

表4-2 中国金融业与细分行业直接消耗系数

	行业	2002年	2005年	2007年	2010年	2012年	2015年
第二产业	r 4 工业	0.08469	0.08800	0.06307	0.06120	0.05778	0.04098
	r 5 建筑业	0.01525	0.01345	0.00127	0.00144	0.00859	0.00455
第三产业	r 6 交通运输	0.02826	0.03366	0.02302	0.02905	0.02091	0.01931
	r 7 批发零售业	0.00768	0.00451	0.00395	0.00423	0.01190	0.00888
	r 8 住宿餐饮业	0.03110	0.04047	0.03770	0.03682	0.03489	0.03073
	r 9 房地产业	0.04205	0.03474	0.02641	0.03201	0.06319	0.05610
	r 10 租赁和商业	0.02296	0.03436	0.04452	0.06089	0.09183	0.07238
	r 11 居民服务业	0.00334	0.00192	0.00551	0.00388	0.00592	0.00332
	r 12 信息传输	0.04390	0.04915	0.02538	0.02847	0.02670	0.02314
	r 13 科学研究	0.00093	0.00126	0.00141	0.00209	0.00177	0.00096
	r 14 教育	0.00508	0.00633	0.00615	0.00194	0.00505	0.00381
	r 15 文化、体育	0.00425	0.00467	0.00583	0.00598	0.01100	0.00984
	r 16 卫生和社会	0.00298	0.00510	0.00113	0.00069	0.00028	0.00046
	r 17 水利、环境	0.00000	0.00136	0.00064	0.00064	0.00111	0.00089
	r 18 公共管理	0.00000	0.00000	0.00036	0.00057	0.00099	0.00128

表4-3 中国金融业与细分行业直接分配系数

	行业	2002年	2005年	2007年	2010年	2012年	2015年
第二产业	r 4 工业	0.29879	0.23155	0.35845	0.39247	0.64459	0.87378
	r 5 建筑业	0.00836	0.00540	0.00876	0.00945	0.02782	0.03607
第三产业	r 6 交通运输	0.07511	0.06392	0.05874	0.07083	0.08311	0.08873
	r 7 批发零售业	0.05738	0.02511	0.03956	0.03228	0.03930	0.04036
	r 8 住宿餐饮业	0.01945	0.01870	0.01802	0.01648	0.01387	0.01083
	r 9 房地产业	0.07746	0.04927	0.02482	0.04317	0.10523	0.10408
	r 10 租赁和商业	0.03225	0.02842	0.04002	0.04490	0.06801	0.07192
	r 11 居民服务业	0.03689	0.01603	0.02234	0.02109	0.02150	0.01955
	r 12 信息传输	0.00823	0.00675	0.01384	0.02075	0.03984	0.03460
	r 13 科学研究	0.04519	0.04672	0.03279	0.03620	0.03804	0.04054
	r 14 教育	0.00337	0.00256	0.03488	0.02314	0.03591	0.02609
	r 15 文化、体育	0.00787	0.00641	0.02053	0.01494	0.02217	0.01940
	r 16 卫生和社会	0.00237	0.00273	0.00711	0.00549	0.01396	0.01043
	r 17 水利、环境	0.00000	0.00464	0.03725	0.03316	0.06570	0.06038
	r 18 公共管理	0.02832	0.01961	0.01781	0.01521	0.02792	0.02587

金融业与第一产业直接分配系数仍然很小，说明金融业与第一产业直接相关性很弱；金融业与第二、第三产业的直接分配都较高，说明第二、第三产业对金融业的直接需求较大，直接供给推动作用较为明显。特别是 2010 年以后，金融业与第二产业的直接需求系数大于第三产业，在 2015 达到了 0.9，这也说明金融业对第二产业的支撑或推动作用增强。从时间趋势来看，2002 年以来，金融业对三次产业的直接消耗系数和直接分配系数总体呈现上升趋势，表明金融业与各产业的关系更加紧密。

具体来看，金融业与"交通运输、仓储和邮政业""住宿和餐饮业""房地产业""租赁和商务服务业""信息传输、计算机服务和软件业"直接消耗系数较大，数值接近 0.02 或者以上，说明金融业与这些行业之间具有较高的直接关联，金融产业的发展直接带动了这些行业的扩张。近年来"租赁和商务服务业"上升明显，在 2015 年达到了 0.07，超过了"房地产业"成为直接消耗系数最大的行业，表明金融业的发展带动了"租赁和商务服务业"的快速发展。"房地产业"稳中有降，但直接消耗系数仍然在 0.05 以上，这也表明金融业促进了"房地产业"的发展，但随着结构调整作用相对减弱。

从直接分配系数来看，金融业与"房地产业"的直接分配系数最高，2012 年以后超过了 0.1，其次为"交通运输、仓储和邮政业"和"租赁和商务服务业"，2015 年分别超过了 0.08 和 0.07，这表明金融业对这些行业直接供给推动作用较为明显。从变化趋势来看，"租赁和商务服务业""水利、环境和公共设施管理业"直接分配系数也上升非常明显，说明金融业与这两个行业的关联度在增强。虽然"科学研究和技术服务业"直接消耗系数很小，但直接分配系数数值较大，在 2015 年达到 0.04，表明金融业对该行业的拉动作用不明显，但金融业对其直接推动作用较强。

3.1.2 北京测算结果和分析

第四章计算了北京 2002 年、2005 年、2007 年、2010 年、2012 年金融业与第一、第二、第三产业及细分行业的直接消耗和直接分配系数（见表 4-4、表 4-5、表 4-6）探讨金融产业融合趋势。

从表 4-4 可以看出，北京金融业与三次产业的直接消耗系数和直接分配系数的整体变化趋势与全国类似，金融业与第三产业关联性最强，与第一产业关联性最弱。可见，北京市金融业发展对第三产业发展的拉动和推动作用均较为明显。但是，就整体水平而言，北京金融业与三次产业的直接消耗系数高于全国，在 2012 年有所下降；而金融业与第二、第三产业直接分配系数在 2007 年、2010 年都低于近年来平均水平，下降明显，2007 年与第二、第三产业的直接分配系数仅为 0.19 和 0.35，这与当时经济环境有关。

具体来看，与全国类似，北京金融业直接消耗系数比较大的行业集中在"交通运输、仓储和邮政业""住宿和餐饮业""房地产业""租赁和商务服务业""信息传输、计算机服务和软件业"，数值平均都在 0.02 以上，表明北京金融业与这些行业之间也具有较高的直接关联，金融产业的发展直接带动了这些行业的扩张。同样，"租赁和商务服务业"近年来上升明显，平均达到了 0.07，这表明金融业的发展带动了"租赁和商务服务业"的快速发展；"房地产业"呈现下降趋势，这表明金融业对"房地产业"的拉动作用在减弱。但值得注意的是，北京金融业与"文化、体育和娱

表 4-4　北京金融业与三次产业直接消耗系数和直接分配系数

产业		2002 年	2005 年	2007 年	2010 年	2012 年	平均
直接消耗系数	第一产业	0.00000	0.00000	0.00000	0.00000	0.00009	0.00002
	第二产业	0.08539	0.06838	0.06668	0.09078	0.04995	0.07224
	第三产业	0.25801	0.13408	0.23231	0.33147	0.24469	0.24011
	总和	0.34340	0.20246	0.29900	0.42225	0.29474	0.31237
直接分配系数	第一产业	0.01694	0.01313	0.00217	0.00029	0.00567	0.00764
	第二产业	0.70224	0.46272	0.19536	0.27451	0.44104	0.41517
	第三产业	0.74370	0.54448	0.35299	0.32561	0.61364	0.51608

第四章　产业融合视角下北京金融产业安全问题研究

表4-5　北京金融业与细分行业直接消耗系数

	行业	2002年	2005年	2007年	2010年	2012年	平均
第二产业	r 4 工业	0.07842	0.05671	0.06184	0.07948	0.04733	0.06476
	r 5 建筑业	0.00696	0.01167	0.00484	0.01130	0.00262	0.00748
第三产业	r 6 交通运输	0.02345	0.02276	0.01943	0.04714	0.01628	0.02581
	r 7 批发零售业	0.00056	0.00110	0.00836	0.02491	0.00571	0.00813
	r 8 住宿餐饮业	0.02087	0.01720	0.02227	0.02426	0.03232	0.02338
	r 9 房地产业	0.10939	0.00951	0.05198	0.03652	0.03661	0.04880
	r 10 租赁和商业	0.05259	0.02983	0.07275	0.14218	0.08312	0.07609
	r 11 居民服务业	0.00309	0.00737	0.00374	0.00294	0.00229	0.00389
	r 12 信息传输	0.02925	0.03346	0.02542	0.02038	0.04571	0.03084
	r 13 科学研究	0.00371	0.00295	0.00838	0.01374	0.00457	0.00667
	r 14 教育	0.00358	0.00531	0.00037	0.00082	0.00597	0.00321
	r 15 文化、体育	0.01136	0.00459	0.01794	0.01489	0.01073	0.01190
	r 16 卫生和社会	0.00000	0.00000	0.00000	0.00000	0.00004	0.00001
	r 17 水利、环境	0.00000	0.00000	0.00155	0.00217	0.00063	0.00087
	r 18 公共管理	0.00015	0.00000	0.00012	0.00152	0.00072	0.00050

表 4-6 北京金融业与细分行业直接分配系数

	行业	2002 年	2005 年	2007 年	2010 年	2012 年	平均
第二产业	r4 工业	0.68708	0.44952	0.18945	0.26859	0.41136	0.40120
	r5 建筑业	0.01516	0.01320	0.00590	0.00592	0.02968	0.01397
第三产业	r6 交通运输	0.15057	0.09953	0.03729	0.02472	0.07518	0.07746
	r7 批发零售业	0.06971	0.06107	0.05559	0.05223	0.06427	0.06057
	r8 住宿餐饮业	0.04736	0.03126	0.02953	0.03462	0.02317	0.03319
	r9 房地产业	0.27670	0.13340	0.05510	0.07664	0.13703	0.13578
	r10 租赁和商业	0.05262	0.06569	0.09635	0.07595	0.08932	0.07599
	r11 居民服务业	0.07573	0.09819	0.00842	0.00494	0.02196	0.04185
	r12 信息传输	0.02635	0.02395	0.01054	0.00971	0.02196	0.01850
	r13 科学研究	0.01384	0.01167	0.02748	0.02218	0.05787	0.02661
	r14 教育	0.00529	0.00262	0.00696	0.00458	0.00424	0.00474
	r15 文化、体育	0.01418	0.00934	0.00926	0.00773	0.02231	0.01256
	r16 卫生和社会	0.00279	0.00220	0.00196	0.00150	0.00105	0.00190
	r17 水利、环境	0.00000	0.00000	0.01083	0.00917	0.06166	0.01633
	r18 公共管理	0.00855	0.00557	0.00368	0.00165	0.03363	0.01062

乐业"的直接消耗系数高于全国，且平均超过了0.01，说明北京金融业的发展对"文化、体育和娱乐业"具有相对较强的拉动作用。

从直接分配系数来看，同样北京金融业与"房地产业"的直接分配系数最高，平均超过了0.1，其次为"交通运输、仓储和邮政业"和"租赁和商务服务业"，平均达到了0.07，这表明金融业对这些行业直接供给推动作用较为明显。但值得注意的是，2007年后北京金融业与"信息传输、计算机服务和软件业"的直接分配系数低于全国，这主要是因为北京信息技术普及程度整体优于全国，以至于上升趋势不明显；但是北京金融业与"科学研究和技术服务业"的直接分配系数上升明显，在2012年超过了0.05，表明近年来北京金融业对其直接推动作用增强。

3.2 基于灰色关联法

为更好地分析金融产业融合变化趋势，考虑数据的连续性，第四章进一步采用灰色关联法测算金融业与各产业的关联程度，借此分析金融产业融合变化情况。考虑到数据的可获取性和行业分类标准的变化（2004年之后统计年鉴中行业分类标准发生改变，且更改后与投入产出表42部门分类标准一致），第四章分析的样本采用2004~2015年我国及2004~2016年北京各产业的增加值。

3.2.1 全国测算结果及分析

根据上述方法，本章以2004~2015年全国金融产业增加值为参考序列，以三大产业及各细分行业增加值为比较序列，计算得中国金融业与三大产业及各细分产业的关联度（如表4-7）。

表4-7 我国金融业与各产业及细分行业灰色关联系数

行业分类	2004年	2005年	2006年	2007年	2008年	2009年	2010年	2011年	2012年	2013年	2014年	2015年	关联度
X1 第一产业	0.708	0.722	0.684	0.840	0.692	0.829	0.650	0.694	0.607	0.669	0.887	0.408	0.699
X2 第二产业	0.494	0.628	0.771	0.947	0.674	0.727	0.467	0.544	0.573	0.738	0.992	0.338	0.658
X3 第三产业	0.687	0.800	0.860	0.953	0.828	0.778	0.612	0.980	0.885	0.869	0.858	0.612	0.810
X4 工业	0.486	0.627	0.791	0.979	0.630	0.772	0.491	0.605	0.533	0.694	0.994	0.333	0.661
X5 建筑业	0.668	0.753	0.750	0.805	0.908	0.702	0.546	0.805	0.637	0.724	0.776	0.410	0.707
X6 交通运输	0.509	0.706	0.946	0.829	0.643	0.855	0.592	0.719	0.865	0.924	0.837	0.498	0.743
X7 批发零售业	0.769	0.775	0.726	0.848	0.811	0.865	0.589	0.864	0.722	0.747	0.746	0.463	0.744
X8 住宿餐饮业	0.496	0.638	0.781	0.886	0.608	0.596	0.458	0.616	0.841	0.872	0.908	0.482	0.682
X9 房地产业	0.710	0.773	0.753	0.944	0.853	0.750	0.544	0.939	0.708	0.646	0.957	0.477	0.754
X10 租赁和商业	0.958	0.972	0.831	1.000	0.890	0.957	0.715	0.724	0.979	0.823	0.686	0.680	0.851
X11 居民服务业	0.592	0.921	0.992	0.835	0.928	0.772	0.596	0.807	0.700	0.864	0.914	0.598	0.793
X12 信息传输	0.813	0.983	0.974	0.807	0.626	0.792	0.855	0.492	0.751	0.856	0.718	0.873	0.795
X13 科学研究	0.994	0.951	0.925	0.995	0.963	0.987	0.909	0.589	0.704	0.660	0.687	0.584	0.829
X14 教育、文化	0.806	0.972	0.858	0.888	0.978	0.783	0.694	0.846	0.891	0.910	0.858	0.723	0.851
X15 卫生和社会工作	0.824	0.774	0.913	0.995	0.984	0.852	0.938	0.587	0.742	0.885	0.690	0.917	0.842
X16 水利、环境	0.887	0.831	0.928	0.874	0.871	0.962	0.843	0.561	0.958	0.740	0.628	0.724	0.817
X17 公共管理	0.533	0.583	0.570	0.921	0.489	0.462	0.485	0.925	0.805	0.886	0.775	0.523	0.663

资料来源：全国统计年鉴。

从表4-7可以看出，与金融业灰色关联度最高的是第三产业，其次是第一产业，而第二产业与金融业灰色关联度最低。其中，金融业与第三产业的关联度为0.81，金融业和第二产业的关联度为0.66。目前，随着我国产业结构调整，第三产业在国民经济中的比重不断提高，远大于第一产业占比，无论是从经济发展条件还是市场需求角度，金融业与第三产业融合发展都更具有优势。今后，随着产业结构不断优化，金融业对国民经济发展的重要性将更加突出，其对服务业的促进和推动作用也将日益增强，两者之间的关系将更加紧密，相互依赖程度更高，产业融合趋势也更加明显。虽然目前我国金融业与第二产业的融合存在较多瓶颈，融合层次较低，但是从长远来看，金融业与第二产业融合空间仍然较大。金融业与制造业融合，有利于制造业生产的数字化、网络化、智能化发展，促进制造业的转型升级，而制造业的转型升级又会促进金融业的发展。

从细分行业来看，我国金融业与"教育、文化、体育和娱乐业""科学研究和技术服务业"等文化素质服务部门的关联度较高，在0.8以上，与"租赁与商务服务业"的关联系数处于较高水平，关联度为0.85。这表明与我国金融业的关联性强的行业随着服务产业升级也逐渐转变，与新型服务性行业之间的关联性增强，这也要求金融产业融合要与经济高度服务化相结合，更好地促进并推动这些相关行业的发展。

我国金融业与建筑业、交通运输、房地产业等资本密集的产业相关度较高，均大于0.7。相对而言，公共管理服务部门本身利润空间较小，且与金融业务重叠不大，与金融业的关联度较低，关联系数在0.7以下，表明金融业对这些行业之间的渗透力和融合力都相对较弱。

总体而言，随着经济发展和产业结构调整，金融业在国民经济中发挥着越来越重要的作用，这也体现在金融业与其他产业之间的相互依存关系更加紧密，从融合角度来讲则反映了金融产业融合程度在加深。根据测算，我国金融业与三次产业的关联度在不断加强，但是金融业与国民经济发展也存在某些方面的不协调，主要表现为金融业与第二产业的关联性相对较小，金融业发展对第二产业的作用还有待加强。随着产业融合的提高，金融业与第二产业有着较大的融合空间，将有助于促进我国制造业的转型升级。

3.2.2 北京测算结果及分析

同样，第四章以2004～2016年北京金融产业增加值为参考序列，以三大产业及各细分行业增加值为比较序列，计算得出北京金融业与三大产业及各细分产业的关联度（如表4-8）。

从计算结果来看，北京金融业与第一产业关联度为0.665，与其他产业及各子行业的关联度均较高，关联系数均在0.7以上，这在一定程度上反映出北京金融业发展迅速。在三次产业中，金融业与第三产业即服务业关联最高，关联系数达到0.9。一方面，说明北京产业结构调整成效显著，服务业发展较快，对金融业的依赖程度逐渐增强；另一方面，也说明金融业作为服务业的重要组成部分，随着占比的提高其对服务业的关联效应明显大于农业与制造业。

在第三产业中，北京金融业与"信息传输、计算机服务和软件业"的关联度最高，达到0.955。与"教育、文化、体育和娱乐业""科学研究和技术服务业"等文化素质服务部门的关联度也较

第四章 产业融合视角下北京金融产业安全问题研究

表4-8 北京金融业与各产业及细分行业灰色关联系数

行业分类	2004年	2005年	2006年	2007年	2008年	2009年	2010年	2011年	2012年	2013年	2014年	2015年	2016年	关联度
X1 第一产业	0.855	0.803	0.715	0.887	0.829	0.720	0.712	0.621	0.513	0.506	0.672	0.480	0.333	0.665
X2 第二产业	0.833	0.880	0.910	0.928	0.848	0.998	0.746	0.724	0.721	0.751	0.840	0.693	0.671	0.811
X3 第三产业	0.873	0.906	0.974	0.953	0.983	0.926	0.884	0.862	0.896	0.857	0.973	0.846	0.865	0.907
X4 工业	0.692	0.787	0.839	0.992	0.871	0.900	0.563	0.507	0.471	0.922	0.857	0.536	0.508	0.727
X5 建筑业	0.863	0.839	0.918	0.871	0.967	0.853	0.795	0.781	0.804	0.849	0.916	0.785	0.754	0.846
X6 交通运输	0.833	0.919	0.967	0.916	0.755	0.905	0.691	0.632	0.791	0.897	0.936	0.731	0.749	0.825
X7 批发零售业	0.676	0.715	0.807	0.858	0.823	0.765	0.585	0.558	0.622	0.732	0.963	0.587	0.488	0.706
X8 住宿餐饮业	0.631	0.703	0.991	0.947	0.781	0.999	0.634	0.595	0.583	0.776	0.744	0.694	0.557	0.741
X9 房地产业	0.677	0.706	1.000	0.823	0.948	0.581	0.808	0.921	0.757	0.832	0.773	0.648	0.903	0.798
X10 租赁和商业	0.831	0.872	0.908	0.958	0.954	0.945	0.904	0.829	0.789	0.738	0.826	0.790	0.671	0.847
X11 居民服务业	0.693	0.754	0.728	0.901	0.609	0.563	0.963	0.919	0.817	0.713	0.644	0.636	0.787	0.748
X12 信息传输	0.925	0.981	0.948	0.994	0.994	0.982	0.990	0.916	0.963	0.998	0.958	0.880	0.891	0.955
X13 科学研究	0.926	0.941	0.941	0.933	0.936	0.973	0.957	0.910	0.816	0.823	0.856	0.901	0.997	0.916
X14 教育、文化	0.939	0.935	0.945	0.938	0.888	0.941	0.966	0.970	0.981	0.870	0.967	0.920	0.986	0.942
X15 卫生和社会工作	0.877	0.917	0.913	0.913	0.870	0.946	0.962	0.990	0.983	0.961	0.896	0.943	0.904	0.929
X16 水利、环境	0.830	0.829	0.830	0.966	0.908	1.000	0.914	0.819	0.816	0.836	0.798	0.847	0.751	0.857
X17 公共管理	0.789	0.863	0.971	0.950	0.989	0.793	0.774	0.738	0.802	0.925	0.632	0.904	0.951	0.852

资料来源：北京统计年鉴。

265

高，均在0.9以上。北京金融业与"租赁与商务服务业"的关联系数也处于较高水平，为0.847。相对而言，在第三产业中，北京金融业与"批发零售业""住宿餐饮业""居民服务业"等传统服务业以及"工业"的关联度相对较低，关联系数均低于0.8。相对而言，北京金融业与建筑业、交通运输、房地产业等资本密集的产业相关度较高。可见，相对我国平均水平而言，北京的金融发展程度处于较高水平，金融业与各产业的融合相对较强。

相比全国而言，北京金融业与其他行业的关联度从整体上比全国层面要高。不论全国还是北京，金融业与"教育、文化、体育和娱乐业""科学研究和技术服务业"等文化素质服务部门以及"租赁和商业服务业"的关联度都较高，与"建筑业"、"交通运输业"及"房地产业"等资本密集型的部门关联度也相对较高。然而，从全国来看，金融业与"信息传输、计算机服务和软件业"的关联度虽然接近0.80，相比其他行业仍处于较低水平，但是，"信息传输、计算机服务和软件业"与北京金融业的关联度接近0.96，是各细分行业关联度最高的行业。此外，从全国层面来看，社会公共服务部门与金融业关联度较低，在0.7以下，而北京金融业与相关部门的关联度则较高，在0.85左右。

总体来看，北京作为我国首都，现代服务业发展水平相对较高。从关联度来看，与北京金融业关联度最强的是第三产业，且处于较高水平，这说明金融产业融合趋势与当前北京推进产业结构升级的方向是一致的。金融产业融合应与北京经济发展相结合，合理把握金融服务业的功能定位，促进金融服务业与其他相关产业良性互动发展。同时，金融产业融合是一个长期、动态发展的过程，在发展中还应该注意平衡产业融合的进程，有步骤、合理地推动金融业与三次产业的融合，提高金融产业融合效应。

4 产业融合对金融产业安全的主要影响

产业融合使金融业内部以及与各相关产业之间的关系日益复杂，相关行业之间的界限模糊化，甚至新兴产业开始出现，也可能改变金融业内部以及金融业与其他企业之间的竞争合作关系。这些变化对金融业的发展带来了机遇和挑战，也会对金融产业安全带来影响，甚至引发相关金融产业安全问题，这已成为当前一个重要的研究问题。因此，基于金融产业安全的内涵，第四章重点从金融产业生态环境、产业竞争力、产业风险控制力三个角度分析产业融合对金融产业安全产生的影响。

4.1 产业生态环境视角

4.1.1 经济环境

产业融合过程是不同产业链之间重构的过程，进而导致产业结构向优化资源配置的方向调整，并表现出更高的资源使用效率。金融业内部各子行业间、金融业与相关产业之间互动发展，推动金融产业融合发展，在这个过程中金融产业链与其他行业产业链也将进行融合并重新构建。金融业是经营资金的特殊行业，产业链的重塑影响资金的供给和需求，通过金融资源的重新配置，资源利用效率将得到提高。随着金融产业融合的深入，有可能改变传统金融产业增长模式，促进产业的跳跃式发展。同时，作为特殊的生产服务业，金融产业模式的改变可能引发并促进本产业和相关产业对原有发展形态的变革，为产业创新发展提供了支撑，形成更具效率的经济与金融关系，有助于在金融业与各产业之间形成产业创新发展的良性循环，从而推动经济的转型与发展。金融产业融合不仅拓宽了金融业发展空间，也为相关产业发展提供了新的发展契机。从这个角度来看，金融产业融合可以看作一种新的产业创新发展方式，并且推动产业结构向高度化与合理化发展。从前面的分析结果也可以看出，无论是我国金融产业与第三产业直接消耗分配系数还是直接分配系数都与第三产业占 GDP 比重之间具有明显的相关性（见图 4-1）。

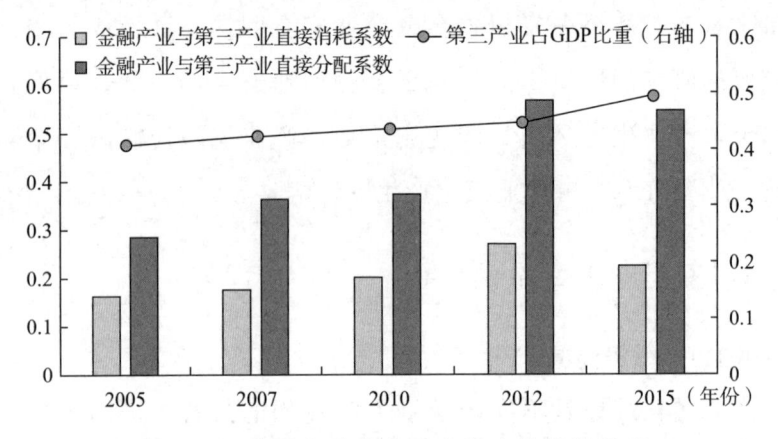

图 4-1 我国金融产业融合和产业结构情况

同时，随着经济全球化和高新技术迅速发展，金融产业融合的过程也可以看作市场发现和创造过程。借助于信息技术的应用，无论是国际上还是国内范围，金融产品和金融业务创新加快，金融服务领域不断拓展。为了争夺市场，在金融向其他行业内企业渗透发展过程中，不合理的、原有的市场分工结构可能会被打破，建立新的更符合市场需求的分工结构将有助于市场结构的优化，提高资源的配置效率，提供更多的就业机会，从而改善金融产业安全面临的生存环境，推进金融产业安全发展。

当然，在金融产业融合的过程中，也可能导致某些个别产业的过度发展等问题，但总体来看，金融产业融合有助于产业结构的优化，促进经济发展，改善金融产业发展的经济环境。

4.1.2 信用环境

由于社会分工和专业化服务，信息不对称是金融市场面对的一个重要问题。金融产业融合在某种程度上是为了克服投资者和消费者之间的信息不对称，但在这个过程中，各种相关产业交叉、渗透，金融产品多样化、复杂化等原因反而又会产生新的信息不对称，这可能增加了金融市场中潜在的道德风险和信用风险。从产融结合来看，集团的内部交易在很大程度上有助于提高经营效益，但是也容易扭曲市场的交易机制，一旦资金链中某个环节出现问题，容易引起各关联企业财务风险的集中暴露，这为企业和集团间的道德风险和信用风险提供了空间。从目前互联网金融的运行来看，越来越多消费者倾向于把大量资金留存在交易的账户中。这为那些监管不严的金融企业带来了机会，可能会挪用这些资金或卷款逃跑。因此，在产业融合时期，健全的社会信用体系是防范道德和信用风险的重要途径。目前，欧美发达国家已经拥有了相对较为健全的社会信用体系。欧美国家社会信用体系建设时间较早，覆盖面广，并且信用安全的观念深入人心，已经有相对规范的信用指标体系衡量个人和企业的信用水平。但是，我国征信体系还不完备，社会信用体系的建设还存在很多不足，在这种情况下金融产业融合可能加剧非法集资、融资模式不规范等风险问题的严重性。

同时，金融产业融合会导致消费者和投资者结构的变化，新的运行与管理模式可能在短期内难以得到所有消费者的认同。受到信息技术、消费习惯等影响，在很多时候人们对新事物仍存在怀疑和不信任，这造成产业融合在某些方面的普及率相对偏低。同时，道德风险和信用风险的扩散，又可能导致对新兴金融产业融合模式的不信任，形成恶性循环。以 P2P 网络借贷为例，2015 年，由于我国基础利率下行，投资者更偏好于偏高收益的类固定收益产品，对此的需求大增，这导致市场上出现了大量以 P2P 为旗号的欺骗、非法集资等行为，以至于到 2016 年，P2P 网络贷款的系统性风险集中显露出来。其后果又造成许多用户认为 P2P 具有"高风险"，到目前仍选择放弃使用这种创新模式。

4.1.3 政策环境

金融产业融合是一个持续创新和动态调整过程。在金融产业融合发展的过程中，金融创新产品不断推出，企业经营战略发生改变，金融复杂性加大等因素都增加了监管难度。同时，随着融合的深入，不同行业之间的边界模糊化，现有行业分类标准不再匹配，而不同行业在业务经营和风险管理中具有各自的特点，这些又对监管协调和风险管理提出了更高的要求。通常来看，法律规范和监管的改革明显滞后于市场变革，从而使其监管的有效性受到一定的限制。如果监管当局不能有效提升各部门的监管能力和水平，服务的手段和质量不能满足金融产业融合发展的需要，对各类风险状况进行有效监控和化解，那么可能对产业发展带来极大的不确定性，势必影响金融产业安全。金融风险一旦出现，因为产业融合加速传播，使传统金融风险作用范围和蔓延速度急剧放大，金融体系的脆弱性变得更加严重。

由于金融业内部和不同产业之间的交叉、融合发展，可能存在法律和监管缺位，使在产业融合发展中许多创新模式自身与现

第四章 产业融合视角下北京金融产业安全问题研究

有法律相抵触。例如，虽然网络金融产品的交易存在相关的协议规范，但是还没有完善的专门针对互联网金融的法律法规。面对一系列的此类问题，国家在政策层面上颁布一系列相关文件，一方面，有助于金融市场的规范发展，但同时也对金融产业融合，特别是互联网金融发展起到一定程度的限制，放慢整个行业的扩张速度；另一方面，不同的业务范围可能对应不同的监管主体，容易带来监管失控和混乱现象，甚至造成重复监管和监管空白现象同时存在，例如，目前网络平台上的第三方支付机构由中国人民银行负责监管，网络平台上的一些金融信贷业务则由当地执法部门负责监管，传统金融机构在网络平台上的业务又由银监会负责监管。以产融结合为例，很多涉及金融业务的企业集团的母公司都不在金融监管范围之内。

此外，金融产业融合导致金融产品创新加快，产品复杂性增加，这也更大程度增加了金融监管难度。例如，目前随着信息技术在金融业的渗透，金融工具和产品在一定程度上增加了金融业务运行的复杂度。这就要求在常规监管手段之外，例如，传统的资本充足管理、资产负债比例管理，还应该根据新型的金融工具、金融产品、金融业务等特征开展针对性的监管。总体来说，相比传统金融业，金融产业融合的监管难度更加复杂，监管中遇到的外部阻力可能更大。这个时候，各监管部门之间的协调不够，监管力度不强，采取的方法不对，监管手段不够有效，都有可能会产生严重的后果。

4.2 产业竞争力视角

金融产业融合有助于降低生产成本、调高资金使用效率，促进企业内部结构调整,但同时也改变了金融产业竞争规则,加剧了企业之间的竞争,金融产品替代性增强,产业融合的协同效应也可能受到限制,这些都会影响金融产业竞争力,从而对金融产业安全带来影响。

4.2.1 积极影响

(1) 金融创新

产业融合起源于新技术的革新性进展,可以说是一种创新的产业动态发展过程。金融产业融合同样源于技术变革,这个产业创新过程也是金融创新的过程。金融及相关企业通过跨产业融合寻找新的市场机会,整合更多资源满足新的市场需求;而这些又会反过来促进新技术的进一步变革和发展,并带来一系列新的创新活动。随着信息技术的应用,产业融合发展极大地推动了金融业的创新发展。从金融服务业自身来看,由于竞争性压力加大,不同金融服务机构为了获取更大金融资源供给和需求市场,也要求从模式、管理、产品和技术不同角度进行创新,从而提升金融业整体创新能力。因此,随着产业融合的深入,金融业会以更多的新业务、新产品、新方式、新服务满足相关产业发展的金融需求,金融服务领域也更加广泛。

同时,许多创新金融工具是金融产业融合的产物,它们与传统金融工具互相替代、互补、对冲或组合运用,对金融市场而言,有助于建立多层次金融市场体系,通过避免风险集中从而规避市场动荡与风险传播,防范与化解金融风险的系统形成。产业融合将引发金融及相关企业组织内部结构的创新。金融产业融合使企业之间以及集团内部出现业务交叉、边界模糊,企业管理也势必做出调整,出现新的模式,以提高企业管理效益。同时,随着信息技术的应用，金融服务受时间和空间的限制约束越来越小，这也有助于金融管理的集中化和一体化，减少管理层次。

（2）企业效益

金融与不同产业之间的配合，减少了信息不对称的成本，有利于企业之间的联系，建立信任持续关系，分享彼此的知识与经验，减少了公司间的交易成本，大大提高了交易效率。随着产业融合发展，信息和资金在金融和不同产业之间的集中和使用速度大幅提高，进而提高金融资源的周转运行速度。由于资金流动速度的提高，使资金更加充分地运用于生产和消费过程，有效减少了资源浪费，提高了货币资金的流通效率。金融产业融合也有助于相关企业扩大规模，拓展事业范围。例如，从目前来看，产融结合是跨国企业集团发展中的一个重要模式。通过这种方式，企业集团满足了融资需要，减少了交易成本，拓展了业务领域，创造更大的协同价值，提升竞争优势。

（3）国际竞争

从国际上来看，我国金融业发展相对落后，但金融产业融合从某种意义上讲为我国提高金融产业国际竞争力提供了机遇。目前，我国虽然传统金融业在国际市场上竞争优势不明显，但在互联网金融等行业具有优先发展趋势。数据资料显示，2013年到2017年，我国互联网金融交易规模增长迅猛，截至2017年底，我国余额宝规模达到了1.58万亿元，是2013年的8.5倍；P2P贷款规模达到了2.3万亿元，是2013年的23.8倍，比2016年增长了55.4%（见表4-9）。由于我国人口基数大且增长较快，我国互联网金融产业发展前景较好，也使资本市场这些企业的估值远超其他行业。相关网站数据显示，在世界上估值不低于10亿美元的金融科技独角兽中,在27家企业中我国就达到了八家,其融资额超过了94亿美元。

表4-9 我国互联网金融发展情况

单位:亿元

年份	余额宝规模	互联网保险收入	P2P贷款	互联网基金	互联网消费金融
2013	1853.42	318.00	975.50	22493.90	60.00
2014	5789.36	859.00	2514.70	61947.40	183.20
2015	6206.90	2234.00	8755.90	112000.00	1183.50
2016	8082.94	2299.00	14955.10	133000.00	4367.10
2017	15798.32	1835.30	23240.30		43847.30

资料来源:Wind数据库。

4.2.2 负面影响

(1) 企业竞争加剧,中小企业经营难度加大

金融产业融合扩大了竞争范围,市场竞争更加激烈。金融企业以及相关企业原有的竞争合作关系将随着产业融合发展而发生变化,通常来看会扩大竞争的范围,使企业将面临更加激烈的市场竞争。产业融合是不同产业企业之间的相互交叉、渗透发展的结果,这意味着企业在参与竞争中进入和开辟新的市场,随着新参与者的不断加入,增强了原来市场的竞争性。因市场竞争环境的改变,金融企业之间的竞争更加白热化,先前的获利优势不复存在,必须致力于经营绩效的提升,才能使获利增加,提升竞争能力。金融产业融合也带来了金融产品和服务的趋同化,缺乏灵活的、具有个性特点的特色服务品种,也不可避免地导致某些金

融产品之间替代效应明显,这也加剧了金融市场的竞争。以目前竞争最为激烈的小额支付领域为例,互联网金融的替代效应十分明显,银行支付账户虽仍是支付体系的基础,但其支付业务已被第三方平台大量侵蚀。

不同金融机构的业务范围不同、规模不一,技术水平和创新能力都存在较大差距,同时,与金融业融合的相关企业之间发展水平也存在着一定的差异,在寻求融合发展的过程中给中小金融企业带来了较大压力,也可能限制了中小型金融机构的发展。伴随金融市场竞争的加剧,大型金融企业在产业融合过程中的管理优化、战略定位、产品创新和服务创新中都相对具有优势,中小企业将面临更大的经营压力。

(2) 竞争规则改变,寡头垄断出现

随着产业融合,金融机构竞争规则也在改变。信息技术是金融业发展的重要条件,这也是两者之间快速融合发展的重要原因。随着网络信息技术的推广,单纯依靠机构规模、资本、地域优势取胜的金融竞争规则也将发生改变。在金融全球竞争中,信息技术利用水平的高低已经成为金融机构的竞争优势之一。例如,金融产业融合的快速发展导致银行与POS机联网商户之间的联系日渐减少。相对银行而言,互联网平台所受的监管约束较低,如果这种不对等的情况不能得到改善,在小额支付产业链中银行的功能可能更加减弱。尽管互联网理财存在监管套利和潜在风险等问题,但已经成为客户认可的重要产品形态。

从消费者角度来看,金融产业融合丰富了消费者的选择范围,同时也改变了金融业对消费者市场的争夺。最直观的是消费金融的快速发展。近年来,我国居民可支配收入不断增加,消费结构也在不断改变。在此情形下，消费金融从传统的高收入人群向中低收入人群、从中老年消费群体向年轻消费群体、从买房、购车大额消费向小额高频次消费不断拓展。根据中国人民银行数据，我国2016年国内居民消费贷款的总额约22.6万亿元，比上一年增长23.4%。去掉住房及汽车贷款后，狭义消费贷款规模约为5.9万亿元，占总额的26.5%。

随着竞争规则的改变，传统的金融业务收益降低，如果企业不能及时做出调整，势必对企业竞争力带来直接冲击，从而影响整个行业的发展。在我国经济增速放缓、行业转型压力增加等多重因素的影响下，无论是传统的金融机构还是新兴产业融合企业，都在积极寻求新的资源争夺点，以应对日益激烈的市场竞争。随着竞争的激烈，特别是互联网金融行业，在某些领域寡头垄断开始出现。目前，我国第三方移动支付形成了双寡头格局。网站资料显示，截至2017年第二季度，在国内第三方移动支付市场份额中，支付宝和财付通两家超过了94%，剩下的40多家移动支付牌照方占有市场份额加起来都不到6%。

4.3 产业风险控制力视角

4.3.1 金融风险传导

（1）行业风险

金融产业融合是金融业与其他产业，或与金融业子行业间的渗透发展，由于两种不同行业具有各自的运作规律，虽然在企业进入不同领域参与竞争中具有优势，但不可避免地存在冲突，影响协同效应的发挥。例如，金融产业融合可能引起不同企业成员之间的交叉控股、交易往来，如果相关企业在人事上、制度上、文化上不能有效融合，进行统一的管理，可能使整个企业运行受阻，相互抵触，不但不能带来协同发展效益，反而隐含着很大的风险。

产业融合伴随着金融及相关企业对高效应的追求，而企业可能为追逐高额回报涉及高风险领域，同时企业的盲目扩张也会加重金融市场的风险。以消费金融为例，其快速发展的同时也必然带来快速扩张后的行业泡沫化特征。根据银监会披露的数据，截至2016年9月末，消费金融公司行业平均不良贷款率为4.11%，相比2015年同期平均2.85%的不良贷款率，不良贷款率明显上升。

产业融合带来了金融创新增加，为市场提供了更多风险管理工具，但是，由于产业融合也带了金融产品复杂性的提高，其风险容易被其表面所掩盖，难以识别和度量，加大了风险的隐蔽性，对金融业传统的风险控制措施也提出了新的挑战。

（2）风险传播

随着金融产业融合发展，金融业内部以及各产业关联性大大提升，这也为金融风险的传播提供了便利。在金融产业融合发展过程中，不仅会涉及银行、信托、证券、保险等金融子行业，而且通过跨产业发展涉及信息传输、科学技术、房地产、零售服务业等其他行业部门，同时会对货币、信贷、资本、保险、理财等多个金融市场产生不同程度的影响。这种跨市场、跨行业、跨机构的行为，加强了金融机构之间、金融体系内部、产业部门之间的内在关联性，同时各种金融业务相互的交叉嵌套、风险传染性也将加大。如果金融系统中某个环节出现较大风险，风险很快能通过市场各种途径传染到相关的金融和产业部门，并可能爆发更大的风险，从而引起系统性金融风险。从这个角度来看，金融产业融合增加了风险防控难度。

以互联网金融为例，它覆盖面广且与百姓的切身利益密切相关，然而有些互联网企业在竞争中具有优势，已经具有一定的垄断地位，使得自身风险具有一定的系统性特征，同时由于传染性强，如果爆发风险后果将非常严重。内在关联性是金融产业融合的一个重要原因，但同时也引起风险扩散快、破坏性广等问题，风险传染性将是金融产业安全面临的一个重要问题。

4.3.2 金融信息安全

随着信息技术的广泛应用，在不同领域都出现了信息安全问题。目前，互联网账户信息安全问题得到了广泛关注。金融业属于典型的信息依赖性产业，产业融合在很大程度上增强了金融对信息的依赖程度，同时也使得金融相关信息在不同部门、行业之间得以共享，减少信息获得成本，但是，如果信息泄露、盗用信息等事件频发，势必给金融信息产业安全带来巨大挑战。一旦金融信息安全受到威胁，其影响范围和深度都不容忽视。最直接的影响是，金融资金与数据的安全性受到威胁。当前，依靠信息技术，金融业实现了全球24小时不间断交易市场，提高了资金的使用效率，但如果网络不安全或出现问题，也为网络系统窃取资金提供了途径。随着金融业务的网络化发展，任何一个环节出现问题很容易快速蔓延到整个系统，造成的损失将远远超出信息化之前的水平。同时，由于金融机构内部人员故意进行非法或违规操作，也容易产生信息虚假、信息丢失、核心信息泄露等风险。

金融产业融合，特别是信息技术的渗透，金融虚拟化的服务得到了广泛的应用，同时随着跨领域的业务不断开展，金融业面

第四章　产业融合视角下北京金融产业安全问题研究

临的市场经营环境变得更加开放、透明，这些使得与信息技术相关的各类风险在金融系统快速传导。从我国现实情况来看，金融信息安全在外部监管和内部防范中都存在着众多问题。例如，从政策角度来看，与金融信息安全相关的法律体系还不完善，不符合目前的客观需求，各类监管措施未能得到很好的实施，力度有待加强。从客户角度来看，对信息的自我保护意识较弱，维护自身权利的意愿有待加强。从企业角度来看，管理制度、内控能力和信息保密的相关规定、执行力度还远远不够，对客户信息保护采取的技术和手段仍达不到客观要求。

以互联网金融为例，非金融领域积累的大量客户数据等信息是互联网金融有别于传统金融行业的重要资本，互联网金融企业凭借掌握的各类客户信息，比如投资偏好、需求定位、信用状况、存贷款记录等在竞争中具有较强的优势。但是，如果这些数据信息丢失、泄露、被篡改，不仅威胁客户个人隐私，而且可能对互联网金融企业造成巨大损失。当前，由国家互联网金融安全技术专家委员会公布的互联网金融网站漏洞分析报告显示，在被监测的1529家互联网金融平台网站中，高危评级网站占比12.4%，中危评级网站占比52.5%，并且发现漏洞7210个，其中高危漏洞451个，占比6.2%，中危漏洞3395个，占比47.1%。[①]

此外，由于地区经济发展的不均衡，我国也面临信息技术普及的困境，这也严重威胁整个金融体系的安全。在一些地方，TCP/IP协议安全性差、密钥管理和加密技术不完善这些问题还

[①] 《2018互联网金融行业网络漏洞报告书看数据泄露风险》，https：//www.leagsoft.com/news/p/2007。

279

存在。

4.3.3 对外依存与控制

（1）外资控制

随着我国金融业开放力度加大，外资金融机构将可能加速进入中国市场，中国金融业将面临更大的竞争压力。我国银行业对外开放的程度在不断上升，但是受2008年全球金融危机的影响，境外投资者在大量获利后选择撤出我国市场。例如，2009年瑞银和苏格兰皇家银行出清了中国银行；高盛和美国银行分别出清了中国工商银行和中国建设银行；德意志银行和花旗银行分别出清了华夏银行和广发银行。总的来说，目前外资企业进入我国银行业数量不少，整体市场份额并不大（见图4-2）。我国保险业开放时间最早，在2003年我国外资保险业务区域限定基本被取消，并且允许外资非寿险公司创建独资子公司。2005年以后，外资保险公司在业务方面的限制进一步取消，但仍要求合资寿险公司外方股比不能超过50%、外资财险公司不能经营法定保险业务。据统计，到2016年外资参股保险公司共有57家，占比为25%。2008年

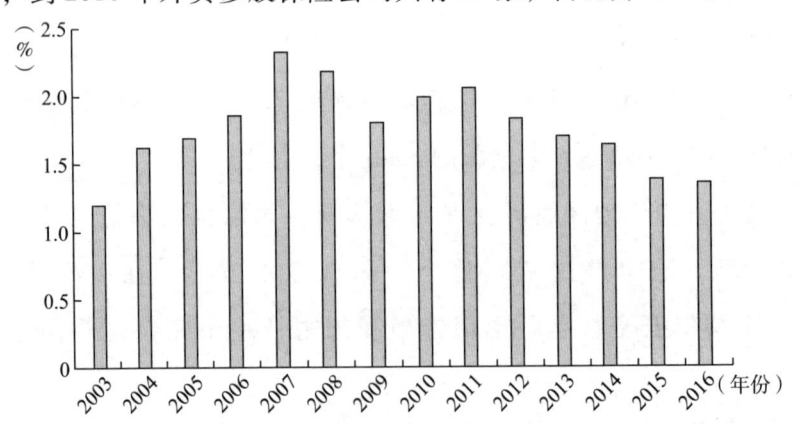

图4-2 外资银行在华资产占银行业金融机构总资产的比重

第四章 产业融合视角下北京金融产业安全问题研究

之后,对合资券商我国基本上不再发放证券经纪业务牌照,而合资券商的主要收入来自投行业务。根据网站资料,目前东方花旗和摩根华鑫的投行业务收入占其总收入的90%。

尽管目前外资在金融业发展中地位不高,但随着开放的深入,外资机构可能加速进入我国金融业。从银行来看,由于我国利率市场化水平相对较低,息差收入在银行收入的占比仍然较高,从全球角度看这是我国银行经营相对较好的一个重要原因,由此也将吸引境外投资者重新进入我国金融市场,有可能导致我国银行业控制力的相对减弱。根据网站资料,中国商业银行的平均ROE仍相对较高,2016年为14%左右,而美国仅为9%,欧洲在3%的更低水平。从保险业看,外资进入保险业可能采取更加灵活的组织形式,通过在合资公司的控股方式,或者合资公司的形式,提高自身在保险经营方面的灵活性与自由度,这都有可能增加外资对我国保险业的控制能力。从证券业来看,由于合资券商的主要收入来自投行业务,如果外资加速进入,投行业务的竞争也可能更加激烈。

与此同时,金融业与其他产业间的融合发展,不同行业的交叉发展,导致相关企业产权结构变得更加复杂,这有可能使外资对金融产业控制领域和控制方式增加。因此,金融业进一步开放之后,外资机构将有可能利用自身优势,加强与金融产业融合密切相关的其他产业的控制,比如"信息传输、计算机服务和软件业"等行业的控制程度。例如,近年来我国高技术制造业和高技术服务业在吸引外资方面的能力不断增长。商务部网站资料表明,2017年1月至7月,高技术制造业实际使用外资373.9亿元人民币,比2016年同期增长8.3%。其中,计算机及办公设备制造业实际使用外资比2016年同期增长了85.4%。高技术服务业实际使用外资703.1亿元人民币，比2016年同期增长16.8%。其中，信息服务业实际使用外资同比增长13.6%。同样，北京市统计局网站资料显示，北京市实际利用外资在2017年达到243.3亿美元，同比增长86.7%。其中，"信息传输、计算机服务和软件业"占实际利用外资总额的54.2%。随着金融产业融合的发展，相关产业控制力的变化也可能造成外资对金融产业控制能力的改变。

（2）外部依存

随着经济全球化发展，近年来我国也加大了金融支持相关企业"走出去"的力度，积极参与国际竞争。有资料显示，从中国对外直接投资流量来看，从2005年后的10年内实现了连续增长。为了更好地服务国家战略，并且提高自身国际竞争力，我国金融业的国际化发展也在加速进行中。结合自身特点，许多国有商业银行和股份制商业银行都开始重视国际化发展，采用跨国并购或参股、设海外分支机构等形式，参与国际竞争。与此同时，在"一带一路"的背景下，国内证券交易所也开展海外收购。根据网站资料，沪深交易所联合体在与哈萨克斯坦、巴基斯坦证券交易所合作后，又与孟加拉国达卡证券交易所达成了25%股权的收购协议。① 但是，相比于国际化金融企业，我国金融企业在本土化经营能力等很多方面仍然存在差距。

从国际视角来看，中国金融业的规模在不断增长，但整体竞

---

① 《走出去、引进来：上海金融与世界交融发展》，http://www.xinhuanet.com/fortune/2018-06/13/c_1122981322.htm。

争实力却相对较弱，与美国等主要发达国家之间的差距仍较为明显。目前，我国在商品和投资领域的国际化进程明显快于我国金融机构"走出去"步伐，两者之间存在着不协调情况。因而，金融产业融合发展也需要中国金融企业积极探索国际化发展的新模式，与商品和投资领域的国际化形成互动，增强支持力度，两者协同发展，提升国家整体竞争实力。从目前发展来看，金融产业融合发展将加速我国金融企业"走出去"步伐，也是我国金融业提升竞争力的良机。当前，我国互联网金融市场在全球来看是最大的，这也为互联网金融国际化的发展提供了良好基础。网站资料显示，到2018年3月，我国11家互联网金融公司在美股和港股上市，其中八家为P2P网贷平台。随着全球金融创新的加快，我国互联网金融在成交量和行业普及程度上都处于全球领先地位，这也是金融产业融合发展的结果。但是，伴随金融产业对外发展的加快，也将引起金融产业发展过程中对外依存程度的加大，国际金融环境对金融产业安全的影响也将不断加强。

5 北京金融产业安全评价

在金融产业安全研究中，构建科学、合理的评价指标体系，并对金融产业安全进行定量化评价，有利于客观分析金融产业安全的现实状态，找到目前影响金融产业安全的关键因素。从前文的分析可知，金融产业安全是一个动态均衡过程，因此金融产业安全的评价也是动态、开放式的体系，应该及时根据现实环境做出相应的调整。第四章结合金融服务业的特殊性，从区域范围角度构建金融产业安全评价指标体系并进行实证分析。

5.1 评价指标体系

5.1.1 构建原则和思路

产业安全理论认为产业国际竞争力是产业安全的核心,并强调产业控制力(在开放条件下,本国资本对相关产业市场的控制程度)和产业对外依存度(一国经济与他国经济或世界经济相互依赖的程度),这也反映在产业安全评价指标体系产业控制力和对外依存度指标的设置中。在全球化经济环境中,对外开放是我国经济发展的一个必然趋势,在维护产业安全中不能忽视产业控制力,但这是以金融产业整体的生存和发展能力为基础的。

金融产业作为经营风险的特殊行业,决定了产业对于金融风险的控制能力是维护产业安全的重要方面。在强调本国资本对金融产业市场控制能力的同时,不能忽视产业自身对金融风险的控制能力,因此,为了突出这些特殊性,在构建金融产业安全评价指标时,第四章将产业的对外控制力和风险抵御能力进行综合考虑,体现金融产业在增强竞争力的同时加强风险的防控能力。

国家金融产业安全是区域金融产业安全的基础,从国家层面上看,如果金融产业安全受到威胁,区域的金融产业安全必然受到影响。同时,区域金融产业发展具有明显的非均衡性,单纯从区域角度考虑本地区资本对金融产业市场控制能力意义大大减弱。而随着产业融合发展,金融业与各产业部门之间的联系变得更加复杂。相关的产业安全问题有可能会影响金融市场行为,从而影响金融产业发展。因此,在区域金融产业安全指标体系的构建中,将纳入相关国家金融产业安全指标,同时也强调区域金融的产业关联性和对区域经济发展的协调性。

综上所述，第四章在国内外产业安全评价模型研究的基础上，充分考虑金融产业的特殊性，结合国家金融产业安全和区域特色，以系统性、科学性、相关性、可测性等为指导原则，构建北京金融产业安全评价指标体系。

5.1.2 指标体系的构成

在产业融合的背景下，基于金融产业安全的含义及特殊性，第四章运用层次分析法从产业生态环境、产业竞争力、产业风险控制力三个层面构建金融产业安全评价指标体系（见表4-10）。

表4-10 金融产业安全评价指标体系（区域视角）

目标	一级指标	二级指标		三级指标
金融产业安全度	产业生态环境	国际经济关系	1	负债率
			2	偿债率
			3	外汇储备/M2
			4	经常项目盈余/GDP
			5	实际汇率变动率
			6	FDI/GDP
		国内经济条件	7	GDP增长率
			8	通货膨胀率
			9	M2增长率
			10	财政赤字/GDP
			11	流通市值/GDP
		区域经济水平	12	地区财政收入/GDP
			13	地区失业率
			14	地区GDP与全国GDP增长率差额

续表

目标	一级指标	二级指标	三级指标	
金融产业安全度	产业竞争力	发展能力	15	地区金融业增加值/GDP
			16	地区金融从业人员增长率
			17	地区金融业与第三产业关联系数
		经营能力	18	地区银行资产利润率
			19	地区银行非利息收入占比
			20	地区银行贷存比
			21	地区保险收入增长率
			22	地区保险深度
	产业风险控制力	风险抵御力	23	地区银行业资本充足率
			24	地区银行业拨备覆盖率
			25	地区银行不良贷款比率
			26	地区银行流动性比例
		外资控制力	27	外资银行在华资产占银行业金融机构总资产的比重

(1) 产业生态环境

金融业相比工业等其他行业，对国内外经济及政策的变动更为敏感，也更加容易遭受各种相关不利因素的影响和冲击。通常来看，良好的经济和政策环境必然会给金融发展提供动力，可以有效提升国家和区域的金融产业安全能力；反之，经济过热或者经济不景气、经济政策环境不稳定等都可能导致金融系统的不安全因素增加，系统风险加大，从而大大削弱国家和区域的金融安全能力。因此，第四章从国际经济关系、国内经济条件和区域经济水平三个层面构建金融产业生态环境指标体系。国际经济关系是开放经济下衡量我国金融体系面临外部冲击的大小，其对金融产业安全的影响不容忽视。国家对外经济的严重失衡和恶化，国内金融系统的漏洞隐患可能集中暴露而引发金融危机甚至经济危机。从国内经济条件来看，我国目前经济发展中政府在拉动投资增长的作用明显，同时有可能导致较高的财政赤字，这无疑会削弱保障经济安全的能力，因此结合数据的可获得性，在国内经济条件中主要考虑宏观经济发展水平、政府能力和金融市场条件三个方面。我国区域经济发展不均衡，不同区域发展特点、区域经济结构、政策和人文都存在较大差异，区域经济水平是衡量区域金融产业安全的重要方面。

（2）产业竞争力

金融产业竞争力的强弱是影响区域金融产业安全乃至国家金融产业安全的重要因素。从区域角度来看，第四章对金融产业竞争力主要从经营能力和发展能力两个层面进行评价。随着保险业和证券业日渐成熟，银行业对社会融资的贡献比例逐步缩小。但是总体来看，与发达国家相比，中国的银行业向社会提供融资的规模及覆盖范围仍然远超其他金融行业，同时其他金融行业相关业务的开展也与银行业密不可分。从区域角度来看，证券业的发展主要依靠我国资本市场的发展水平。因此，在经营能力评价中重点选取区域银行业和保险业的相关指标反映整个行业水平。从前文的分析可知，产业融合虽然对金融产业安全存在不利影响，但有助于促进金融结构调整和升级，因此，在发展能力评价中将金融业与第三产业的相关系数纳入指标体系，反映金融产业融合发展潜力。

（3）产业风险控制力

金融产业风险控制力主要反映金融业对各种风险的抵御能力，第四章主要从外资控制力和风险抵御力两个层面进行分析。外资控制力的评价主要是反映外资对国家和区域金融产业的控制程度及由此给产业的生存和发展安全造成的影响。由于国家金融产业安全是区域金融产业安全的基础，同时考虑到金融资本通用性等特殊性，单纯从区域角度评价本地区资本对金融产业市场控制能力的意义大大减弱，因此第四章从国家角度考虑金融产业外资控制力。金融系统所具有的资产质量，其优劣直接影响国家和区域金融业抵御外在恶性冲击能力的高低，这是金融产业风险抵御能力的重要基础，是用来抵御各种金融风险的物质保证。与金融产业竞争力类似，考虑到目前银行业在金融业中的重要地位，着重选取区域银行业资产质量相关指标评价金融产业风险抵御能力。

5.2 综合评价

为进一步分析近年来北京金融产业安全变化情况，第四章根据金融产业安全评价指标进行综合评价。① 主成分分析法是一种用来处理高维数据的分析方法，它的原理是利用各指标特征值和指标方差累计贡献率，确定指标主成分并代替原来的评价指标，这样能很大程度地降低原始数据维数，使评价更加清晰、简便。这种方法能避免人为主观成分，实现客观评价。因此，第四章选择主成分方法对 2007 年至 2016 年北京金融产业安全度进行综合测评。

采用表 4 - 10 中的金融产业安全评价指标，对 2007 年至 2016 年北京金融产业安全进行综合评价。通过对数据进行正向化和标准化处理，计算相关系数矩阵的特征值、贡献率和累计贡献率

---

① 北京银行业的指标数据是根据北京地区代表性银行各指标数据加权平均得到。由于资产利润率相关数据年份差异，在综合评价中该指标采用成本收入比替代。

(见表4-11)。

表4-11 相关系数矩阵特征值及贡献率

单位：%

主成分	特征值	贡献率	累计贡献率
F1	11.71778	43.40	43.40
F2	5.424917	20.09	63.49
F3	3.52193	13.04	76.54
F4	2.10967	7.81	84.35
F5	1.881198	6.97	91.32

由表4-11可知，第五主成分的累计贡献率达到91.32%。其中，第一主成分贡献率为43.40%，第二主成分贡献率为20.09%，第三主成分贡献率为13.04%，第四主成分贡献率为7.81%，第五主成分贡献率为6.97%。因此，第四章选取五个主成分F1、F2、F3、F4、F5进行分析，计算其主成分得分。并以各主成分的方差贡献率为权数，构造北京金融产业安全综合评价函数：

$Z = 43.40\% \times F1 + 20.09\% \times F2 + 13.04\% \times F3 + 7.81\% \times F4 + 6.97 \times F5$

将北京市2007~2016年金融产业安全评价各指标的标准化数值代入上式得到各年的综合得分（见表4-12）。

表4-12 北京产业安全评价主成分得分与综合得分

单位：分

	F1得分	F2得分	F3得分	F4得分	F5得分	综合得分
2007	-4.83686	3.381056	-0.42329	2.818366	-0.24927	-1.27219
2008	-4.44826	0.877926	-2.91876	-2.70048	-0.02696	-2.34772

续表

	F1 得分	F2 得分	F3 得分	F4 得分	F5 得分	综合得分
2009	-1.41843	0.951701	3.979678	-1.3515	0.526287	0.025817
2010	-1.38779	-0.4588	2.048435	-0.42304	-1.43105	-0.56003
2011	-1.26233	-4.18781	-1.1475	0.553356	-1.08915	-1.5716
2012	0.346651	-2.08699	0.196493	0.9335	0.703949	-0.12126
2013	0.800315	-2.55645	0.313919	0.345958	0.593158	-0.05701
2014	2.052894	0.919051	-0.64023	-0.13761	2.972938	1.188469
2015	4.74404	0.793185	-0.93786	0.443733	-0.08583	2.124598
2016	5.409759	2.367119	-0.47088	-0.48228	-1.91407	2.590931

图4-3是根据表4-12得到的北京产业安全综合得分及各主成分得分。可以看出，北京市2007~2016年金融业产业安全度在波动中有所提高，2016年上升速度开始出现明显回落。从各主成分得分来看，F1得分快速增长，这主要是因为在F1成分中经常项目差额/GDP、通货膨胀率、境内上市公司流通市值/GDP、北京市财政收入/GDP等产业生态环境指标和北京银行非利息收入占比、北京银行贷存比等产业经营指标和外资银行占比在该成分中权重较大，且这些因素近年来出现了不同程度的改善。F2得分呈现倒V形趋势，在2011年达到低谷，在该成分中北京市GDP与全国GDP增长率差额、北京市金融业与第三产业关联系数等区域发展指标和北京市保险收入增长率、北京市保险深度、北京银行流动性比例等行业指标占比较大。F5的得分在2014年后下降非常明显，北京市金融业从业人数增长率、北京市银行业资本充足率等在该成分中作用明显，且近年来出现了大幅下滑。2017年后，金融产业安全面临的内部、外部因素的不确定性加大，北京市金融

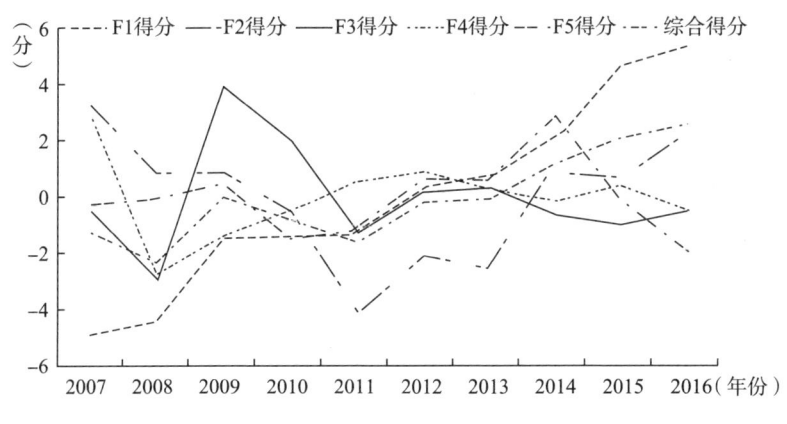

产业安全状态可能呈现一定程度的下降。

图4-3　北京产业安全综合得分及各主成分得分

总体来说，2007年以来，在国际金融危机和国内经济结构调整的背景下，北京经济保持了平稳健康发展的良好态势，金融业增加值的总量和比重不断提高。尽管2015年后，我国外债规模增加、经济增速放缓、财政赤字增加等造成金融产业生态环境有所下降，但北京银行业非利息收入占比、贷存比仍保持了较好的增长，保险业增长较快，北京金融产业安全整体形势良好。

6　政策建议

金融产业安全是国家经济安全的重要组成部分，是经济平稳健康发展的重要基础。在金融业混业经营、信息化程度加深等产业融合日益深化的背景下，考察金融产业融合和金融产业安全问题有着重要的理论和现实意义。尽管产业融合的重要意义已引起广泛的关注，金融业在产业融合进程中也要重视其面临的产业安全问题，在推动地区经济发展、产业结构调整和升级的同时促进金融业的健康稳定发展。基于第四章研究结果，结合中国和北京金融业的实际情况，应该从以下几个方面着手金融产业的安全。

6.1 集中优势，支持重点领域产业融合

目前广大学者大多都认为产业融合有助于产业结构的调整和金融效率的提高，但不管是产业的融合发展还是金融产业安全的维护，都必须与金融业发展的客观要求相符合，与特定区域的特定发展阶段相适应。目前，从金融产业融合趋势来看，北京金融产业融合程度明显高于全国，且与"信息传输、计算机服务和软件业""教育、文化、体育和娱乐业""科学研究和技术服务业"等行业之间仍存在较大的融合空间。因此，根据北京城市战略定位，应重点支持这些行业与金融业的融合发展，努力提高产业融合效应。

第一，金融业与信息、科技等行业的融合发展。北京有着较为明显的科技创新的资源优势，互联网技术得到广泛普及。因此，北京应充分利用这些优势，引导金融资源配置的优化，激励和推动金融服务、金融模式、金融产品的创新，为科技创新提供多元化、多层次、高效率的金融支持。同时，努力提高金融与信息、科技等行业的融合效应，规范第三方支付、P2P、消费金融、金融科技等新型融合业务的发展，在加大互联网金融业务创新力度的同时，提高金融服务范围和质量，降低金融机构交易成本，提升整个金融业服务水平。把握机遇，培育风险控制能力强的优势企业，增强金融核心竞争力，提升金融产业国际竞争力。

第二，金融业与文化、教育等行业的融合发展。北京不仅是全国的政治中心，也是全国的文化中心。应充分发挥北京全国文

化中心优势，依托北京文化、教育等资源优势，积极促进金融与文化产业融合，创新金融和文化领域的投融资模式和金融服务手段，以产融结合为基础，积极探索适于金融与文化产业发展的融合模式。同时，应加快金融与体育、娱乐、旅游等文化素质相关行业的融合发展，在促进文化及相关产业发展的同时，增强文化等相关行业对金融业发展的推动作用。

第三，金融业与战略性新兴产业和高端制造业的融合发展。金融业与第二产业有着较大的融合空间，应着力强化金融服务对战略性新兴产业和高端制造业的支持力度，多形式、多渠道促进制造业的转型升级，并通过产业融合推动金融业的发展。

6.2 完善监管，推进信用体系建设

放松产业管制政策是金融产业融合的前提，但由于监管的滞后性，在产业融合发展过程中，金融风险和产业安全问题不断积累，金融监管改革也迫在眉睫。因此，应明确金融及非金融企业的行业属性，确定与之相关的行业监管要求，进一步完善中国的金融监管体系，完善金融法规，鼓励金融机制的创新，建立金融资本、技术、产品、市场融合的全方位监管的体系，有效利用大数据、云计算等现代科技手段，提高金融监管质量，进而推动多层次的监管融合，维护金融产业安全。随着金融业内部以及各产业之间的互相作用、互相依赖程度提高，各监管机构相互配合，建立多层次、全方位的监管体系。明确不同监管机构的分工任务，加强金融监管各部门的信息交流和工作协调，相互配合，实现监管的融合发展，提高金融监管的效率，维护金融市场以及不同机构之间的协调发展。

北京应以服务国家战略为导向，积极完善北京各项金融政策法规，提升金融监管和执法水平。加强与中国人民银行、银监会、证监会、保监会等机构的沟通协调，推动各有关部门形成合力，完善多部门联动和协调机制。建立北京市各相关机构与国家金融管理部门之间信息共享机制，建立健全企业信息披露制度。随着金融产业融合，金融业及相关行业的企业结构和管理结构也日趋复杂化。要重视企业信息披露制度，减少监管当局、企业和社会公众三者之间的信息不对称，加大对社会公众金融知识和风险意识的宣传教育力度，使市场参与者能够充分根据金融机构和相关企业的经营状况做出合理判断，减少逆向选择和道德风险。

积极利用大数据等信息技术，应进一步健全完善金融信用体系。加强信用基础设施网络建设，积极推动大数据征信的发展，丰富征信模式，提升征信业整体水平。加强金融机构与信用相关部门之间的合作，促进各机构之间的信息共享。完善社会信用奖惩联动机制，对金融失信行为给予严厉的惩罚。加强个人信用体系建设，健全符合个人信用征集和评价体系，树立诚信文化理念，提高全社会的诚信意识和信用水平。同时，加强对金融相关的重点行业的信息互通，加快行业信用信息数据库建设。

6.3 加强信息化建设，维护金融信息安全

信息技术的进步是金融产业融合的基础，金融机构经营管理的各个环节都体现了现代信息化的因素。随着信息技术的应用，金融机构通过与不同金融或非金融企业展开广泛的合作，获得了良好的收益。金融产业融合发展要求金融信息、产业信息等在各金融机构和企业之间实现快速和有效的交流与共享，因此，应加

快建立一个统一的、完善的信息平台，有效地提高信息获取、信息传播、信息应用的能力，提高信息的运作效率，通过信息的集聚效应，促进金融服务的优化，降低金融风险发生的可能。特别是，积极通过信息平台建设扩大中小型金融机构信息的收集范围，减少信息生产成本。同时，金融机构等相关企业应完善信息处理系统，加速信息周转率，提升工作效率与经营业绩。

信息安全已经成为国家安全的一个重要部分，信息安全建设不仅与用户个人信息安全，还有资金安全，甚至国家网络安全都密切相关。在金融产业融合背景下，应加快建立多层级的信息安全网络，维护金融信息安全。加强公众对信息安全防范意识，强化对网络技术和计算机系统的安全研究，有效完善企业内控管理机制，加快金融信息系统安全性改造，全方位提高计算机安全防范水平，确保客户信息和业务数据安全。与此同时，基于金融业对信息技术的强依赖性，应加强自主的金融信息安全体系建设，降低外资通过信息技术对金融产业的控制能力，降低金融风险。

6.4 鼓励金融创新，完善金融体系建设

金融产业融合导致行业之间竞争加剧，使金融机构传统业务利润空间缩小，为此，金融企业应通过改革和创新，主动调整收益和资产结构，开拓市场，创新业务，拓宽金融服务领域，寻求新的发展点。应加强国有金融机构自身建设，完善现代企业管理机制，加强金融企业的创新动力和能力。在金融产业融合中，积极为中小金融机构的发展提供公平竞争机制，完善中小金融机构市场准入和退出机制，扶持和发展中小金融机构，拓展服务于中小企业的金融业务。

加快金融市场化的改革，建立较为发达的金融体系，减少政府在金融资源配置上的行政干预，更加充分发挥市场机制配置金融资源的作用，促进金融资源向高增长、高技术、高附加值的经济部门流动，提高企业经营绩效，促进金融与产业部门之间的良性互动。北京应利用自身优势，深化与上海证券交易所、深圳证券交易所以及海外交易市场的合作，支持"新三板"不断扩大市场规模，扩大融资规模和交易量，充分发挥资本市场作用，为金融产业融合和产业安全创建良好的金融市场环境。利用北京高等院校和科研院所优势，加快培育金融和相关行业专业人才，推动金融产业融合的同时，提高人才素质，维护金融产业安全。

6.5 加强风险监控，完善金融预警和应急管理

金融产业融合发展加速了部门之间风险的传导速度，增加了风险监控难度。因此，遵循金融客观规律，加强金融企业，特别是新型的融合企业风险控制能力。由于产业融合，产业界限模糊，应进一步明确金融及相关企业的风险防控要求，完善企业内控制度和风险管理系统。还应该结合金融及相关行业的法律约束、行政监管、行业自律、社会监督，建立多层次、全方位金融风险防范和控制体系。同时，应在完善金融企业内部风险监控的基础上，对目前关联度较大、融合度较高的重点产业实行相关行业风险监测，协同创建行业风险监测数据库，增强风险分析和预警能力，提高整体风险监控水平，更好地防范金融风险。

应进一步完善金融安全预警预报与应急管理。应构建科学的评价体系定期对金融及相关企业进行风险评估，并针对金融风险的类别及时进行各项风险预测。结合产业融合发展，针对可能出

现的新风险，提前做好各项预案，制定相应的风险控制措施。同时，应建立完善的金融风险应对机制，加强金融管理部门之间的协同运作能力，明确规定政府、相关机构及企业在应急管理中的各项职能，加强各种社会资源在金融应急管理中的作用，提高金融风险应急管理的协同能力，保证金融产业安全。

参考文献

[1] 李孟刚：《产业安全理论研究》，经济科学出版社，2012。

[2] 李孟刚、李文锐：《中国保险产业的政府规制及其优化策略》，《理论探讨》2017年第3期。

[3] 李文锐：《保险产业政府规制的系统分析》，《经济问题》2017年第1期。

[4] 李文锐：《新常态下保险产业规制问题研究》，《经济问题》2017年第4期。

[5] 李文锐：《保险产业政府规制的国际经验比较与借鉴》，《中国行政管理》2017年第5期。

[6] 白哲：《中国保险产业资金运用安全研究》，博士学位论文，北京交通大学，2016。

[7] 诸宁：《保险与再保险中的巨灾债券研究》，博士学位论文，北京交通大学，2015。

[8] 黄华明：《风险与保险》，中国法制出版社，2002。

[9] 王姝：《我国保险资金运用及监管分析——基于国际经验的借鉴》，《经济体制改革》2013年第3期。

[10] 汤杰：《保险资金投资渠道开放对保险资金运用的影响研究》，《全国商情》2010年19期。

[11] 李玉泉：《保险法》，法律出版社，1997。

[12] 郑玉波：《保险法论》，台北：三民书局，1988。

[13] 梁鹏：《保险受益人变更之研究》，《保险研究》2013 年第 7 期。

[14] 罗厚胤：《保险受益人变更问题的法律思考——基于对〈保险法〉第 41 条的解读》，《法制与社会》2016 年第 1 期。

[15] 周灿：《基于外部性视角的我国保险产业可持续发展研究》，《财经问题研究》2013 年第 6 期。

[16] 樊启荣、张晓萌：《论保险受益人指定不明之解释——评〈保险法司法解释（三）〉第九条第 2 款的妥适性》，《保险研究》2016 年第 6 期。

[17] 羊焕发、吴兆祥：《保险法》，人民法院出版社，2000。

[18] 秦道夫：《保险法论》，机械工业出版社，2000。

[19] 江朝国：《保险人可否撤销保险法第一百零五条之同意权》，中国民商法律网，2003 年 12 月 5 日，http：//www.civilaw.com。

[20] 龙誉：《保险受益人制度研究》，硕士学位论文，中国政法大学，2013。

[21] 刘宗荣：《新保险法——保险契约法的理论与实务》，台湾：三民书局，2007。

[22] 刘宗荣：《新保险法——保险契约法的理论与实务》，台湾：三民书局，2007。

[23] 邱锦添等：《最新两岸保险法之比较——兼述 2009 年大陆保险法合同规定之评析》，台湾：文史哲出版社，2010。

[24] 张智勇：《试论人身保险受益人的指定》，《河南商业高等专科学校学报》2006 年第 2 期。

[25] 梁洪林：《保险监管法律制度研究》，硕士学位论文，西南政

法大学，2003。

[26] 吕宙著《我国保险产业：转型与可持续发展》，财政经济出版社，2009。

[27] 张润红、郑趁意：《我国保险市场的险种结构分析》，《征信》2016年第9期。

[28] 郭林林：《资金新政背景下对我国保险投资监管的探讨》，博士学位论文，西南财经大学，2013。

[29] 陈冬梅、孙宏涛：《商业保险产品创新及其法律保障》，《东岳论丛》2013年第4期。

[30] 梁超：《HZ人寿保险公司产品创新战略研究》，博士学位论文，山东大学，2014。

[31] 曲扬：《保险资金运用的国际比较与启示》，《保险研究》2008年第6期。

[32] 张立勇：《发达国家保险资金运用主要做法中国化的思考》，《保险研究》2012年第8期。

[33] 付晶晶：《论保险合同中的受益权》，硕士学位论文，华中科技大学，2007。

[34] 潘红艳：《保险受益权研究》，硕士学位论文，吉林大学，2008。

[35] 孙慧：《保险受益人相关法律制度研究》，博士学位论文，吉林财经大学，2010。

[36] 姜维物：《我国保险受益人法律制度之完善》，博士学位论文，中国青年政治学院，2012。

[37] 陈书高：《保险受益权与我国〈保险法〉的完善》，《上海金融》2001年第10期。

[38] 金刚、张秋秋：《欧盟国家保险监管模式比较》，《保险研究》

2007 年第 1 期。

[39] 冷煜：《保险监管国际比较及发展趋势研究》，《保险研究》2009 年第 3 期。

[40] 李孟刚：《我国建立存款保险制度的路径选择与规制研究》，《中国行政管理》2007 年第 10 期。

[41] 马天柱：《相对强制性规范——保险格式条款规制的特殊技术》，《保险研究》2016 年第 11 期。

[42] 孟龙：《关于新兴市场国家保险监管制度的国际接轨问题》，《中国金融》2002 年第 9 期。

[43] 陶存文、张楠楠：《综合经营环境下保险监管模式比较研究与经验借鉴》，《中央财经大学学报》2011 年第 6 期。

[44] 胡惠林：《文化产业发展与国家文化安全》，广东人民出版社，2005。

[45] 卢新德：《文化软实力建设与维护我国意识形态安全》，《山东大学学报》（哲学社会科学版）2010 年第 3 期。

[46] 王耀中、彭新宇：《文化产业安全不容忽视》，《光明日报》2011 年 8 月 20 日，第 5 版。

[47] 孙茜、王建平：《谈中国文化产业安全体系的构建》，《企业家天地》2013 年第 3 期。

[48] 高海涛、谢巍：《国际文化竞争中的中国文化产业安全研究》，《国际文化管理》2014 年第 3 期。

[49] 宇文博：《我国文化产业安全形势及发展对策研究》，《广西社会科学》2014 年第 3 期。

[50] 张娜：《如何维护文化产业安全》，《光明日报》2014 年 6 月 30 日，第 7 版。

［51］曾荣平、侯景娟：《意识形态安全视域的文化产业国际化发展战略》，《社会科学研究》2014年第3期。

［52］蔡晓璐：《中国文化产业安全评价指标研究》，《经济师》2016年第5期。

［53］范杨洲、周晓宏、贾强、惠光东：《我国文化产业安全态势及其对策研究》，《齐齐哈尔大学学报》（哲学社会科学版）2016年第4期。

［54］胡炜：《基于文化安全的文化产业对外开放战略探析》，《山西青年》2017年第18期。

［55］黄妍妮、周晓宏、孔令池：《我国文化产业影响因素研究》，《文化产业研究》2017年第1期。

［56］张骥、刘中民：《文化与当代国际政治》，中国人民大学出版社，2003。

［57］汉斯·摩根索：《国家间的政治——寻求权利与和平的斗争》，中国人民公安大学出版社，1990。

［58］大卫·赫斯蒙德夫：《文化产业》，张菲娜译，中国人民大学出版社，2007。

［59］刘吉发、岳红记、陈怀平：《文化产业学》，经济管理出版社，2005。

［60］国家新闻出版广电总局：《2016年全国新闻出版业基本情况》。

［61］《中国统计年鉴2016》（光盘版），中国统计出版社、北京数通电子出版社，2016。

［62］中国音数协游戏工委（GPC）、国际数据公司（IDC）、伽马数据（CNG中新游戏研究）：《2016年中国游戏产业报告（摘要版）》，2016。

[63] 中国互联网络信息中心发布第 39 次《中国互联网发展状况统计报告》。

[64] 尼尔森：《2016 年全媒体广告市场观察》，数据期限：2016 年 1 月 1 日至 2012 年 10 月 31 日。

[65] 熊正德：《我国文化产业发展战略思考：基于文化软实力视角》，《湖南大学学报》（社会科学版）2013 年第 5 期。

[66] 陈少峰、周立波：《文化产业商业模式》，北京大学出版社，2011。

[67] 国家旅游局政策法规司：《2016 年中国旅游业统计公报》，http://www.cnta.gov.cn/zwgk/lysj/201711/t20171108_846343.shtml。

[68] 文婧、梁倩：《万家文化园区超九成名不副实》，《经济参考报》2011 年 11 月 14 日，第 2 版。

[69] 郭全中：《我国文化产业园区研究》，《新闻界》2012 年第 18 期。

[70] 梅文庆：《我国文化产业发展中存在的问题及对策》，《经济纵横》2009 年第 2 期。

[71] 马彪、卢华、王芸：《我国文化产业发展问题研究》，《宏观经济研究》2007 年第 8 期。

[72] 杜智民、雷晓康：《我国文化产业发展的困境分析及战略应对》，《中国行政管理》2010 年第 6 期。

[73] United Nations Conference on Trade and Development：" Creative Economy Report 2010".

[74] 陆静：《文化产品实现社会主义核心价值体系的科学机理》，《理论月刊》2012 年第 9 期。

[75] 韩震:《关于现代性与后现代性的论争》,《新视野》2002年第1期。

[76] 时统宇:《电视批评理论研究》,中国广播电视出版社,2003。

[77] 曾庆瑞:《艺术事业、文化产业与大众文化的混沌和迷失》,北京大学出版社,2004。

[78] 张国祚:《文化产业安全研究的着眼点和着力点》,《中国社会科学报》2013年4月26日,第2版。

[79] 卢宁:《浅谈我国文化产业管理体制优化构建》,《经济与管理》2013年第10期。

[80] 迟树功:《将文化产业培育成支柱性产业的政策体系研究》,《理论学刊》2011年第1期。

[81]《北京市"十三五"时期金融业发展规划》。

[82]《2018年中国互联网金融行业现状研究分析与发展趋势预测报告》。

[83]《2017互联网金融行业发展白皮书》。

[84] 张悦、蒋云赟:《营业税改征增值税对地方分享收入的影响》,《税务研究》2010年第11期。

[85] 张秀莲、李建明:《"营改增"后中央和地方增值税分享比例的测算》,《税务研究》2014年第12期。

[86] 杨帆、刘怡:《重构增值税地区间分享制度》,《税务研究》2014年第8期。

[87] 杨志勇:《中国地方税系的构建与完善问题探讨》,《涉外税务》2013年第6期。

[88] 安苑、王珺:《财政行为波动影响产业结构升级了吗?——基于产业技术复杂度的考察》,《管理世界》2012年第9期。

[89] 白彦锋、胡涵:《增值税"扩围"改革后中央与地方收入分享比例问题研究》,《税务研究》2012年第1期。

[90] 白景明:《经济增长、产业结构调整与税收增长》,《财经问题研究》2015年第8期。

[91] 曹广忠、袁飞、陶然:《土地财政、产业结构演变与税收超常规增长》,《中国工业经济》2007年第12期。

[92] 董其文:《加快推进扩大增值税征收范围的改革》,《税务研究》2010年第11期。

[93] 高培勇:《"营改增"的功能定位与前行脉络》,《税务研究》2013年第7期。

[94] 郭庆旺、吕冰洋:《经济增长与产业结构调整对税收增长的影响》,《涉外税务》2004年第9期。

[95] 胡怡建、李天祥:《增值税扩围改革的财政收入影响分析》,《税务研究》2011年第9期。

[96] 胡洪曙、丘辰:《增值税"扩围"对地方财力的影响研究》,《税务研究》2012年第7期。

[97] 贾康、施文泼:《关于扩大增值税征收范围的思考》,《中国财政》2010年第19期。

[98] 贾莎:《税收"超速增长"之谜:基于产业结构变迁的视角》,《财政研究》2012年第3期。

[99] 刘和祥、诸葛续亮:《重构增值税分享比例解决地方财政失衡问题》,《税务研究》2015年第6期。

[100] 李青、方建潮:《增值税全面"扩围"对省级政府税收收入的影响——基于投入产出表的模拟测算》,《财贸经济》2013年第6期。

[101] 刘明、王友梅：《"营改增"后中央与地方增值税分享比例问题》，《税务研究》2013年第12期。

[102] 施文泼、贾康：《增值税"扩围"改革与中央和地方财政体制调整》，《财贸经济》2010年第11期。

[103] 王金秀：《"营改增"后地方财税体系重构的设想》，《税务研究》2014年第4期。

[104] 王玮：《我国政府间税收收入划分模式的选择——以共享税为主还是完全划分税种？》，《财贸经济》2011年第7期。

[105] Musgrave, Richard (1983), "Who Should Tax, Where and What?", In Charles E. McLure, Jr. (ed), *Tax Assignment in Federal Countries. Canberra, Australia: Center for Research on Federal Financial Relations*, pp. 2–19.

[106] Oates, Wallace (1972), *Fiscal Federalism*, New York: Harcourt Brace Jovanovich.

[107] Aguirre, C. A. and P. Shome (1988), "The Mexican Value-Added Tax (VAT): Methodology for Calculating the Base", *National Tax Journal* 41 (4).

[108] Bailey, Stephen J. (1999), "Local Government Economics: Principles and Practice, Macmillan Press Ltd.", p. 181.

[109] United Nations Conference on Trade and Development: "Creative Economy Report 2010".

图书在版编目(CIP)数据

北京产业发展与安全研究报告.2018/北京产业安全与发展研究基地编.－－北京：社会科学文献出版社，2018.12

ISBN 978－7－5201－4090－4

Ⅰ.①北… Ⅱ.①北… Ⅲ.①产业发展－研究报告－北京－2018②产业－安全－研究报告－北京－2018 Ⅳ.①F127.1

中国版本图书馆 CIP 数据核字(2018)第 292989 号

北京产业发展与安全研究报告（2018）

编　　者 / 北京产业安全与发展研究基地

出 版 人 / 谢寿光
项目统筹 / 周　丽　王楠楠
责任编辑 / 王楠楠　谢　拢

出　　版 / 社会科学文献出版社・经济与管理分社（010）59367226
　　　　　　地址：北京市北三环中路甲 29 号院华龙大厦　邮编：100029
　　　　　　网址：www.ssap.com.cn

发　　行 / 市场营销中心（010）59367081　59367083
印　　装 / 三河市尚艺印装有限公司

规　　格 / 开　本：787mm×1092mm　1/16
　　　　　　印　张：20　字　数：239 千字

版　　次 / 2018 年 12 月第 1 版　2018 年 12 月第 1 次印刷
书　　号 / ISBN 978－7－5201－4090－4
定　　价 / 128.00 元

本书如有印装质量问题，请与读者服务中心（010－59367028）联系

▲ 版权所有 翻印必究